青山学院大学総合研究所叢書

ヒューマン・ライツ教育

── 人権問題を「可視化」する大学の授業 ──

ヒューマン・ライツ教育研究会 [編]

Human Rights Education:

How to "Visualize" Human Rights Issues in University Teaching

有信堂

はしがき

　人権についてどのように語り、教え、学び合うかについては、学校教育のそれぞれの段階で、いろいろな手法があり可能性があるだろう。中学生や高校生くらいの年齢で、差別や貧困などの問題にふれ、それについて真摯に考えたり議論したりする機会を持つことができれば、それは多くの子どもたちの心の中に後々まで残るものになりうる。ただ、現実には、この段階の学校教育の中では、人権の問題はしばしば、その背後にある抑圧・搾取といった権力構造の問題にふれることなく、「思いやりが大切」といった「心の問題」、あるいは「道徳」一般の問題に紛れた扱われ方をされることが多い。人権問題は、その背景にある制度的・政策的な要因（期限付き雇用や派遣労働を容易にし非正規労働者を増やす政策がいわゆるワーキング・プアを生むような、国の法制度や政策が人権問題につながる場合だけでなく、家庭内暴力やストーカー被害に警察がまともに対処しないなどの無策が人権侵害を放置することになる場合を含む）や、社会に根強く残る差別的慣行などの側面に目をやらなければ、他人の個人的な不幸の問題に見えてしまいやすい。そうなると、学生たちの反応は往々にして、「今の自分がいかに幸せかを実感した」、諸外国のことであれば「自分は日本に生まれて本当に良かった」といったものになりがちであり、せっかく問題の一端にふれても、自分が安全地帯にいることをただ再確認して終わるようなことになりかねない。

　学校教育の様々な段階でどのように人権教育を組み込んでいくかはそれ自体大きな課題だが、適切な人権教育のあり方が最も切実に求められている場の一つは、大学の法学部教育だと思われる。人権は、言うまでもなく、国の最高法規である憲法の大きな柱をなし、法学部の学生であれば必ず、低学年のうちに憲法の授業で人権について学ぶ。しかし、大学法学部の憲法の授業での人権の学び方は、大方のところ、憲法の条文から入りその法概念や解釈論を学ぶという、旧態依然たるものである。法学の勉強にはどうしてもそうした要素がつきまとうことは事実だが、こと人権に関しては、単に概念や理論を詰め込むのではなく、社会の中で起こっている暴力や差別、貧困、環境破壊などの現状にふれ、そのような現状に

さらされている他者の姿を見て考えてこそ、本当の意味で人権の意味や重要性を理解できるのではなかろうか。そして、法学部で法や政治を学んでいく上では、そのような現状を心に留め、法や政治というものはそうした人間社会の現状を少しでも改善するためにあるものだし、活かすべきものだ、という視点を持つことが大切なのではないだろうか。法科大学院制度が発足し、法学部の独自の存在意義がいっそう問われるようになった現今、そのような視点で法学・政治学を学ぶことは、法学部で学ぶ一つの重要な意義になりうると考える。

　青山学院大学法学部では、有志の教員のこのような問題意識を基に、2013年度から新たに「ヒューマン・ライツコース」が開設された。

　このコースの開設に先立ち、私たちは、青山学院大学総合研究所の「総合文化研究部門」研究プロジェクトとして、青山学院大学の専任教員に加えて他大学の教員・ジャーナリストの方々にも研究分担者として加わっていただき、「人権教育〔後にヒューマン・ライツ教育と改称〕の手法に関する多国間分析と青山モデルの構築」（大石泰彦代表）を申請した。これが、2011年度から2013年度にかけての研究プロジェクトとして採用され、この３年間、メンバーは国内外で調査と研究会を重ねてきた。本書は、このプロジェクトで共同研究に携わった教員がまとめたものである。プロジェクト３年目となる2013年度にはヒューマン・ライツコースの初年度が始まり、プロジェクトの研究会で練った内容を実際の授業に活かす経験を得た（「ヒューマン・ライツの現場Ａ」「同Ｂ」）。２年目となる2014年度は、これに加え、「人権調査論」「人権法特論Ａ（戦争・紛争と人権）」などの授業も始まった。プロジェクトの研究分担者の多くが、これらの授業の担当者としてかかわっている。

　本書はこのように、青山学院大学法学部で開設したヒューマン・ライツコースの構想と立ち上げ、そして実際の授業運営についての記録及び中間報告であると同時に、上記のプロジェクトを通して行った調査・研究の成果の一端でもある。私たちの試行錯誤の経緯を、読者の皆様にも分かち合っていただきながら、より良い授業の実現に向けてご助言やご感想をいただくことができれば幸いに思う。

　　2015年2月

　　　　　　　　　　　ヒューマン・ライツ教育研究会を代表して

　　　　　　　　　　　　　　　　申　惠丰

ヒューマン・ライツ教育——人権問題を「可視化」する大学の授業／**目次**

はしがき

I　なぜいま、ヒューマン・ライツ教育なのか────────1

1　ヒューマン・ライツ教育への接近　1

⑴　大学における「人権教育」の現実（1）　⑵　ヒューマン・ライツ教育の発想（1）　⑶　ヒューマン・ライツ教育の実践へ——急ぎ足の歩み（3）

2　ヒューマン・ライツ教育の実践　　3

⑴　研究会の発足と活動（3）　⑵　制度改革（4）　⑶　実験授業の実施（5）

3　ヒューマン・ライツ教育の課題　　8

⑴　「可視化」に向かっての障壁（9）　⑵　その他の課題（10）

II　ヒューマン・ライツ教育の実践
——青学「ヒューマン・ライツコース」の取組み

II-1　青学法学部の「ヒューマン・ライツコース」────────15

1　ヒューマン・ライツコース設置の背景と趣旨　15

2　ヒューマン・ライツコースの現状と課題　17

II-2　ヒューマン・ライツの現場 A────────21

1　授業の概要　21

⑴　シラバス（22）　⑵　ガイダンス（23）　⑶　授業体制（24）

2　各単元の進行——「テーマ3・戦争を知っているか」を例に　26

⑴　映像視聴と感想文（26）　⑵　レクチャーと質疑応答（28）　グループ・ディスカッション（30）

3　学生による授業評価・授業への感想　32

⑴　「無知」「無関心」の自覚（32）　⑵　授業の形式について（33）　⑶　特に、「可視化」という方法について（33）　⑷　意識の変化・とまどい（34）　⑸　教育と社会（35）　⑹　これからの自分の生き方（36）

iv 目次

II-3 ヒューマン・ライツの現場B————————39

1 滑り出しまで——「ヒューマン・ライツコース」の導入科目としての「ヒューマン・ライツの現場B」の趣旨と構想 39

(1)「ヒューマン・ライツの現場B」の授業のねらい (39) (2) 取り上げる人権問題 (41) (3) 授業の進行・成績評価の方法 (43)

2 滑り出し——初年度（2013年度）「ヒューマン・ライツの現場B」の授業を担当してみて 45

(1) 授業の構成と内容 (45) (2) グループ・ディスカッションで提示した論点の例 (45) (3) 手応えと反省点——学生の感想・意見から (47)

II-4 人権調査論————————————————51

1 授業のコンセプト 51

(1) ねらい (51) (2) 教授法（アプローチ）(52) (3) テーマ設定 (53) (4) 履修人数 (54)

2 授業の構成・内容 55

(1) シラバスと授業構成 (55) (2) オリエンテーション (56) (3) 暴力についての事前解説 (56) (4) フィールドワークの事前準備 (58) (5) 誰に、何を聞くべきかを考える (59)

3 現場、という空間の力 60

4 対話（ダイアローグ）の力 61

(1) KJ法 (63) (2) 五つの班、それぞれのテーマ (64)

おわりに 66

II-5 戦争・紛争と人権————————————69

1 講義デザイン——なぜ「歴史」か 69

(1) 人権を歴史化する (70) (2) 戦争・紛争の「可視化」と解像度 (73)

2 講義ドキュメント——「戦争の世紀」と人権 76

(1)（1日目）二つの世界大戦 (76) (2)（2日目）冷戦期——ベトナム戦争と枯葉剤 (79) (3)（3・4日目）ポスト冷戦期——進歩の歴史？ 裁かれる性暴力 (82) (4)（最終日）あちら側とこちら側 (85)

III ヒューマン・ライツ教育の諸課題

III-1 ヒューマン・ライツ教育における「現場」の意味————91

1 人権侵害の現場での学び　91

2 現場研修の実際　92

3 沖縄研修　94

（1）企画意図（94）　（2）研修プログラム（95）　（3）研修の感想文（100）

4 ホームレス研修　101

5 国外研修　103

6 現場研修の留意点　106

Ⅲ-2　ヒューマン・ライツ教育における「体験」の意味
——社会的「接点」としての大学と「協働的表現活動」——109

はじめに　109

1「他者」と出会う体験と大学　111

（1）他者と出会うニーズ（111）　（2）学生時代と出会い（112）　（3）自らの加害性に向き合う（113）

2「接点」としての大学 1——学内に接点をつくる　114

（1）誰との「接点」なのか？（114）　（2）ミシガン大学——受刑者との協働（115）　（3）「メディア4Youth」の誕生（116）　（4）「ニーズあるコミュニティ」（118）　（5）メディアを介した関係性（120）

3「接点」としての大学 2——学外に接点をつくる　122

（1）「協働的フィールドワーク」の立ち上げ（122）　（2）双方向的な学びの発想へ（123）　（3）表現をめぐるフィールドワーク（124）　（4）現れをめぐって（124）　（5）権威を意識化する（125）　（6）揺れ始める（126）　（7）協働的フィールドワークの現場で（127）　（8）コミュニティ・ラジオという表現体験（128）　（9）成果としての表現展（129）

4「協働的表現」という体験から見えてきたこと　130

Ⅲ-3　憲法を通じての「人権」教育————133

1 現行の「法教育」の問題点　133

（1）「法教育」ブーム（133）　（2）規範教育の強調（134）　（3）人権教育の不在（134）

2 憲法学における「人権」の多義性——「人権」を教える前に　135

（1）普遍的人権価値と立憲主義的人権の乖離（135）　（2）憲法と国際人権法の緊張関係（137）

3 今後の「人権」教育の課題——国際人権法の積極的活用　140

vi　目次

（1）一般国民と研究者との「ズレ」を埋めるために（140）　（2）真の
「主権者」教育とは——シティズンシップ教育の可能性（142）　（3）「人
権」の可視化とグローバルな視点——国際人権法の可能性（145）

Ⅲ-4　ピース・ジャーナリズムとヒューマン・ライツ教育————147

はじめに——ヒューマン・ライツから見えるジャーナリズムの問題　147

1　ジャーナリズム改善の手法　150

（1）メインストリーム（150）　（2）様々なオルタナティブ（152）

2　ピース・ジャーナリズムの試み　154

（1）相対的言論の自由と欧州のヒューマン・ライツ（154）　（2）ピー
ス・ジャーナリズム（156）

3　ヒューマン・ライツ教育とジャーナリスト養成教育　157

（1）問題を不可視化する社会構造（158）　（2）ピース・ジャーナリズム
のテキスト（162）

おわりに——ヒューマン・ライツ教育が促す構造転換　164

Ⅳ　諸外国のヒューマン・ライツ教育

Ⅳ-1　ヒューマン・ライツ教育の国際的動向————169

1　国連の人権活動と人権教育　170

（1）国際人権基準とその実施（171）　（2）ポスト冷戦期の人権と「人権
教育のための国連10年」（174）　（3）「人権教育のための国連10年」行動
計画の実施と日本（177）

2　ヒューマン・ライツ教育研究会による国外調査　180

（1）中国および北欧諸国における国外調査（180）　（2）第3回人権教育
国際会議（182）

Ⅳ-2　中国におけるヒューマン・ライツ教育————187

はじめに　187

1　中国におけるヒューマン・ライツ教育の現状　187

（1）中国におけるヒューマン・ライツ教育の端緒（188）　（2）大学教育
におけるヒューマン・ライツ教育の導入（188）　（3）政府関係者に対す
るヒューマン・ライツ教育の開始（189）　（4）ヒューマン・ライツ教育
の担当教員の育成（190）　（5）社会一般に対するヒューマン・ライツ教
育（191）

2　北京大学におけるヒューマン・ライツ教育の先駆的取組み　192

（1）履修者（193）　（2）履修科目（193）　（3）研修・交流プロジェクト（194）　（4）進路（194）

3　中国におけるヒューマン・ライツ教育の課題　195

（1）ヒューマン・ライツ教育の実施範囲の問題（195）　（2）ヒューマン・ライツ教育に関する教材などの課題（198）　（3）ヒューマン・ライツ教育内容の土着化の課題（199）　（4）ヒューマン・ライツ教育における人権知識伝授の問題点（200）　（5）ヒューマン・ライツ教育の担い手不足（201）　（6）ヒューマン・ライツ教育について学習者の認識の問題（201）

4　中国におけるヒューマン・ライツ教育の刷新　204

（1）マスメディアの活用によるヒューマン・ライツ教育（204）　（2）コミュニティにおけるヒューマン・ライツ教育（205）　（3）ケーススタディによるヒューマン・ライツ教育（205）

おわりに　206

Ⅳ-3　英国エセックス大学におけるヒューマン・ライツ教育プログラム————207

1　ヒューマン・ライツセンターについて　207
2　アカデミックスタッフ　208
3　ヒューマン・ライツコース　210
4　教授法　211
5　学部の授業とチュートリアル　212
6　大学院の授業とセミナー——必須科目と選択科目　214
7　経済的、社会的、文化的権利（社会権）の選択科目　216
8　セミナーのスタイル　217
9　アジアの人権カンファレンス　219
10　日弁連との協定　222
11　実践を重んじる　223

結びにかえて　225

資料　227

あとがき　251

索引　253

I　なぜいま、ヒューマン・ライツ教育なのか

大石　泰彦

1　ヒューマン・ライツ教育への接近

⑴　大学における「人権教育」の現実

　人権意識の涵養が教育の重要な目標の一つであることは、改めて教育基本法などを持ち出すまでもなく、疑う余地がないであろう。では、大学における人権教育はいま、どのように行われているのだろうか。まず、日本では「人権」を標題とする大学の授業が意外に少ないことを指摘しておかなければならない。たしかに、特に西日本の大学においては、人権という言葉を冠する授業もそう珍しくないが、それらは、いわゆる「同和教育」を中核に据え、あるいはそれを出発点とする「啓発」色の強い授業であることが多い。それ以外では人権は、もっぱら法学部や教職課程における「憲法」の中で、その一つの柱として講義されており、その担当者は主として憲法研究者である。

　では、憲法という枠組みの中で、人権はどのように教育されているだろうか。それは、残念ながら「旧態依然」という表現がふさわしいものである。憲法の教授法は、基本的に、全国に法学部が10数校しかなく、それらがいずれも法曹と官僚の養成を主な目的としていた時代と今も大きくは変わっていない。現在、全国に100校近く存在し、明らかに大衆化している多くの法学部においても、憲法の人権論は、概説書や判例集をたよりに、入学したての学生の頭に難しい概念を次々と詰め込んでいくような形式で行われているのである。

⑵　ヒューマン・ライツ教育の発想

　しかしながら、彼ら学生は、一部の例外を除き実際には国内外で起きている（起きてきた）様々な人権問題とはほぼ無縁の存在である。受験勉強で多忙だっ

た彼らには新聞を読むという習慣、いや、その習慣がないことに対する問題意識すらない場合がある。だから、彼ら自身に被暴力、被差別、貧困、孤立、被弾圧などの体験が乏しいのはもちろんのこと、放置すれば、彼らはいつまでも、ともにこの世に生きる他者の悲しみや苦しみに目を向けることをしないのである（もちろん、例外的な学生はいるが）。しかし、そんな彼らに今のような方式のみで人権、ひいては法を理解せよと求めること、それは彼らに、肉、野菜、魚などの素材を与えずに、調味料だけで料理を作れといっているようなものではないか。

　ここで私たちは、法学部の憲法の授業をなくせとか、それを大胆にリニューアルすべきだというような大それたことを主張しているわけではない。大多数の法学部においては、法曹、官僚、企業の法務担当者など法律の専門家になろうとする学生がその一部にでも存在している限り、そうした旧来の方式の講義をなくしてしまうことは不可能であり不親切でもあろう。しかし、そうした概念や理論の伝授と並行して、学生にこの世の現実を、つまり、暴力、貧困、差別、抑圧、環境破壊などにさらされている人々の「生きる姿」を見せ、考えさせること、言い換えれば、ドキュメンタリー作品などを用いて教室で現実を「可視化」させることを、特に人権学習の初期の段階で行う必要があるのではないだろうか。

　もっとも、可視化の必要性は人権教育に限ったことではなく、法学の他の分野、さらには、法学以外の学問領域においてもそれは重要な課題であろう。しかし、それがもっとも強く求められるのは、やはり人権教育であるように思われる。私の見るところ、日本の多くの大学生（20歳前後の若者）は先に述べたように社会問題に対する関心・知識に乏しく、総じて「子ども」であるが、一方で彼らには、素朴な正義感とやさしさを失っていないという美点もある。彼らが「受験競争」から解放され、自らの将来像や今後の生き方について考え始めるこの時期（大学入学当初の時期）に可視化教育を行うことは、彼らの人権感覚、市民意識、リーガル・マインドを育むとともに、実は――逆説的ではあるが――法を体系的に学び、法律専門家を目指すことへの強い動機づけにもなるのではないだろうか。

(3) ヒューマン・ライツ教育の実践へ──急ぎ足の歩み

　ざっと以上のような考えを、数年前から、私は折に触れて、勤務する青学法学部の同僚教員に「雑談」として語ったり、また、学部内の会議の席上などで述べたりしていた（ちょうどそのころ、青学法学部においても、ポスト・ロースクールの時代に「大衆的な」法学部がどのように存在意義を主張し、生き残りを図るのかが組織全体の大きなテーマになっていた）。また、そのような中、青学では2012年4月より、それまでいわゆる「キャンパス割れ」状態であった──1・2年次の授業は神奈川県相模原市にあるキャンパスに、3・4年次は東京都渋谷区にあるキャンパスに置かれていた──文系学部の教育課程が、青山キャンパスに統合されることが決まり（これは結局、東日本大震災の影響で1年延期され、2013年4月からの実施となったが）、これに合わせて、法学部では従来のコース制・カリキュラムを改編する方針が決められた。

　そこで私は、その新カリキュラムに、特に人権問題に関わるいくつかの「可視化」科目を盛り込み、可能であればコースの一つとして「人権コース」あるいは「ヒューマン・ライツコース」を置くことができないかと考え、その可能性と形態を探るために、青学総合研究所の中に、他の有志の教員とともに学内研究会を発足させることにした（2011年4月より3年間の研究期間）。人権教育の「発想」を「構想」にまで高め、やや性急であってもその「実践」の場を得ようとしたのである。本書はまさに、その研究会の3年間の研究報告であり実践記録であるが、実は一応、研究期間を終えた現在においても、私たちは明確な理念・教育メソッドを打ち立てることができているわけではない。したがって、「はしがき」において述べられているように、本書はまだ「中間報告」の域を出ないものであり、私をはじめ上記の研究会のメンバーは、今後、さらに多くの研究者・教員・実務家・ジャーナリストと連携して、ここに芽吹いた新しい教育実践の芽を着実に育てていきたいと考えている。

2　ヒューマン・ライツ教育の実践

(1) 研究会の発足と活動

2011年4月に発足した研究プロジェクトの正式名称は「人権教育の手法に関

する多国間分析と青山モデルの構築」、通称は「ヒューマン・ライツ教育研究会」である[1]。研究会発足当初は、通称を「人権教育研究会」としていたが、従来の啓蒙型の人権教育とは異なる教育内容を志向する研究会であることを明確にするために、途中からこの通称を用いることになった。この研究会の目標について、青山学院大学総合研究所に提出した「設置申請書」（申教授執筆）は次のように述べている。

「本研究は、大学教育における人権教育の現状と課題について、人権問題の『可視化』という観点から調査・研究することにより、現在必要とされている新しい人権教育のあり方を提示することを目的とする。……人権問題を真に理解し人権意識を養うには、理論学習にとどまらず、差別、暴力、貧困、環境破壊等にさらされている他者の姿を実際に分かるように示し、普遍的な問題として実感できる形で学生に伝える必要がある。……本研究は、以上のような問題意識に立ち、大学における人権教育のあり方（カリキュラム及び授業の内容・方式）について検討することにより、最終的には、人権教育の一つのモデル（「青山モデル」と呼びうるようなもの）を提示することを目標とする。」

ここに明確に示されているように、この研究会の目標は、「啓発型」でも「知識伝達型」でもない新しい形式の人権教育（ヒューマン・ライツ教育）の探求であり、研究会の名称にある「人権教育の手法に関する多国間分析」はあくまでもその準備作業として位置づけられる。また、研究会の活動内容もその目標に沿って構成され、研究初年度はヒューマン・ライツ教育に関する情報収集と分析（詳しくは、本書のⅣの各論稿参照）、2年目は教育カリキュラム・メソッドの研究・開発、3年目はその実践・改良がその中心的テーマになった。

(2) 制度改革

先に触れたように、2013年度からのキャンパス再編をにらんで、青学法学部では従来のカリキュラムの全面的な見直しを行うことになったが、そのための作業部会として、研究会の発足と同じ2011年4月、学部内に「カリキュラム・

---

1) この研究会には、大石泰彦、申惠丰、伊藤敬也、楊林凱、髙佐智美（2012年4月から）、五十嵐宙（2013年4月から）の青学法学部教員のほか、外部の研究者・ジャーナリストである野中章弘、別府三奈子、坂上香、藤田早苗、森本麻衣子（2013年4月から）が参加した。

ワーキンググループ（カリWG）」が置かれた。このWGの問題意識は、法科大学院の行き詰まりという状況の中で、法学部の存在意義をどこに見つけ、今後法学部はどのようなメッセージを学生に発していくべきか、すなわち、すでに始まっている「ポスト・ロースクール時代」における法学部のあり方の探求であり、さらにWGは、その探求を踏まえて、新しい時代にふさわしいコース制およびカリキュラムを教授会に提案し、議論を喚起しようとしていた。

そして2012年度、ＷＧは「ビジネス法コース」「公共政策コース」「司法コース」「ヒューマン・ライツコース」の4コースからなる新コース制[2]、さらに、その下でのカリキュラム案を「WG原案」として教授会に提出した。しかし、後に述べるように（Ⅱ-**1**）、この改革案をめぐる教授会の議論は紛糾することになる。この「紛糾」が何によってもたらされたのかを一言で説明するのは難しいが、おそらくはポスト・ロースクール時代の法学部のあり方についてのイメージについて、各教員間に大きな隔たりのあったことが主因であると思われる。紆余曲折ののち、2012年秋、教授会での挙手採決によってようやく「新コース制・新カリキュラム」が承認された。これによって、われわれヒューマン・ライツ教育研究会は、「ヒューマン・ライツコース」という研究成果の実践の場を得ることになったのである。

(3) 実験授業の実施

2012年12月1日、研究会は、メンバーの担当する授業（憲法、国際法など）の受講生（1年生～4年生）に参加を呼びかけて、「実験授業」を実施した（参加者約100名）。「実験」に供されたのは、2013年度から始まる2つの授業、「ヒューマン・ライツの現場A」と「同B」であり、それぞれ1コマ分（90分）の時間を使って、それぞれの授業の内容や狙いを説明し（約30分）、引き続いて約60分間のトライアル授業を行った。また、この2コマの授業に先立って、実験授業に関する簡単な趣旨説明も行った。趣旨説明の骨子は次の通りである。

---

2) 2012年度までは、「総合法律」「企業法務」「公共政策」「法曹」「隣接法曹」「国際渉外法」の6コース制をとっていた。

6　Ｉ　なぜいま、ヒューマン・ライツ教育なのか

1. 青学法学部の新カリキュラム（2013年度〜）
   1) 4コース制へ
   2) ヒューマン・ライツコースの概要
2. 法学部教育はこのままでよいか
   1) 古いスタイルのままの教育
   2) 「可視化」の必要性
3. 「ヒューマン・ライツ教育研究会」の活動
   1) 研究会の構成
   2) 研究会の当面の目標——「授業計画の立案」と「研究報告の公刊」
   3) 研究会の活動——「人権問題の現地の訪問調査」と「外国のヒューマン・ライツ教育機関の訪問調査」
4. ヒューマン・ライツ教育の展望
   1) ジャーナリスト、メディアとの連携の必要性
   2) 「ヒューマン・ライツ・センター」「教育映像センター」の必要性

　これに続く「ヒューマン・ライツの現場Ａ」の授業では、「孤立に向き合う」をテーマに、団地における孤独死をテーマにしたドキュメンタリー番組（「ひとり、団地の一室で」NHK、2005年）の一部を上映したのち、大石と野中がそれぞれ講義を行った（約15分ずつ）。大石は、レジュメ（巻末の資料2に掲載孤独に向き合う）を配布して、孤独死の実態や背景を、野中はNHKのジャーナリストがどのようにこの「知られざる問題」を発見し、そこに接近していったのかを解説した。その後、短い時間ではあったが若干の質疑応答を行い、「Ａ」の授業を終えた[3]。

　しばらくの休憩の後、今度は申が「ヒューマン・ライツの現場Ｂ」の講義を行った。前半、この「Ｂ」の授業の概要を説明した後、2012年9月にパキスタンで起きた「マララさん銃撃事件」を素材に、ニュース映像や資料[4]を用いて、世界と日本における女性の「教育を受ける権利」の現実について講義を行い、学生との意見交換を行った。

　この日の最後に、参加者にＡ4判1枚の用紙を配布し、感想・意見・提案などを自由に記述してもらった。多くの学生が、二つの「可視化」授業に対して好意的な評価・感想を綴っていたが、中にはこの種の授業に懐疑的・否定的な意見も見られた。参考までに、肯定的評価のもの、否定的評価のものをいくつ

か示しておきたい（文章の一部を引用。誤字等を訂正し、補足部分を〔……〕で、文中の省略部分を……で表示）。

「いままで受けたことのないような授業のかたちで、とても新鮮でした。レジュメで活字を見るだけではなく、映像を見ることで〔問題が〕理解しやすかったと思います」（2年生）

「知識を詰め込み、定期試験でいい点をとることが目的となりがちな大学の授業の中で、こういった『考える』ことを目的とする授業があることは、他の授業を受けるときのモチベーションも上がるし、社会に出ても役に立つと思うので、自分も受けてみたいと思いました」（2年生）

「『ヒューマン・ライツコース』には、〔学生が〕自分で法律の勉強を進めるためのエンジンになるものを養う要素が巧みに埋め込まれていると思います。……教授と学生、学生と学生という双方向で意見を交わす、熱く議論する場というものは、3年次に『ゼミ』に入る前から必要なものだと思います」（2年

3）「ヒューマン・ライツの現場A」の実験授業で参考に供した新聞記事は次の通りである。
　①「困窮者、はよ死ねってことか：北九州　孤独死の男性日記に」朝日2007・7・31朝刊
　②「若い不安定労働層が共鳴：『蟹工船』ブームの背景」東京2008・6・28朝刊
　③「9日前に『解雇』通告：秋葉原殺傷　『不要』扱い怒り？」毎日2008・6・11朝刊
　④「『派遣切るな』切実：集会2000人　怒り・不安」朝日2008・12・5朝刊
　⑤「困窮者『排除するな』：ネットカフェ本人確認条例案に反発」東京2010・3・14朝刊
　⑥「慶応大生　ドヤ街へ：横浜・寿地区　『教室』設け地域交流」朝日2010・4・3夕刊
　⑦「孤独死ゼロ目標　住民らが研究会：松戸・常盤平団地にNPO発足」朝日2010・4・20朝刊
　⑧「善意次々　『恥じよ政治家』：広がる『タイガー運動』」東京2011・1・13朝刊
　⑨「生活保護不正受給1万9700件：09年度　過去最多」毎日2011・2・19夕刊
　⑩「松戸の孤独死4割増」朝日2011・5・19朝刊（ちば東葛）
　⑪「生活保護200万人突破：不況で59年ぶり」読売2011・6・14夕刊
　⑫「生活保護申請前の悲劇：札幌2遺体」毎日2012・1・24夕刊
　⑬「孤立死　制度のはざま：定義・統計なし　防ぐ仕組み未確立」毎日2012・4・8朝刊
　⑭「不正対策　行き過ぎ懸念：生活保護　福祉事務所に『警官OB』」東京2012・4・5朝刊
　⑮「不正より受給漏れ深刻：生活保護増加続く陰で…」東京2012・5・26朝刊
　⑯「河本準一さん　笑えない話：母が生活保護　波紋」朝日2012・5・25朝刊
　⑰「ホームレスを連続襲撃：3人死傷、同一犯か」朝日2012・10・15夕刊
4）　Bの実験授業で用いた資料は次の通りである。
　①「少女の回復　全土祈る：パキスタン・タリバーン銃撃」朝日2012・10・14朝刊
　②「児童の権利に関する条約（子どもの権利条約）」英語版・日本語版
　③「ひとりの女子教育は、全家族のためになる（アフガニスタン・パキスタンを語る）」朝日新聞グローブWEBオリジナル2007・12・9（パキスタンNGOリーダー・カリム・アフリディ）

生)

「授業を受けて、最も印象に残って、いいなと思ったことは、授業内容が
ちゃんと自分ゴト化できるということです。人の生死に迫った現場を映像とし
て見ることで、恐ろしいほど感情移入してしまいました」（4年生）

「大学に入って4年経とうとしているが、いま思い出すと、1年のときの授
業は期待を裏切るものだった。抽象的な理論、判例など、法学はそういうもの
だといわれればその通りだし、自分自身のやる気が足らなかったといえばその
通りなのだが、すべての人が法律専門職を目指すわけではない状況なのに、
〔この授業のように〕社会を知ることのできる授業・勉強が極端に少ないと感じ
ていた」（4年生）

「大学は専門的なことを学ぶ場であって、高校の復習のようなことをする場
所ではないと感じています。青学法学部の将来のためにも、…もっと法律と関
連させた専門的な内容の授業を進めていくべきではないかと感じました」（2
年生）

「憲法や国際法の授業を、たとえばもっと映像資料を見る時間を入れたり、
ディスカッションする時間を増やしたりするなど改善していけば、この授業は
いらないかな、と思いました」（2年生）

「いざ、映像を流してみたところで、問題意識のない生徒は寝ると思われる。
これでは何ら意味がないのではないだろうか」（2年生）

「成績評価があいまいにならないか、心配になりました」（3年生）

3　ヒューマン・ライツ教育の課題

以上のような過程を経て走り出したヒューマン・ライツコースは、現在、発
足2年目の半ばを過ぎたところであり、昨年度から始まった「ヒューマン・ラ
イツの現場A」「同B」に加えて、今年度始まった「人権法特論A（戦争・紛争
と人権）」「人権調査論」の各科目がすでに授業実践を終え、学生の間では
「ヒューライ」という愛称もすでに定着しているようである。

このように一応、順調に歩み始めたヒューマン・ライツコースであるが、し
かし一方、それがなお多くの克服すべき課題を内包していることもまた確かで

ある。最後に、今後の課題をいくつか紹介しておきたい。

(1) 「可視化」に向かっての障壁

すでに述べたように、「可視化」はヒューマン・ライツ教育の方法論の中核に位置する考え方である。大学の各教室に高性能の映像提示装置が設置されるようになっている現在、可視化教育に設備・技術の面での問題はないが、実現へ向かっての障壁になるのが教材となる映像作品に関係する諸権利、特に著作権のクリアである。

ドキュメンタリー等の映像の教育利用の必要性・可能性については、少なくとも放送メディアにおいては一定の認識が存在しており、そのための制度的枠組みを模索する動きも見られるが、それにもかかわらず、現在もなお、テレビ映像の教育利用のための仕組みや制度は未整備のままである[5]。また、それ以外のドキュメンタリー作品（映画など）については、それを大学の授業で用いることができるのは、上映権付のDVD等による場合のほかは、制作者・著作権者と大学教員との間の私的な人間関係・信頼関係がある場合に限られている。

この研究会では、この障壁をどうクリアするかについて、かなり長い時間をかけて議論が行われた。その結果、権利問題についての早急な改善が見込めない状況の中で私たちにできることは、映像作品の大学教育における利用が有効であり、必要であることを粘り強く社会に訴えかけていくことに加えて、例えば、①ビデオアクトやシグロなどのドキュメンタリー制作・流通組織、あるいは、アジアプレス・インターナショナルなどのジャーナリスト・ネットワークと大学（学部）との間で、映像作品の教育利用についての協議を開始し、最終的に包括的、あるいは部分的な「映像利用契約」を締結すること、②授業で作品を上映するのみならず、その制作者・ジャーナリストにゲストとして教室に来ていただき、映像視聴ののち受講生に語りかけてもらうこと（制作者と作品とをセットで授業に招くこと）、などの方式を取ることが必要だとの認識に至った。

---

5) 日本におけるテレビ映像の教育利用の可能性と課題については、早稲田大学ジャーナリズム教育研究所・公益財団法人放送番組センター共編『放送番組で読み解く社会的記憶：ジャーナリズム・リテラシー教育への応用』日外アソシエーツ、2012年参照。

日本においては、特にインディペンデントのドキュメンタリー制作者は、その多くが非常に厳しい経済的条件のもとで、ジャーナリスト・表現者としての使命感とこだわりを動機として「身銭を切って」活動をしているのが現実である。たしかに、ヒューマン・ライツ教育も、大学教員の使命感・こだわりに立脚して行われる営みではあるが、やはり映像の教育利用に際しては、大学側が「応分の負担」を行い、彼らと相互に支えあうことが重要であると思われる。また、その次の段階として、いくつかの有志の大学が集まってコンソーシアムを設立し、ジャーナリスト等と連携して独自にドキュメンタリー作品を制作し、それらを教育利用する仕組みの構築などを模索すべきであろう。

(2) その他の課題

ヒューマン・ライツ教育の構想・実践の過程では、上記の問題（「可視化」のための映像確保の問題）のほかにも、いくつかの克服すべき課題が浮上してきている。

受講生の「心のケア」：「残酷」「衝撃的」なシーンを過剰に自主規制してしまう日本のマス・メディアの映像を「現実」ととらえてきた学生に、その映像の向こう側にある「真の現実」を見せることは、時として彼らの心に激しい動揺を引き起こす。私たちのこれまでの経験でも、上映の途中で席をはずす学生

　学生の「自分の物語」に接する教員は……

　大教室での素っ気ない授業であっても、さすがに授業回数が進んでくると学生と教員との間の距離も近くなる。また、「可視化」授業では、心の深い部分に突き刺さるような衝撃的で感動的な映像を学生も教員も含めて「みんなで」見ていき、その経験を共有する。すると徐々に、映像の感想文などで、おそらく大学という場ではそれまで明かさなかったであろう、鮮烈な「自分の物語」を語り始める学生が出てくる。幼い日の両親の不和と離婚、持病との苦しい戦い、障害を持つ兄弟への思い、引きこもり体験、福島出身の学生の将来への不安……　教師である私はもちろん感動するが、一方でいろいろな悩みも生まれる。例えば、「このことを、感想文のダイジェストに載せてしまっていいのだろうか……。」研究会メンバーとの議論の末、現在は、こうした、大学の教員が受け止めるには重い経験についても、受講者全員で共有することにしている（もちろん、匿名ではあるが）。今のところ、特にこれに対する「苦情」のようなものは寄せられていない。

や、映像によって触発された、日常はおそらく誰にも語ることないであろう「自分の物語」を感想文などに詳しく書いてくる学生が、毎年わずかではあるが存在している。幸い、今のところ特別のケアが必要になるほどの事態に直面してはいないが、今後さらに可視化教育を推進していくとき、「心のケア」の問題を意識し、準備しておくこと（例えば、大学の心理カウンセラーとの連携など）が必要になろう。

卒業生の「将来像」：ヒューマン・ライツコースの立ち上げにあたって、法学部教授会での議論が紛糾したことについては先に言及したが、その発端は、ヒューマン・ライツコースに進む学生の「将来像」すなわち就職先のイメージ・想定が不鮮明であるとの教員からの指摘であった。たしかに、例えば青学法学部の他のコースの「将来像」イメージ、すなわち、ビジネス法コースは「ビジネスマン」、公共政策コースは「公務員」、司法コースは「法曹」に比べて、ヒューマン・ライツコース卒業生の仕事・将来像がやや不明確であることは確かである（学部パンフレット・HP などにおいては、一種便宜的に「NPO、ジャーナリスト、国際公務員」などと記してはいるが…）。大学のあらゆる学部・学科やコースが「卒業後の仕事・将来像」を明示する必要があるかどうかについては、おそらく議論のあるところであろうが、一方、受験生や学生に対する説明の仕方として「人権意識を持った人は社会のどの分野においても必要」という一般論だけでよい、とは言い切れない部分もあるように思われる。この「将来像」問題については、社会の動向をにらみつつ、今後も議論していかなければならないだろう。

「現場」との継続的交流：ヒューマン・ライツコースでの学びの最後に設置されている科目が「研修・インターンシップ」である。どのコースに進むにせよ、実際には大多数の学生が企業に就職する現実を考えれば、ヒューマン・ライツコースにおけるインターンシップも、主に企業での研修・体験になってしまうのはやむをえない。しかし、将来に向かっては、少しずつでもヒューマン・ライツ教育の「着地点」にふさわしい多彩な研修先を開拓していく必要があろう。ただ、人権の現場に学生を送り出すためには、受け入れ先との継続的交流が必須であり、したがって私たちの側でもかなりの「準備」と「覚悟」を持たなければならない。研究会ではこれまで、いくつかの「候補地」「候補施

設」を選んで、訪問調査を行ってきたが、その知見を活かしつつ、これから法学部として調査・交流を継続していく必要があると感じている。

2014年4月、研究会は3年間の研究期間を終えた。しかし、メンバーは今後も、不定期に会合して、ヒューマン・ライツ教育の実践の中でときどきに発生する諸問題について意見交換・情報交換を行い、また、「ヒューマン・ライツ教育」の理念や手法について研究を続ける予定である。

Ⅱ　ヒューマン・ライツ教育の実践
──青学「ヒューマン・ライツコース」の取組み

II-1　青学法学部の「ヒューマン・ライツコース」

大石　泰彦・申　惠丰

1　ヒューマン・ライツコース設置の背景と趣旨

　2013年度から青学法学部に置かれることとなったコースは「ビジネス法コース」「司法コース」「公共政策コース」「ヒューマン・ライツコース」の四つである。このうち最初の三つは、従来のコース（「総合法律コース」「企業法務コース」「公共政策コース」「法曹コース」「隣接法曹コース」「国際渉外法コース」の六つ）を引き継ぐかまたは内容を整理したものであるのに対し、ヒューマン・ライツコースはまったく新しいコースである。なお、「国際」と名のつくコースはなくなっているが、長い議論の結果、国際性は今の時代、どのコースでも前提とされているはずだという理由で、設けられなかった経緯がある。

　ヒューマン・ライツコースの設置の背景と趣旨は本書Ｉの「なぜいま、ヒューマン・ライツ教育なのか」に詳しいが、そこで言及されているこのコースの設置が最終的に法学部教授会で決まるまでの「紛糾」について多少、補足しておきたい。

　とりわけ、筆者（申、大石）の印象に強く残っているのは、「人権」などということを専門に勉強したような学生は、就職活動のときに不利になるのではないか、という懸念を述べて反対した教員が何人かいたことであった。それに対して、筆者はじめ本コースの構想を推進した側は、今日、企業の社会的責任（CSR）に対する関心が世界的に高まり、国連のグローバル・コンパクトに多くの企業が賛同していることや、ビジネスと人権に関する原則や指針、国際規格も発展している[1] ことからすれば、人権に対する理解は日本企業にとっても

---

1 ）　国連グローバル・コンパクトや、ビジネスと人権に関する諸原則については、申『国際人権法——国際基準のダイナミズムと国内法との協調』信山社、2013年、257-262頁を参照。

重要な事柄となっているはずだと反論し、幸い多くの教員の支持を得ることができた。それでも、この一幕は、法学部では特に憲法の授業で人権について日々学生たちに教えているにもかかわらず（憲法の骨組みは「統治機構」と「人権」であり、人権は単純にいって憲法の授業の半分を占める）、その法学部の教員すら、日本社会、特に企業社会で人権を前面に出すことはタブーでありマイナスになることだと見ているということを改めて思い起こさせてくれる出来事だった。

たしかに、そのような見方は決して根拠がないものではないし、長時間労働の常態化、非正規雇用の増加と「ワーキング・プア」の問題に見られるように、この国で労働者が自らの権利を主張する地盤はますます掘り崩されていっているように思われる。しかし、法学部で人権について学んでも、それは教科書や判例集の中の事柄にすぎず、就職して社会に出る段になると、人権について語ることはむしろマイナスになる……というのは、よく考えてみればおかしなことではないだろうか。そのような現実こそ、私たちがずっと疑問とフラストレーションを持ってきたものであったし、それに対する問題意識こそが、ヒューマン・ライツコースを構想した大きな原動力の一つであった。

法学部に入れば必ず、憲法の授業で人権について学ぶが、他方で、学生たちの大部分は、企業に就職すると大学で学んだ机上の人権とは無縁のような世界に飛び込む。常態化した異常な長時間労働[2]に加え、セクハラ、パワハラ、マタハラ（妊娠・出産を理由とするマタニティーハラスメント）が日常茶飯事である日本企業の現実は、「企業は人権番外地」と揶揄されてきたほどだ。しかし、せっかく法学部で人権を学ぶならば、本来それは、法曹や、人権問題を扱う国際機関などの職員になる一握りの人だけでなくすべての人にとって、将来自分が当事者になるかもしれない「活きた知識」となるものでなければ意味がない。また、社会に出れば、例えばマス・メディアが報道被害をもたらす場合のよ

2）報道によれば、現状では、大手企業（ここでは、東証一部上場の売り上げ上位100社）の7割が、労働基準法36条に基づく時間外労働に関する労使協定によって、厚生労働省の通達で過労死との因果関係が強いとされている月80時間（いわゆる過労死ライン）以上の残業を社員に認めている（東京新聞2012年7月25日）。200時間、150時間というものも少なくない。労使協定すらない企業についてはいわずもがなであるが、このような労使協定が許容され、労働基準監督署によって受理されるということ自体もきわめて疑問であり、日本の労働法制が労働者の生命と健康を守るものになっていないことの証しである。

うに、業務に関連して自ら人権侵害に関わることも多い。だとするとすべての人が、自分の仕事や生活と人権との関わりについてきちんとした認識を持ち、人権侵害を自ら行いまた加担しないことはもちろん、人権尊重の観点から適切な行動が取れるような判断力を持っているべきではないだろうか。「ヒューマン・ライツコース」で鋭い人権感覚と法的素養を身につけることによって、学生には、将来どのような道に進むにせよ、社会のそれぞれの持ち場で、不正義に苦しんでいる人々や社会的弱者の立場に立って物事を理解し、人間の尊厳が守られる社会に向けて着実な力を発揮できるような人材になってほしい。私たちはそのような思いを込めて、このコースを立ち上げたのである。

2 ヒューマン・ライツコースの現状と課題

　2014年10月現在、ヒューマン・ライツコースの「コース専門科目」として設置、あるいは設置が予定されている科目は次の通りである（すべて2単位、※印がコース必修科目）。

1年配置（1年生から履修可能）：ヒューマン・ライツの現場A※、ヒューマン・ライツの現場B
2年配置（2年生から履修可能）：人権調査論、人権法特論A（戦争・紛争と人権）、人権法特論B（ジェンダーと人権）、環境法A、環境法B
3年配置（3年生から履修可能）：国際人権法、人権法特論C（マイノリティーと人権）、人権法特論D（企業と人権）、言論法A、言論法B、研修・インターンシップ

　ヒューマン・ライツコースに所属する学生は、卒業時にこれらの科目の中からコース必修科目を含む12単位以上を修得していなければならない。
　なお、上記科目のうち「特論」4科目については、毎年、講義テーマを自由に設定することが可能である。また、コースの設置（2013年4月）から4年が経過する2017年4月以降は、学部の了承を得れば、「特論」科目を増設することも可能になる。
　ヒューマン・ライツコースが抱えている諸課題については、すでに本書Ⅰにおいて列挙したが、一つ、科目の開設、特に「特論」科目の開設に関連する問

18 　Ⅱ　ヒューマン・ライツ教育の実践

題をここで追記しておきたい。それは、どのようなテーマの授業を「特論」の限られた枠の中に設置していくか、という問題である。研究会での議論の過程では、上記の開設（予定）科目のほかにも、例えば「貧困と人権」「子どもと人権」「生命科学と人権」といった様々なテーマが検討の対象になった。議論の末、まずは上記のテーマで開設することにしたわけだが、その際には、「ヒューマン・ライツに関わるどのような問題を学生に伝えたいか」という点と並んで、「そのテーマを担当しうる教員を見つけること（育成すること）ができるか」ということも考えざるをえなかった（むしろ、後者の問題が切実であった）。

　例えば、**1**で言及したように、私たちは、日本におけるヒューマン・ライツの核心的問題の一つが、個人に対する企業の過度な支配力の問題、すなわち、対企業的人権問題であると認識しており、その認識ゆえに、カリキュラムの中に「人権法特論D（企業と人権）」を置いたが、この科目を担当するにふさわしい専門家を見出すことは、必ずしも容易なことではなかった（幸い、紆余曲折の末、適任の担当者を見つけることができたが……）。このことの背後には、もちろん私たちの知識不足・情報不足が存在しているのであるが、一方で私たちは、日本において、現場と結びついた「ヒューマン・ライツ学」が未成熟であることも改めて痛感している。本末転倒という批判を受けるかもしれないが、私たちは、今後、ヒューマン・ライツコースの運営にあたって、この「よりどころとなる『学』の希薄さ」を直視し、非力を自覚しつつも「学の構築」という大きな課題と格闘していかなければならないだろう。

　2014年10月現在、青学法学部のヒューマン・ライツコースには1年生（第2期生）92名（学年の総学生数486名の18.9％）、2年生（第1期生）106名（学年の総学生数499名の21.2％）が在籍し、それぞれの学びを進めている[3]。そして、来る2017年3月には、初めてのヒューマン・ライツコース卒業生が、このキャン

3）　ちなみに、他のコースの在籍者数と割合は次の通り。2013年度入学者：ビジネス法コース158名（31.7％）、公共政策コース135名（27.1％）、司法コース100名（20.0％）、2014年度入学者：ビジネス法コース214名（44.0％）、公共政策コース117名（24.1％）、司法コース63名（13.0％）。2014年度は、司法コース選択者が減少し、減少分をビジネス法コースが吸収していることがうかがえる。

パスから、様々な重たい人権問題を抱える社会へと巣立つことになる。

Ⅱ-2　ヒューマン・ライツの現場A

大石　泰彦

1　授業の概要

　「ヒューマン・ライツの現場A」（1年前期配置、2単位、月曜6限開講〈18：30—20：00〉）は、ヒューマン・ライツコースの「ショウ・ウィンドウ科目」として、入学直後の学生に、このコースにおける学習全体のイメージを示し、コース選択の際の基礎情報を提供することを主な目的として開設された講義形式の科目である。過年度（2013年度、2014年度）においては、この科目を履修した1年生の大多数がヒューマン・ライツコースを選択している。

　当初は、この科目と「ヒューマン・ライツの現場B」（1年次後期配置、2単位）との棲み分けについて、前者は日本国内の人権問題、後者は世界各地の、あるいは国際的な人権問題を素材とするという大まかな区分が想定されていたが、映像資料の確保等の問題から、現在はこの科目（A）が日本のみならずアジア各地の人権問題をテーマとするようになり、AとBの区別は相対的なものとなっている。ただし、「自分の立ち位置（いま・ここ）から人権の現実を見る『旅』を始める」というこの科目の基本方針は変わっておらず、まず、学生にとって身近な日本の問題から紹介から授業を開始すること、および、その後アジア各地の人権問題を見ていく際にも、その問題と「日本」「日本で暮らすわれわれ」との関わりについて詳しく紹介し議論すること、というスタイルを維持している。

　受講者数は、2013年度が166名（1年生96名、2年生14名、3年生19名、4年生37名）、2014年度が208名（1年生92名、2年生46名、3年生19名、4年生51名）である。2013年度の2・3・4年生、2014年度の3・4年生は、旧カリキュラムの「地域社会と法Ⅱ」という科目として、この講義を履修している（ちなみに、他の

コースの学生も、自由科目としてこの科目を履修することが可能である）。以下まず、この講義の概要、すなわち、シラバス、ガイダンス、授業体制ついて紹介する。

(1) シラバス

シラバスは、受講前の学生に当該科目のイメージを示し、科目を履修する際の「心構え」を醸成する唯一の、重要なメディアである。特に、この科目のように通常の講義科目の定型に収まらず、かつ、受講者がそこに「参加」する形式の授業の場合、シラバスでの呼びかけは非常に大切なものとなる。この授業の2014年度のシラバスの全文は本書末の「参考資料」に掲載したが、以下、その骨格部分である「講義概要」「授業方法」「授業計画」「成績評価方法」を引用しておきたい。

　講義概要：1)「ヒューマン・ライツ」を学ぶことは、これまで学生諸君がなじんできた「勉強」とはまったく異なっている。それは、単語や用語を暗記したり、参考書や問題集を一冊あげたりするようなものではない。頭でっかちにならず、まずは「現場」を見つめること、そして、それを他人事として簡単に割り切ったり、安易に理論化したりしないことが必要になる。
2) ここで展開されるのは、高校までのいわゆる「人権学習」「平和学習」の延長線上にある啓発的な授業ではない。そこには簡単な「答え」はない（「答え」は大学4年間の学びの中で探究してほしい）。そんな学びに関心を持つ学生諸君の受講を期待する。
　授業方法：1) 担当者のうち1名は「人権」を研究テーマとする大学教員、1名は日本とアジアの社会と人間の現実をテーマに取材を続けるインディペンデントのジャーナリストである。各回、この2人がともに教壇に立つ。また、現場をよく知るジャーナリストなどをゲストとして招くこともある。
2) 授業は原則として3回をワンセット（1単元）にして、すなわち、一つのテーマに270分の時間をかけて行われる。各セットは、
第1回——簡単なイントロダクション（約10分）のあと、ヒューマン・ライツに関わる映像を視聴。授業終了後、映像への感想、意見、質問などをA4判1枚程度の用紙にまとめて提出。
第2回——寄せられた感想を踏まえて、担当者2名が講義を行う（約40分）。ゲストが話をする場合もある。そのあと、質疑応答やグループ・ディスカッション（第3回の説明参照）の準備を行う。
第3回——受講者が、だいたい10名ずつのグループに分かれて、グループ・ディスカッションを行う。ディスカッション終了後、ディスカッション報告と感想（A4判1枚程

度）の提出が求められる。

3）テーマが変更される場合もある。

　授業計画：第1講——ガイダンス　第2～4講——孤立に向き合う　第5～7講——私たちは「自由」か　第8～10講——戦争を知っているか　第11～13講——「命の重さ」に差別はないか　第14講——特別授業（講演等）　第15講——まとめ

　評価方法：受講者が発する言葉（文章、発言）によって採点する。その内容が高度であるかどうかではなく、熱意と真摯さを求める。このほかに課題レポートを課す場合もあるが、期末試験は行わない。

　以上のシラバス記載事項のうち、「授業計画」については、第11～13講のテーマが「『命の重さ』に差別はないか」から「貧困を見つめる」に変更され、また、第14～15講は、当初予定された「講演」と「まとめ」ではなく、「汚された大地に立つ」という独立のテーマ（第5のテーマ）を立てて授業を行った。ただ、この単元には授業2回分の時間しか当てることができなかったので、「グループ・ディスカッション」は割愛した。

　感想文等の提出物（これを、この授業では便宜的に「小レポート」と呼んでいた）は各テーマ2通であり、したがって各受講者は授業を通して全部で10通の小レポートを提出することになった。ただし、上記の通り第5のテーマについてはディスカッションがなかったので、最終回の小レポートのテーマは「この授業（全15回）に対する感想・評価・提案」であった。

(2)　ガイダンス

　この授業では、シラバスと同様の理由で、授業初回の「ガイダンス」もたいへん重要になる。そこで2013・2014年度のガイダンスでは、担当者（大石）が次のような内容のレジュメを配布して、この科目の趣旨や特徴について、詳しい説明を行った（2013年度、2014年度とも約40分間）。

ヒューマン・ライツの現場Ａ　ガイダンス

1.　「法学部」は何を学ぶところなのか：1）全国に100校近く存在する法学部　2）凋落する法学部人気　3）「司法試験」「公務員試験」を目指さない法学部生は…　4）正義・ルールという観点から社会を見る学部

2.　法の勉強は本当に「面白くない」か：1）法律の勉強は「条文をおぼえる」こと？

24　Ⅱ　ヒューマン・ライツ教育の実践

　　　2）大学生がエリートだった時代のままのメソッド　3）調味料だけで材料のない料理
　　　4）「可視化」の必要性
3.　日本で初めての「ヒューマン・ライツコース」：1)「研究会」「実験授業」を経て　2）
　　世の中の現実に向き合うことの重要性　3）「同じ地面に立っている」という認識　4）
　　他者への想像力　5）法学学習のモチベーション　6）将来像は「多様」
4.　「ヒューマン・ライツの現場A」という授業：1)「ヒューマン・ライツコース」の出
　　発点であり、コース必修授業　2）いわゆる「可視化」授業　3）「答えのない」授業
　　――考え、議論する授業　4）従来の啓発型の「人権教育」「平和教育」とは違う授業

　さらに、このガイダンス（約40分）に引き続いて、もう1人の担当者である
野中が、アジア各地の紛争・戦争が盛り込まれたアジアプレス・インターナ
ショナル[1]のプロモーション映像を提示しつつ、自己紹介を行った（2013・
2014年度とも約30分間）。

(3)　授業体制

　複数講師制：この授業の体制面での最大の特徴は「複数講師制」である。法
学部に所属し、憲法を専攻する教員（大石）と、主にアジアの戦争・紛争・貧
困等をテーマに取材活動を続けてきたジャーナリスト（野中）が毎回、ともに
教壇に立ち、それぞれの視点から映像を解説し、それに補足説明やコメントを
加え、さらに学生とディスカッションしていく。両担当者の分担は、大まかに、
大石が、文献・資料によりつつ各問題を俯瞰的に分析するのに対して、野中は
つねに「現場に立つ者」の問題意識や感覚にこだわり、その地点から考察を行
うというものであり、ある問題について両者の見解が相違する場合でも、それ
を調整せず、その相違を学生にそのまま教壇上に乗せ、発信することにした。

───────────
　　1)　　1987年に設立されたフォト・ジャーナリスト、ビデオジャーナリストを中心としたプロの
　　　インディペンデント・ジャーナリストのネットワーク組織。2014年現在のメンバーは30名。
　　　①メディアでの記事、写真、番組、リポート、現地中継、ドキュメンタリーの制作・配信、
　　　②番組制作、③ドキュメンタリー映画制作を主な業務とし、あわせて、①ジャーナリズム、
　　　表現・報道の自由に関する研究と発信、②イベント、シンポジウムの開催、③写真展、映画
　　　上映等を行う。アジアプレスの理念について、代表の野中章弘は次のように述べている。「巨
　　　大メディアのジャーナリズム精神が衰退する中で、私たちは表現者としていかなる資本にも
　　　従属せず、いかなる権力からも自由であろう、とする立場を築く努力をしてきました。その
　　　ために時代の記録者としての力量と精神を鍛えていくのは当然のことですが、同時に私たち
　　　は国境や民族の違いを超えて広くアジアの人々と結びついていこうと考えています。」（アジ
　　　アプレス・インターナショナルHPより）

ティーチング・アシスタント（TA）の配置：授業各回における出席チェック、レポート用紙の配布、質疑応答におけるマイク運び、さらに別教室での映像視聴（後述）のセッティングなどの業務にあたるティーチング・アシスタント（TA）1名を置いた。2013年度・2014年度とも、教務課を通じた募集に応じた大学院法学研究科の院生がこれを担当した。

教室設備：教室は、約300名を収容でき、大型スクリーン2面と中型スクリーン2面（後列学生向け）を備えた大講義室を確保し、すべての授業（後述の別教室授業を除く）をここで行った。なお、グループ・ディスカッションの際には、受講生が約10名ずつの小グループに分かれる必要があるため、机・椅子が固定式でないこと、教室に傾斜がないことを、教室確保の際の条件にした。

レポート回収ボックス：青学法学部では、それまで「レポート回収ボックス」が設置されていなかったため、新たに教務課内にボックスを設置した。ここで回収されたレポートは、提出締め切り後に教務課でまとめられ、担当者に送付される。レポートの締め切りは授業日（月曜日）の3日後（木曜日）である。

別教室：すでに述べたように、この授業における一つの単元は、①映像視聴、②レクチャー、③グループ・ディスカッションという流れで進んでいくが、①の回を欠席した学生のために、③の回に別教室（小教室）で追視聴を行った。必然的に、この追視聴に参加する学生はグループ・ディスカッションに参加しないことになり、この回の小レポートのテーマも「ディスカッションの報告・感想」ではなく「映像に対する感想・意見」になる。

質問対応：授業内容に関する受講生の質問は、「小レポート」、あるいは、レクチャー後の質疑応答の中で表明されるが、毎回、授業後、数名の受講生が特にジャーナリスト教員（野中）に対してかなり長時間、個人的な質問や相談を行う光景が見られた。

単位認定：2014年度は、出席点（出席票によって集計）14点満点、小レポート80点満点（8点満点×10回）、質疑応答時の発言6点満点の計100点で採点し、60点以上の者を合格とした。小レポートの提出回数が5回未満の者は採点対象とはしなかった。その結果、AA評価（90点以上）の者が24名、A評価（80点以上）の者が40名、B評価（70点以上）の者が63名、C評価（60点以上）の者が63名、XX評価（59点以下）の者が2名であり、採点対象外（X評価）の者が16名

いた。採点対象外の者を除く成績評価比率は AA：12％、A：21％、B：33％、C：33％、XX：1％であった[2]。

2　各単元の進行──「テーマ3・戦争を知っているか」を例に

「ヒューマン・ライツの現場A」の概要は上述の通りであるが、次に各単元の授業がどのように進行していったかを「テーマ3・戦争を知っているか」を例に説明していく。すでに述べたように、各単元は①映像視聴、②レクチャー、③グループ・ディスカッションという三つの授業から構成されており、この単元もそのように進行した。

(1)　映像視聴と感想文

①の授業の際に心掛けたのは、何らかの抽象的なテーマ（例えば、「中東問題」とか「集団的自衛権」とかいった）を論じる上での「参考資料」として映像を視聴させるのではない、ということである。教員が受講生にあらかじめ「映像の見方・とらえ方」を指示し、そこに誘導するのではなく、学生が「素」に近い状態で映像に向き合うことが重要であると考えたのである。したがって、映像

2）　なお、青学法学部においては、2009年度より、「専門講義科目」（演習科目を除く）について次のような成績評価基準が運用されている。この基準に照らすと、2014年度の「ヒューマン・ライツの現場A」の成績評価は、AA および A の割合が基準を超えており、やや甘い成績評価になっている。

法学部成績評価基準（2008年7月9日法学部教授会決定）
1.　担当教員は、受講者の成績評価にあたって、極端に厳しい評価、逆に極端に緩やかな評価にならないよう授業内容と評価方法を工夫する。
2.　X 評価とする者を除く受講者の成績評価比率は、AA（5〜10％）、A（15〜20％）、B（30〜35％）、C（30〜35％）、XX（20％以内）とする。
3.　何らかの理由により、2.で示した比率とは異なる成績評価比率とする場合、担当教員はその理由を具体的に学生に告知する。
4.　再履修クラスおよび受講者50名以下の科目については、2.の基準を「準用」するにとどめる（この場合、担当教員は3.の告知の義務を負わない）。
5.　担当教員は、採点終了後、全講義科目の成績評価比率の結果（X評価も含める）を学生に告知する。
6.　担当教員は、採点終了後、全講義科目の「試験（あるいは、レポート）問題」「試験（あるいは、レポート）の出題意図」および「講評」を学生に告知する（500〜1,000字程度）。
7.　通年講義科目については、少なくとも前期・学年末の2回、試験（あるいは、レポート）を実施することを原則にする。

視聴の前には、映像作品のタイトルや制作データなどを簡単に（2〜3分で）学生に伝えるが、それ以上の「事前講習」は行わず、すぐに映像の上映に入る。

上映は、作品が90分以内のものである場合には、全編を映写するが、それを超える場合には、一部をカットする。この単元で用いたのは、綿井健陽[3]監督作品『リトル・バーズ──イラク・戦火の家族たち』（2005年）[4]であるが、これは102分の作品であるため、後半の一部をカットした。

前述のように、受講生は視聴後3日以内に小レポート（感想文）を提出する。毎回、学生の多く（半数程度）がA4判のレポート用紙の表裏両面にわたる長い文章を書いてくるが、この回の感想文には、例えば、次のような記述があった（文章の一部を抜粋、誤字等を訂正、補足部分は〔……〕で、文中の省略部分は……で表示）。

「イスラムの人たちも私たちと同じ感覚を持った人間で、子どもや大切な人を失えばすがるように泣き、苦しむのだと映像を見て実感したとき、……〔そのことに〕驚きを覚えたことに思わずぞっとしました。自分がいかに彼らをぞんざいに考えていたかを思い知らされました」（2013年度1年生）

「戦争の悲惨さを目の当たりにして、私は、戦争を知らずに現在をいい加減に過ごし、社会情勢すら知らずに、ただ『世界は平和であってほしい』と思っていることを罪だと感じた」（2014年度1年生）

「自衛隊が記者発表をしているのを何十人もの記者・カメラマンが囲んでいた。その人たちに対して私はこう言ってやりたかった。『そんなものを撮って

3）　1971年生まれ。ビデオ／フォト・ジャーナリスト。アジアプレス・インターナショナル所属。スリランカ民族紛争、パプアニューギニア津波被害、スーダン飢餓、東ティモール独立紛争、同時多発テロ後のアフガニスタン、イラク戦争などを取材。2003年度ボーン上田記念国際記者賞特別賞を受賞。主な映像作品・リポートに「独立に揺れる島・東ティモール」（NHK・ETV特集）、「Little birds〜イラク　戦火の家族たち」などがある。（「綿井健陽ウェブ・ジャーナル」より）

4）　ロカルノ映画祭人権部門最優秀賞（2005）、JCJ（日本ジャーナリスト会議）大賞（2005）、毎日映画コンクールドキュメンタリー映画賞（2005）などを受賞。「リトル・バーズ」HPは、この映画を次のように紹介している。「戦火のイラク市民に何が起こったのか。激しい空爆が始まり、戦火が人々を襲います。老人や女性、そして子どもたち…次々と弱い者が犠牲となっていきました。バグダッドへの米軍入城の瞬間をとらえた綿井健陽は、米軍の戦車の前に立ちはだかる一人の女性の叫びにキャメラを向けました。『お前たち何人の子どもを殺したんだ？　病院に行って、死んでいく人たちを見てこい！』その言葉に突き動かされた綿井は、翌日バグダッド市内のサウラ病院で凄惨な状況を目撃します。…戦争で傷ついた様々な家族を描きながら、戦争の『意味』を、日本と世界に問いかけます。」

いないでイラクの人々の嘆きを取材しろ！』イラク戦争の報道をはっきりとは覚えていませんが、今回見たような人の嘆きや怒りは流されていなかった。日本のメディアは本当に何をしているんだ」（2014年度1年生）

「私たち戦争を知らない世代は、『戦争を繰り返してはならない』と言われて育った。したがって、私たちの中には『戦争＝いけないもの』という認識が存在している。しかし、今回映像を見て、私が持っていた戦争のイメージが全く具体性を持っていなかったことに気づいた」（2014年度1年生）

「今までに見た戦争映画をインチキに感じ、『真実』と謳うことをやめるべきだと思った。特殊メイクで大量に出血させて、苦しんでいるように見せるとか、舞い上がった煙の粒子を鮮明に見せるきれいな映像とか、CGで燃え上がる炎を作るとか、そういう映画は何一つ戦争について描いていないのだ」（2014年度3年生）

「私も、この映像にかなりの衝撃を受けた。しかし、どうすればいいのか戸惑った。そのことは、あの教室にいたほとんどの学生にもあてはまると思う。6割の人は、あの日には心を打たれたけれど、次の日には忘れてしまったと思う。3割の人が、ショックを受けているけれど、それを行動に移すことはできないと思う。それぞれ、自分自身の人生があるし、特に私のような就活生は、自分の今後の人生のことで『いっぱいいっぱい』だからだ。……結局は人任せだ」（2013年度4年生）

「いままでは、戦争を知るためには、まず、世界情勢を知ることだと考えていたが、それだけでは本当に戦争を知ることにはならないのだとわかった。……戦火の中で人々がどのように暮らし、傷つき、怒り、泣き、そこからどうやって自分を取り戻そうとしているのか、という現実を知り、痛みを想像することが必要である」（2014年度4年生）

(2) レクチャーと質疑応答

次週は、2名の担当者が各約30分程度、映像の内容、映像視聴後の受講生の感想文の内容を踏まえて、レクチャーを行う。なお、このレクチャーに先立って、提出された「感想文」からの文章の抜粋をまとめた「感想文から」と題するプリント（A3判2枚程度）が受講生全員に配布される。

Ⅱ-2　ヒューマン・ライツの現場Ａ　　29

　「戦争を知っているか」の単元では、まず大石が「戦争を知っているか――
『戦争のできる国』に向かう日本」と題するＡ３版３枚のレジュメを配布（巻
末の**資料２に掲載の戦争を知っているか**）し、さらにいくつかの新聞記事[5]を参
照しながら、次のような構成のレクチャーを行った。

1.　「戦争のできる国」への歩み？――イラク戦争と日本の近時の動向
　　・イラク戦争と日本
　　・「集団的自衛権」容認への歩み
2.　日本の「平和主義」「防衛政策」に関する基礎知識
　　・憲法９条の解釈
　　・国際貢献と集団的自衛権
　　・与党・自民党の改憲案

　次に野中が、同じくいくつかの新聞記事[6]を参照しながら、およそ次のよ
うな内容のレクチャーを行った。

---

　5)　大石のレクチャーにおいて教室で掲示した新聞記事は次の通りである。
　　　①「空自イラク派遣『違憲』」東京新聞2008・4・18夕刊
　　　②「違憲判決『関係ねえ』：田母神空幕長」東京新聞2008・11・1朝刊
　　　③「陸自への攻撃13回200発着弾：イラク・サマワ派遣詳細判明」東京新聞2008・7・13朝刊
　　　④「『改憲し国防軍設置』：新防衛大綱　自民が提言案」朝日新聞2013・4・24朝刊
　　　⑤「米英無人機、市民犠牲479人：04年以降」朝日新聞2013・10・19夕刊
　　　⑥「『紛争国に輸出』除外せず：武器三原則で政府原案」毎日新聞2014・2・22朝刊
　　　⑦「米国防長官　集団的自衛権を支持：日米防衛相会談で明言」毎日新聞2014・4・7朝刊
　　　⑧「集団的自衛権容認を指示：首相、解釈変更に意欲」毎日新聞2014・5・16朝刊
　　　⑨「多国籍軍　将来参加に含み」朝日新聞2014・5・18朝刊
　6)　野中のレクチャーにおいて教室で掲示した新聞記事は次の通りである。
　　　①「市民側に立ち記録せよ（イラク戦争を問う）」朝日新聞2003・3・22朝刊（野中章弘・ア
　　　　ジアプレス代表）
　　　②「フセイン政権崩壊：開戦21日首都制圧」読売新聞2003・4・10朝刊
　　　③「『解放だ』市民歓喜：バグダッド」読売新聞2003・4・10朝刊
　　　④「大統領像　怒りの斧」読売新聞2003・4・10朝刊
　　　⑤「イラク戦争　正しかった米英の歴史的決断：日米同盟の意義を再確認せよ」読売新聞
　　　　2003・4・11朝刊（社説）
　　　⑥「パレスチナ　自治区から歓喜の声も」朝日新聞2001・9・12夕刊
　　　⑦「情報戦見抜く記者を育てて」朝日新聞2003・6・6朝刊（野中章弘・朝日新聞紙面審議
　　　　会委員）
　　　⑧「平和甦る南京：皇軍を迎へて歓喜沸く」東京朝日新聞1937・12・20
　　　⑨「南京は微笑む　城内点描：兵隊さんは子供と遊ぶ」東京朝日新聞1937・12・25

1. イラク戦争時のアジアプレスの取材姿勢
   ・市民の側に立って記録する
   ・大メディアが取材しないことを取材する
2. 戦争報道の問題性
   ・「現場」に立たない報道——米軍・バグダッド入城
   ・「国策」に巻き込まれる報道——日本軍・南京入城
3. イラク戦争の当事者としての日本
   ・「日本（人）は無関係」ではない
   ・われわれに「当事者意識」はあるか

　二つのレクチャーに際して、担当者が特に留意したのは、受講生をはじめ日本に住む私たちにとって、イラク戦争は決して「他人事」ではなく、むしろ私たちはその「当事者」の一人なのだ、という意識を喚起することであった。
　レクチャーの終了後、若干の質疑応答時間を設け、次週のディスカッションのグループ分けを行って、この回は終了する。

(3)　グループ・ディスカッション

　グループ・ディスカッションは、①の回に出席して映像を視聴した受講生を16の小グループに分けて（2014年度の場合、1グループの人数は約11名）、1時間以上の時間をかけて討論や意見交換を行う。2014年度には、4回のグループ・ディスカッションが行われたが、グループ分けはその回ごとに行い、その際には、各グループのメンバーの学年比率がほぼ同じになること、また、グループが「いつも同じメンバー」にならないようにすること、の2点に配慮している。大教室に、テーブルを囲む形で16カ所のサークルを作り、そこでディスカッションを行う。担当者は適宜、教室内を回り、時には短時間、あるグループの議論に参加したりする。
　司会者（各回1名）については、第1回目は3年生、2回目は4年生、3回目は2年生、4回目は1年生が担当するように指示した（したがって、この「戦争を知っているか」の単元のディスカッション司会者は2年生である）。また、ディスカッションに先立って、学生に貼付式のネームカードを配布し、そこに学年・氏名を書いて胸に掲げるように指示する。

ディスカッションのテーマは、試行錯誤の末、議論が散漫になるリスクを認識しつつもあえて絞り込まず、議論の中で出てきた論点を生かし、整理しつつ議論を進めるように司会者に指示する、という形式に落ち着いている。

　この回の終了後には①の回に続いて再び「小レポート」を提出してもらう。Ａ４の用紙の表面に「自分の所属したグループにおける議論の概要のレポート」、裏面に「ディスカッションを終えて個人的に考えたこと」を書くように指示する。また、事前に、「ディスカッション中にレポート書くことは厳禁」（議論に集中してほしいため）である旨の指示を行い、用紙の配布はディスカッション時間の終了間際に行うようにしている。

　このグループ・ディスカッションは、「予想外に」受講生に好評であった。授業終了時の小レポートには、例えば次のような感想が記されている（文章の一部を抜粋。誤字等を訂正。補足部分は〔……〕で、文中の省略部分は……で表示）。

　「私はもともと心配性で、事前に準備し、〔議論が〕自分の予想と違うと焦ってしまう。……今回は予想外の展開ばかりで焦りましたが、これが本当の意味でのディスカッションなのだと気づかされました。ある程度予想できる道筋ではなく、いろいろの意見をぶつけ、予想外の考えもつかなかった議論をすることに意義があると感じました」（2013年度１年生）

　「〔ディスカッションをしていると〕映像の中の出来事については他人事で、日本のことになるとすごく心配する意見が多かった。それは、あたりまえなのかもしれないが、結局、自分がよければいいということではないか。ちなみに、これまでは自分もそのような考えであった」（2014年度１年生）

　「ディスカッションに向けて自分の考えを整理しようとすると、そこに矛盾があってはいけないし、『なんとなくそう思う』というのではなく理由や思考のプロセスが説明できなければいけない。そのとき、あらためて戦争、自由、貧困といった大きなテーマに向き合い、見つめなおすことができたと思います」（2014年度１年生）

　「ディスカッションを通して、……普段はかかわることのない人や初対面の人も、みんないろいろなことを考えていて、それぞれが意見を持っているのだなと。あたりまえのことかもしれませんが、他者の意見に耳を傾けることが自分の見地を広げてくれるのだと実感しました」（2013年度３年生）

「個人的には、もっとグループ・ディスカッションをやって、いろいろな意見を聞きたかった。グループでの意見をまとめて、それをグループの代表が先生方にぶつける、というのも面白かったかもしれません」（2013年度4年生）

「グループで話しているのに、発言している人の目は見ない、最悪携帯を見ている、下を向いていて自分の意見を言わない。大学生にもなって、こういうレベルの人がいるのかとがっかりすることもありました」（2014年度4年生）

3　学生による授業評価・授業への感想

先に述べたように、最終回の授業の際に課せられる小レポートのテーマは、「この授業（全15回）に対する感想・評価・提案」である。以下、寄せられた学生の声のうち、典型的な、あるいは、印象に残るものを、着眼点・論点別にいくつか紹介しておきたい（文章の一部を抜粋。誤字等を修正）。

(1) 「無知」「無関心」の自覚

「私は、日本は戦争をしていない、平和を追求するよい国だと思っていました。しかし、それは違いました。直接市民に銃を向けることはなかったけれど、間接的に彼らを傷つけていました。そして、日本のたいていの人はこの事実を知らないのです」（2014年度1年生）

「この授業を受けるまでは『そんな他国のことなんて知らない。俺たちだって毎朝、満員電車に乗り、勉強し、気をつかいながら生きているのだ。大変なのはあんたたちだけじゃない』というような人間だった僕が、もしこの授業を受けずに社会人になっていたら、必ずこの人たちの害になる選択をしていた。そしてその選択をしてから、この人たちのことを知っても、自分の過ちを認めたくないがためにそれを受け付けないだろうと思った」（2013年度2年生）

「授業を通じてもっとも強く感じたのは、無関心は罪であるということだ。映像の中では、さまざまな場所の、さまざまな苦しみが描かれていた。そうした問題について、これまで自分は、ニュースで流される『話題』という程度にしかとらえていなかった」（2014年度3年生）

「私はこの授業を通じ、無知の恐ろしさを知った。頭では戦争や貧困を理解

しているつもりでいた。しかし、現実は想像とは程遠いものであった。この現実を知らずして、政治や法律の上っ面だけ勉強している自分に気づかされた。それは、自分がこれまで、無自覚のままに『差別する側の人間』に近づいていっていたということだ」（2014年度4年生）

　「こういった理不尽な問題から目を背けている人が、私も含め大ぜいいるということです。家族や友人にこの授業の内容を話すと『暗くてしんどそうな問題だね』と顔をしかめながら話を遮られました」（2014年度4年生）

(2)　授業の形式について

　「法学部のほかの授業は、判例集や参考書、教科書を使って黒板や文字から学ぶものばかりでした。その中で、この授業は映像で実際の現場を目にして、それからその背景を学ぶという形で、その映像は私の見たことのないものばかりでした。私はこれまで、文字を読むだけで知った気になって、それ以上何も知ろうとせず、それで勉強は終わったと考えていました」（2014年度1年生）

　「この授業は、大学生が大学で一番受けたい授業だったんじゃないかな、と思います。日本、ベトナム、イラクなどの社会問題をオブラートに包まずリアルに取り上げ、学生に考えさせ、先生方の見解を聞き、グループ・ディスカッションをする。映像のレベルが高いことに加え、一つの問題を三つのアプローチでじっくり考えるのがとてもよかった」（2014年度2年生）

　「私は4年生ですが、この授業を1年のときに取れていたなら、大学での勉強への向き合い方が変わっていたのではないかと思います。これまで、法律を学ぶ上で最も重要なことが欠けたまま、勉強にとりくんでいた気がします。条文を読んだり、判例を読んだりしても、どこか現実とリンクしない感じで、正直、楽しいと感じたことはなかったように思います」（2014年度4年生）

(3)　特に、「可視化」という方法について

　「なぜかはじめは〔映像の中のことが〕現実だとわかっていても、心のどこかでスクリーンの中だけに彼らがいるような気がしていましたが、最近は、いま自分が生きているこの地球上のどこかに彼らはいて、同じように息をしているのだと意識するようになって、苦しくなります」（2013年度1年生）

「あの90分のつらい時間が、私を成長させてくれました。映像の中の人々は、私を成長させるためにその姿を見せているわけではないのでしょうが……　私はこれから『すぐに現地に行きたい』という思いをこらえて、4年間の学びでしっかりと根を張って、そのうえで社会の不条理と向き合いたいと思います」（2014年度1年生）

「本当の現実を知らないから、平和学習で戦争のことを学んでも、あくびをしていたり、他人ごとに思っている人が多いのだと思いました。月曜日のヒューマン・ライツの授業が終わり、渋谷駅に向かって歩くとたくさんの人とすれ違います。それを見ながらいつも、この人たちはいま、私が見てきた現実なんて知らないし、この先も知ることはないんだと思うと、うまく言葉では表せませんが、腹立たしいような、むなしいような複雑な気持ちになりました」（2014年度1年生）

「私はこれまで、ドキュメンタリーを見てこなかった。見るのが怖かったのだと思う。私がいま、平和に暮らしているように、みんなも平和に、幸せに暮らしているのだと思いたかった。見てしまったら、いままで通りの感覚で過ごすことができなくなってしまう……しかし、そのような姿勢が人を傷つけてしまうのだ」（2014年度3年生）

(4)　意識の変化・とまどい

「同じ人間であるのに、生きている環境の違いから、自分はこの人たちよりかは上、と無意識に思っている自分がいました。そう思っている自分の方がいくら豊かな生活を送っていたとしても、心は貧しいと感じました。ヒューマン・ライツの授業を受けていなかったら、きっと冷酷な考えを持っている自分に気付けなかった」（2013年度1年生）

「どうしたら世界中が幸せになるのか……はっきり言ってわかりません。先生方はわかっているのでしょうか。いつか悟りの境地にたどりつくのでしょうか。……答えの見えない問題とひたすら向き合うのが、ノイローゼになりそうな思考がヒューマン・ライツという学問なのでしょうか。しかたないで済ませたくはないけど、どう向き合えばいいのかわからないです」（2013年度1年生）

「結局のところ、市民の被害は仕方がない、正義のための尊い犠牲だなどと

言っているのは強者の側だけで、それは押しつけの理論なのだった。かつての自分なら受け入れていたかもしれないが、いまははっきり『おかしい』と言うことができる。利益のために人命が失われるのは強者のエゴである。人の死に向き合っていない者のエゴである」（2014年度1年生）

「我々は自分本位だと思いました。例えば、安い品物を『安い！』と喜んで買う。この安さのために誰かが苦しんでいるなどと考えたことがありませんでした。国という抽象的なものだけを見て、そこにいる人間を見ていなかった」（2014年度1年生）

「これまでこうした出来事を『ニュース』としてしか受け止めていなかった。世界史が好きな自分は、『ああ、いま歴史が動いているなあ』などとさえ感じていた。戦争で100人が亡くなることで、たしかに歴史は動くのかもしれない。しかし、そのとき死んでいった100人はどうなるのか」（2014年度2年生）

(5) 教育と社会

「私が思ったのは、いまの教育制度を改革する必要があるということだ。私はこれまで、受験だけを意識して勉強していた。しかし〇年に〇条約が締結されたということは知っていても、それが今の現実とぜんぜんつながっていない。この大学にはヒューマン・ライツのような授業があるが、大学生になると授業への意欲そのものを失ってしまう人も多い。もっと早いうちから現実を見せるべきだと思う」（2014年度1年生）

「現実を知らない人々が世論を作り上げ、現実を見ない政治家が世界をいけない方向に導く。私たちはそれをくい止めなければならない。解決策を導き出すことはできなくても、悪い方向に向かうことは止めなければならない」（2014年度1年生）

「この授業は、青学法学部のヒューマン・ライツコースの学生だけではなく、他のコースの人、他学部の人、他の大学の人、日本中の人、いや、全世界の人がとるべきだと思います。そうすれば、戦争はなくなると私は思います」（2014年度2年生）

36　Ⅱ　ヒューマン・ライツ教育の実践

⑹　これからの自分の生き方

「私はいま、『必死で生きる』という目標を立てて生活しています。必死で生きている人の姿は心に響くからです。日本にはそういうことができる環境が整っているように見えますが、実は、必死で生きることはそう容易ではないように思います。しかし映像の中の人は、もっと大きな困難の中でも必死で生きていました。そのような人と同じ目線に立つために、私もこれから必死で生きようと思います」(2014年度1年生)

「生きるか死ぬかのはざまに立つ人々、命を懸けて自由のために闘う人々。そういう人がなぜカメラの前に姿を見せ、語ったのか。……私は、彼らは自分たちの思いや考えを私たちに知ってほしかったのだと感じた。必死で語っている彼らの思いを受け止めるにはどうしたらいいのか。私は、『知ろうとする』姿勢を見失わないようにしたい」(2014年度4年生)

「私はこの夏、バンコクとホーチミンへ1人で旅行に行く。……それによって、もっと強い問題意識を持ち、行動することができるかもしれない。『もっと良くなればいい』という人間ではなく、『もっと良くしよう』という人間になりたい」(2014年度4年生)

　　「右寄り」の学生

　街ではヘイトスピーチ・デモが繰り広げられ、ネット上には匿名の憎悪表現があふれかえり、駅では隣国を嘲弄する雑誌や新聞が堂々と売られているのが今の日本である。こうした風潮に影響を受けているのかどうかはわからないが、最近、大学生の中にも、かなり過激な愛国・隣国敵視の思想・見解を持ち、それを堂々と開陳し、自らの考えと相いれない見解をもつ人物(教員を含む)を「左翼」「偏向」とみなす者が増えているように感じられる。

　私たち「ヒューマン・ライツ」の教員が、特定の政治思想を植え付けようとしているわけではないことは当然であるが、むしろそれゆえに、感想文に臆すことなく差別的な言辞を連ね、ディスカッションで他の学生に「歴史の真実(とその学生が信ずるところのもの)」を開陳している学生にどう対応すべきか、非常に悩ましい(こうした学生に再考を促すことも、この授業が果たすべき役割の一つではあるのだろうが……)。一方、「ヒューマン・ライツA」のもうひとりの担当者である野中章弘氏は、毎回、こうした学生とも実に丁寧に、根気よく対話している。野中氏は、「現場に行けば〔学生は〕変わるんだけどね」とおっしゃるのだが……。

長々と受講生の感想を引用したが、この授業の担当者（野中・大石）は、このような声の中にこそ、「ヒューマン・ライツの現場A」、さらには広く、大学におけるヒューマン・ライツ教育のこれからを考える上での貴重な示唆が含まれていると考えている。私たちはこうした声によく耳を傾け、学生と対話しながら、2015年以降もよりよい授業のために努力していくつもりである。

Ⅱ-3　ヒューマン・ライツの現場 B

申　惠丰

　1年生の後期に配置される半期授業「ヒューマン・ライツの現場 B」は、同じく半期授業として1年生の前期に配置される「ヒューマン・ライツの現場 A」と対をなす導入科目である。一応の目安では、A は日本国内の人権問題を、B はより広く世界の人権問題を対象とすることが予定されている。ただ、人権問題は多様な広がりと関連を持っているから、この区別はあくまで一応のもので、実際には A でも世界の人権問題を扱ったし、B でも日本の人権問題を扱った。A は、入学後の早い段階でコースの趣旨を提示する「ショーウィンドウ科目」としてコース必修科目とされているのに対し、B は必修ではなく、またコース外の学生でも A や B の履修はできるのでどちらかのみを履修する学生がいることからも、内容にある程度重なりがあってもよいというのが、両科目の担当者の考えであった。

　以下では、この授業の趣旨と構想について述べた上で、初年度（2013年度）実際に授業を行ってみて得られた成果や反省点について触れていきたい。

1　滑り出しまで──「ヒューマン・ライツコース」の導入科目としての「ヒューマン・ライツの現場 B」の趣旨と構想

⑴　「ヒューマン・ライツの現場 B」の授業のねらい

　従来の法学部教育では、人権について学ぶとき、真っ先に、憲法や法律の「条文」から入り、その「解釈」（学説）、関連の「判例」を学ぶという形をとる。それは、法の規定とその解釈論を学ぶという法学のオーソドックスなスタイルではある。しかし、こと人権問題についていえば、そのようなやり方だけでは、なぜその人権規定が置かれているのか、そもそもなぜ人権という理念自

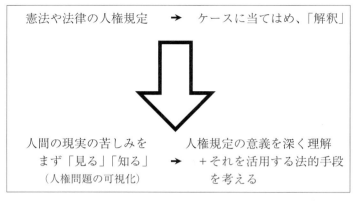

体、人間社会で必要とされてきたのか、その人権規定は今の社会でどのような意味を持ち、どのような役割を果たしうるのかといった視点は、まったくといっていいほど視野に入ってこないし、学生たちに伝わらない。人権は、人間社会の歴史の中で、それぞれの時代状況における人間の経験の中から生まれ、道徳的、法的に用いられるようになった理念であるし、また、人権規範の力は、現実の社会の中で当事者によって主張され、用いられることを通して試され続けるのだが、そのような人権の活きた姿は、条文を読んで「解釈」するだけでは見えてこないのだ。もちろん、「判例」はそれ自体、当事者が声を上げ訴訟にすることで法の解釈・適用の実例として残ったものだから、当事者の目線に立ってそれぞれの事件の事実関係から丹念に読むようにすれば優れた題材になりうるのだが、そのような相当の工夫と努力をしなければ、実際には判例すらも、多くの学生にとっては単に過去のこと、かつ自分と関係のない他人事として映ってしまいがちになる。

　人権の問題を本当の意味で理解するためには、同じ一個の人間として、苦しんでいる者、虐げられている者の声を聴きその立場に自分を置いてみることで、人間的共感を覚えることが決定的に重要である。そこで私たちは、憲法や法律の条文→解釈論、という順序をひっくり返して、実際に社会で起こっている事柄、そこで直面している問題を、まず目に見える形で「見る」「知る」ことから入ることが、従来型の勉強方法の限界を乗り越える鍵だと考えた。ドキュメンタリー映像などを用いた、人権問題の「可視化」である。

　ヒューマン・ライツコースの導入となる「ヒューマン・ライツの現場」の授業、特にBの授業では、学生たちが、1年生で法学を学び始めた段階で、世

界の様々な人権問題を、自分と同じくかけがえのない人生を生きている具体的な人間の問題として、映像で「可視化」された形で見つめることを通して、柔軟な精神と心をもって自分を相対化し、人間的共感能力を養う機会を持ってもらうことを最大のねらいとした。また、世界の人権問題について知るだけでなく、あわせて、その克服のための法的な手段やその他の取組みについても、導入的にではあるが触れる機会を持つこととした。それにより、自分は何のために法律を学ぶのかという目的意識を持ってもらい、人権問題の解決や改善に向けて法律の知識を「活かす」「使う」という視点を養っていってもらうためである。

(2) 取り上げる人権問題

「ヒューマン・ライツの現場B」でどのような人権問題を取り上げるかであるが、これについては、ヒューマン・ライツ教育研究プロジェクト研究分担者になっていただいている藤田早苗氏（エセックス大学ヒューマン・ライツセンター研究員）から、「世界人権宣言」を土台とし、同宣言の掲げる諸権利を広く対象とすべきことについて助言を受けた。周知の通り、世界人権宣言は、すべての国と人が守るべき人権基準として1948年に国連総会で採択された文書だが、この宣言は、すべての人間の固有の尊厳、平等で不可侵の権利という基本理念を掲げた上で、30カ条にわたり、法の前の平等や公正な裁判を受ける権利などの市民的権利、参政権などの政治的権利、財産権などの経済的権利、労働権や社会保障についての権利などの社会的権利、教育についての権利などの文化的権利のほか、すべての人権に妥当する基本的な諸原則[1]について定めている。たしかに、人権問題というと、とかく、拷問や虐待といった、人身の自由を直接に侵害する行為がイメージされがちであるが、差別や貧困、またそれによる教育を受ける権利の剥奪といった構造的な人権問題に目を向けることも非常に重要である。授業では、一定の人権問題に偏ることなく市民的、政治的、経済的、社会的、文化的権利の問題を幅広く扱うことを念頭に置いた。

　また、世界の人権問題というと、歴史的に見て、誰もが知っておくべきいわば「定番」というようないくつかの題材がある（ナチス・ドイツによるホロコーストや南アフリカのアパルトヘイト）。ただ、授業では、そのような問題を取り上

げるとしても、単に過去の歴史として扱うのであればあまり意味はなく、それらが現代社会にどのような教訓を投げかけているかような形にしなければならないと考えた。そのような問題について扱うのであれば、日本を含め世界各地で存在する人種差別の問題や、1990年代のルワンダでのジェノサイド（集団殺害）のような出来事についても触れ、今の社会の話につなげて、学生たちに考えてもらう必要があるということだ。

　さらに、筆者は、日本が関わっている人権侵害であって国際問題化しているものについて学生たちが知り、考える機会を持つことも重要だと考えた。その典型的なものは慰安婦問題である。日本の若い世代の多くは、「慰安婦」とされた女性たちが受けた被害の実態について知る機会がないまま、条約で解決済みのはずなのに被害者はなぜいまだに謝罪や賠償を要求し、「反日」デモをしているのかという疑問を抱いている。しかし、この問題の本質は「反日」運動でも、「日韓関係」・「日中関係」でもなく、国家間の経済協力では解決されていない被害者の「人権問題」なのだということを理解しなければ、その疑問は解けないのだ。自国が過去に関わった人権問題についても目をそらさずに学ぶことは勇気が要るかもしれないが、被害者の語る声に真摯に向き合うことで、「日本」「日本人」という立場に縛られない、人間としての普遍的な人権感覚を鍛える意義があるのではないかと考えた[2]。

　授業の構想にあたり、理念的に考えたのは上記のような点であるが、「可視化」を謳っている以上、最大の問題は、取り上げるテーマに関する適切な可視化題材（主にドキュメンタリー映像）を用意できるかどうかである。1回の授業

1）　権利・自由の行使は、他の者の権利・自由の尊重、ならびに民主的社会における道徳、公の秩序および一般的福祉のために法律で定められた制限にのみ服するとした29条2項、権利・自由は、国連の目的と原則に反して行使することはできないとした29条3項など。世界人権宣言に明記されたこれらの原則は、例えば、日本でも最近顕在化しているヘイトスピーチの問題について、他民族を皆殺しにせよと公道で叫ぶような示威行動まで表現の自由として許容されるのか、他の者の権利・自由の尊重、または民主的社会における公の道徳・公の秩序・一般的福祉のための制限に服しうるか、といったことを考える際の基本的な枠組みを提供してくれるものである。なお、このような世界人権宣言の構造、すなわち、30カ条の条文は決して一つ二つの権利だけ都合よくつまみ食いできる「アラカルトメニュー」なのではなく、人間の尊厳や平等といった理念や28条～30条の基本原則を包含してこそ理解できる「コース」なのだという点を的確に指摘するものとして、조효제、인권을 찾아서［チョ・ヒョジェ『人権を探して』］、한울、2011、pp. 26-31。

時間は90分だから、それを超える時間の映像は使いにくいし、逆に、ニュース映像のように簡略で短すぎても、映像が学生に与えるインパクトは弱まる。授業に先立つ期間、また授業が始まってからも、人権問題に関わり、授業で使えるような優れたドキュメンタリー映像を、四方八方探し続けた。2012年の時点では、取り上げるテーマとしていろいろなものを考えたが、2013年度の実際の授業にあたっては、現実問題として「質が高く、時間的にも適切な映像が入手できたかどうか」ということが、テーマ設定の際の最優先事項とならざるをえなかった。

(3) 授業の進行・成績評価の方法

「ヒューマン・ライツの現場」の授業では、A・Bともに、映像を用いた「可視化」を軸としかつ、映像を観た上で学生にディスカッションしてもらう時間を持つこととしたが、授業進行の細部は担当者に委ねることとした。成績評価は、知識を問うための試験をするのではなく、授業で触れた人権問題に対する自分の考えを述べたペーパーを提出させ、それによって行うことを基本とした。なお、Bでは、授業で扱えなかった問題を含め、学生になるべく本を読んで考えを深めてほしいという考えから、初年度は、参考文献リストの中から2冊の本を選んでレポートを出してもらい、それも成績評価に加えることとした。

授業の組み立てや成績評価の方法に関しては、ヒューマン・ライツ教育研究プロジェクトでの国外調査で2011年に筆者・別府・藤田の3名がデンマーク人権研究所を訪問して以来、同研究所のローネ・リントホルト（Lone Lindholt）さんからも懇切なご助言をいただいた。リントホルトさんは、調査研究に関す

2）　なお、慰安婦問題については、その後、2014年8月に朝日新聞が発表した誤報の訂正をめぐり、現在（本稿執筆の2014年9～10月）日本では、慰安婦問題そのものがすべて朝日新聞の作り出した虚像であったかのような極端な主張が、大手マスコミのみならず政府与党からも出されるという混乱した状況にある。本稿ではこの問題について詳述する紙幅はないが、慰安所の設置と経営、慰安婦の募集、募集にあたる者の取締り、慰安婦の衛生管理、慰安所関係者への身分証明証の発行など、慰安婦制度の運営には日本軍と政府が組織ぐるみで深く関与していたことは、1992～93年に日本政府が調査して公表した『政府調査「従軍慰安婦」関係文書資料』で政府自身がはっきりと認めているところであり（「アジア女性基金デジタル記念館」http://www.awf.or.jp/6/document.html 参照）、朝日の誤報問題は、政府自らが調査して認めたこの事実関係に何ら影響するものではない。

るチーフ・コンサルタントとして、アジア地域の人権教育、特に中国・ベトナムの大学での人権教育カリキュラム開発に長年携わってきた方である。リントホルトさんからいただいた助言は多岐にわたるが、とりわけ参考になり、今後の授業で取り入れていきたいと思ったのは以下のような点である。

・「可視化」の趣旨は分かるが、人権問題の現実を見せつけられただけで、学生が落ち込んで絶望してしまうという逆効果もありうるので注意が必要。中には、例えば性暴力の被害に遭ったことがある者など、個人的な経験を想起して激しい反応をする場合もありうる。授業では、人権問題に対し「用いうる法的なツールは何か」ということに重点を置くべき。
・映像資料もよいが、それは一つの形態と考え、授業では様々な資料や手法を組み合わせて行うとよい。例えば、「企業と人権」というテーマであれば、日本の企業で実際に CSR（企業の社会的責任）に関する部署の方を招き、お話をしてもらうなど。
・毎回のペーパーを評価対象とするのはよいが、学生が、「ヒューマン・ライツコースは、感想文だけ書けばよいから楽だ」といった安易な考え方でこの授業を選ぶとすればそれはよくない。あくまで法学部の授業であるから、授業でも、問題に関する法的要素は何かということを考えさせるものにするほうがよい。人権問題の事実を扱うことと、その問題の法的な側面を考えることと、両方のバランスが大事である。
・ヒューマン・ライツコースは、将来、必ずしも人権の専門家にならなくとも、それぞれの持ち場で、人権感覚と法的素養を持った社会人となる人たちを育成しようとするコースであると聞き、その趣旨に共感する。学生たちにとっては、このコースで学ぶことで将来どのような形でそれを活かせるか、どのようなキャリアがあるかということに大きな関心があるはずだ。企業の CSR 担当者なり、国際機関や人権 NGO の職員なり、研究者なり、様々な分野で人権に関連する仕事をしながら活躍している人たちを、授業のゲストスピーカーとして招いてお話をしてもらえば、学生たちにとって、現在の勉強を将来の計画につなげて考えることができる点でとても意味があるだろう。

　最後に、ヒューマン・ライツ教育研究プロジェクトでは、2013年度に先立ち2012年12月に、実際に学生を招いて「ヒューマン・ライツの現場 A」「同 B」の実験授業を行ったが、その経験を踏まえて、A・B で共通化したほうがよいと思われた重要な点で共通化を図った。それは、両方とも複数の教員が担当することとした点である。外部からゲストスピーカーを招くことについてはリントホルトさんからも提案があったが、やはり、実際に授業を行ってみると、法学部の教員 1 人で担当するとどうしても従来の「講義」スタイルに近いものに

なってしまいやすいことが分かった。青学法学部の専任教員としてAは大石、Bは申が科目責任者となる一方、ジャーナリストとして幅広い経験を持つ野中章弘氏に共同で授業を担当していただくこととしたが、結果的にこの方式は、テーマに対する視点に広がりを持たせ授業を充実したものにする上で非常に有益だった。

2　滑り出し──初年度（2013年度）「ヒューマン・ライツの現場B」の授業を担当してみて

(1)　授業の構成と内容

　2013年度の授業は、原則として一つのテーマに2回の授業をあてる形で進行させた（詳しくは、巻末の**資料3**に掲載した**2013年度シラバス**を参照）。

　1週目は、授業でドキュメンタリー映像を視聴し、その後、期日までに、映像を観た感想や考えたことを書いて出してもらう。2週目は、プリントで、ディスカッションのテーマと参考文献をあらかじめ提示し、場合により予備知識を提供しておいた上で、グループに分かれてディスカッションを行う。2週目の授業では、初めに、出してもらったペーパーの中から様々な意見・感想を取り出してまとめたものを配ってフィードバックし、ディスカッションの助けになるようにした。ディスカッション後は、期日までに、話し合った内容を踏まえて考えを深めた事柄をレポートにして出してもらった。

　いろいろと計画を練ってはいたものの、初年度授業は、このような新しいタイプの授業の実践としてまさに「実験」的な授業となった。ディスカッションしようにも教室の椅子が固定の長椅子で困ってしまい、可動式の教室に移動したことは序の口。120名程度の受講生をグループ・ディスカッションのためにグループ分けする際、同じメンバーが何回も同じグループになることがないよう、まんべんなくグループをつくることは、名前のパズルのようで楽しくもあったが、時間を取るたいへんな作業であった。

(2)　グループ・ディスカッションで提示した論点の例

　ディスカッションで提示した論点は、各テーマにより、例えば以下のような

ものである。

＜テーマ：基地と軍隊・武力行使＞

基礎的知識：日米安保条約に基づき、日本および極東における国際平和と安全のためとして日本に米軍基地が置かれている。同条約上、施設の使用等を除く基地経費は米国が負担するとされているが（24条1項）、実際には、米軍兵士・家族の光熱費や基地で働く日本人労働者の報酬等の約2,000億円を、例年、法的根拠がないことから「思いやり予算」として日本側が支払っている。また、横田、嘉手納等の周辺住民が起こした騒音訴訟では、過去の被害に対する賠償金支払いが判例として定着しているが、賠償金は毎回、日本政府が肩代わりしている。在日米軍の法的地位を定めた日米地位協定では、軍人や軍属が公務中に起こした事件・事故については米側が優先的な裁判権を持つ（小学生女児暴行事件後、殺人や強かん等の凶悪事件では、米が起訴前の身柄引渡要請に「好意的考慮」を払うよう運用改善することで合意された）。なお、日米地位協定には環境条項がなく、米側が土壌等の環境汚染を引き起こしても日本は調査や原状回復を要求することはできない。

論点：

① 日本の米軍基地の75％近くが沖縄に集中しているが、日本の安全保障のために沖縄の住民が騒音や環境破壊、米軍兵士の犯罪等の被害にさらされている現状についてどう考えるか。「本土」の人々にとっての「安全保障」、基地周辺住民にとっての「安全保障」とはそれぞれ何だろうか。

② 日本および極東の平和と安全のためとして置かれている米軍基地が、イラク攻撃のためにも活用され、沖縄の海兵隊も出動していた現実について、どう考えるか。

③ 米国では、貧困層の若者が学費支給等の勧誘で軍隊にリクルートされているという現状がある。このような貧困層の軍隊への取り込みについてどう考えるか。

＜原子力発電と人間／福島原発事故をめぐって＞

基礎的知識：日本は1954年以降、原子力の「平和利用」を推進する米国の政策を受け入れ、米国企業に大きく依存する形で原子力発電所の建設を進めてき

た。54基の原発の立地はいずれも過疎化に悩む地方であり、国は、立地地域に多額の交付金を支給する「電源三法」をもとに原発の受入れを要請してきた。しかし、原発の周辺住民は原発の危険性や事故への対応について十分な情報を得ていたわけではなく、福島原発事故ではそれが顕在化した。国は、原発事故の際に放射性物質の広がり方を予測する緊急時迅速放射能影響予測ネットワークシステム（SPEEDI）を100億円以上の資金をかけて整備していたが、そのデータは公表されず、結果として、放射性物質が流れるまさにその方向に避難し被曝した人がいた。福島では多くの人が自宅や農地、家畜を捨てて避難しなければならず、また海の汚染により漁業も壊滅的打撃を受けた。

論点：

① SPEEDI データの非公表に象徴されるような、原発や放射性物質をめぐる「情報開示」の問題は、周辺住民の人権とどのような関わりを持っているか（換言すれば、そのような情報へのアクセスがないことは、どのような人権侵害をもたらしうるか）。

②原子力発電所がその稼働により排出する放射性廃棄物、および事故の場合にもたらす結果を踏まえつつ、あなたは、原子力発電についてどのような立場をとるか。

③原発を維持すべきであるとする立場の中には、「核兵器の材料になるプルトニウムの利用が認められていることは、潜在的な核抑止力として機能している」とし安全保障上のメリットを述べる主張がある（2011年9月12日読売新聞社説等）。これについてどう考えるか。

(3) 手応えと反省点──学生の感想・意見から

初年度の授業を通じ、担当者としては一定の手応えが得られた一方、反省点も残った。

手応えを感じた点は、まず、学生たちの多くは映像を観てその内容を真摯に受け止め、考えを深めたことが、提出されたペーパーの内容から窺えた点である。半期のしめくくりとして学生に書いてもらったアンケートでも、「この Bの授業を履修するまでは、人権問題は自分に関係のないことであるような勘違いをしていた。しかし、人権問題はとても身近な問題であり、自分自身がこれ

から自分らしく生きていくためにも必要な知識であると理解した」、「他の国の悲惨な現状を他人事だと思うことは違う。平和であるなら尚更、世界に目を向けるべきであるし知ろうとしなければならない、目を背けてはならないと思う。今までの自分の無知をとても恥ずかしく思った」といった感想が多数あった。「私はBしか取らなかったが、受講して本当に良かった。正直なところ法学部の授業は、条文を言って制度の説明という形式なので、ついて行くのに精一杯で、試験のために勉強しているという感じが強い。しかしこの授業は、ビデオを通してではあるが実態を見ることができる。他の授業とは逆方向から私たちに訴えかけることで、ただ条文を見てもその内容がすっと入ってくるようになった」という感想もあり、この授業のねらいが少しは実現できたかもしれないという感を持った。

「慰安婦」被害者が自分の思いを涙ながらに語る映像を学生たちはどう受け

ビデオを見せると寝てしまう学生をどうするか?

人権問題の可視化を目指す「ヒューマン・ライツの現場」の授業では、人権問題の現状に触れるための映像をまず「観る」時間が不可欠なのだが、教室を暗くして映像を流しているうちに寝てしまう学生が少なからずいることは、頭の痛い点の一つだった。そもそも、研究会のメンバーともよく話題に出たことだが、学生たちは、大学の教室という場所で椅子に座ったとたん、社会から隔絶された空間で、与えられる内容をただ消費してその時間をやり過ごす「お客様」と化してしまいがちだ。教室で一方通行的に行う授業の限界である(この授業は、映像を見た後でペーパーを書かせ、かつグループ・ディスカッションを行うことで、双方向性を持たせることにしている)。

しかし、つい眠くなってしまって…というならばともかく、授業に慣れるにつれ、最初から「寝る時間」と決めて机に突っ伏し、熟睡している学生が増えてきたことが目に余り、ついにある日、そのような学生たちを1人ずつゆさぶり起こす荒技に出た。それから全員に語り掛けた。「最初から寝るつもりで授業に来るくらいなら来なくてよい。皆さんのご両親は、どんな気持ちで皆さんを大学に送ってくれていると思う? 出席をとるから来るという発想ほどばかばかしいものはない。皆さん自身の人生の時間のムダです!」

真意がどこまで伝わったかは分からないが、この荒技以降、突っ伏して寝ている人はさすがにいなくなった。そして、映像を見た後に各自提出するペーパーの内容が、充実してきたように見受けられた。そりゃそうでしょう。優れたドキュメンタリー映像を厳選しているのだから、ちゃんと観れば何か感じるはずなのだ。観・れ・ば、の話である。

止めるかと思っていたが、ある学生は「前期・後期合わせて15本ほどの映像を観てきたが、[中略]自分が今までどれほど無知であったのか、世の中にアンテナを張っていなかったのか、ということをひしひしと痛感させられた。さらに、もし映像に流れた人権問題を認知していたとしても、一方の主張（例えば慰安婦問題だったら日本側の主張）しか聞いてこなかったり、上からの視点からしか問題を眺めてこなかったため、軽率な考え方や筋の通らない偏った意見を今まで持っていたと思うが、一つの問題を多面的に見たり、[中略]自ら情報を求め、そしてその情報を見極め判断するメディア・リテラシーの力も以前に比べ意識するようになったので少しずつついてきた気がする」と書いてくれた。

　また、学生たちは、グループ・ディスカッション自体が初めてという者も多かったが、案外に楽しんでいたようで、総じて活発な議論が行われていた。アンケートでは、「私は自分の意見を口にすることが苦手だが、ディスカッションは参加しないわけにはいかないので自分なりに用意した意見を頑張って言うことができ、少し成長できたように思える。さらに、ディスカッションを通して、一人一人考えていることは全く違うし、本当にいろいろな考え方があるんだなと思った。一つの議題で意見が飛び交い、1時間すぐ過ぎてしまうほど、毎回のディスカッションが盛り上がった」、「ディスカッションでは、自分の意見を周りの人に伝えたり、議長としてディスカッションを円滑に進めるなど、社会人になった時に必ず必要となってくる力も、前期・後期の授業を通して身についたと思う」、「ドキュメンタリー映像は今まで嫌いではなかったが、観ても自分にはどうすることもできないし観ても辛いだけという否定的な気持ちがあった。しかしディスカッションをすることによってその気持ちが次第に変わり始めた。何か実際にできるならばそれに越したことはないが、そうでなくてもどうしたら解決できるのか考えることが大切なのだと思った」、「自分で調べ、様々な価値観を持つ同じ世代の人と意見を交わし合うことで、自分のそれまで持っていた意見、ひいては価値観そのものに深みや厚みを持たせることができた」といった感想が寄せられた。さらには、「ヒューマン・ライツの現場Bの授業を全部受けてみての率直な感想は、この授業は本コースの学生に限らず法学部生、さらに言えば青学生全員が受けるべき授業であろうというものだ。日本の学生が全く知らない世界が映像の中にはあった。そしてその世界について

議論・レポートを重ねることでより理解を深められた」、「実際に映像を観て、先生の話を聴き、学生同士でディスカッションをし、レポートを書く。一つの問題について深く理解することで、深刻な現実が心に焼きつき、普段の生活でも、ふとした時に考えるようになった。[中略] 世界中のことを知って、知った上で何ができるかを考え、そのために小さなことから忠実にやっていく。[中略] 私たち日本人、青山学院大学に通うことのできるほど恵まれている人々は、そうでない人々のためにこの世界に存在するのではないかと、考えるようになった」というものもあった。

　他方で、ディスカッションの方法や頻度については、初年度に採用した形でよかったかどうか、課題も残った。前期の「A」では、教室全体での大ディスカッションと、グループ・ディスカッションの両方を何回か持ったとのことであったが、アンケートでは、「後期は前期と異なり、ビデオを観た次の授業がすぐにディスカッションだったので、薄い理解のままディスカッションになってしまっていたように思う。[中略] ディスカッションに対して調べたり考えたりする準備を行っている人があまりにも少なく、せっかくのディスカッションの機会が無駄になっているように感じた。けれどもグループによっては皆がきちんと準備をしてきており、有意義な議論が行えた」との指摘があった。2014年度は、一つのテーマについてより多くの時間を割き、事前準備をしてもらうよう変更することにした。

　また、初年度は、通常の授業は映像を観てディスカッションをすることで手一杯になってしまい、そのテーマに関連する憲法や条約の人権規定については、最後のほうの授業でまとめてプリントを配り、解説する形になってしまった。これについては、「最後に授業のまとめとして当てはまる条文を羅列して説明していくよりは、ディスカッションの回の時に、ディベート時間を15分ほど割いて、その回のビデオに当てはまる条文を教えてくれたら、もっと自然に理解ができ、法律的思考力が磨かれるのではないかと思った」というもっともな指摘が学生からあり、この点も次年度は改善することにした。

Ⅱ-4　人権調査論

別府　三奈子・坂上　香

　本稿は、2014年度に青山学院大学法学部に新規開講された「人権調査論」について、コンセプトと構成を記録するとともに、本講座に特徴的なアプローチであるフィールドワークと対話（ダイアローグ）の手法と効果について考察する。ヒューマン・ライツ教育に関する、現状における課題と可能性を考えるための材料提供を目的とする。

　2014年度の「人権調査論」は、ヒューマン・ライツコースの選択科目として、2年生を対象に開講された。開講時期は、学外フィールドワークを組み込む都合で、終日を授業に使える夏季集中講座とした。担当教員は、授業内容の特性から複数講師制をとった。今年度は、主担当を別府三奈子（専門はジャーナリズム規範史）、共同担当を坂上香（ドキュメンタリー映画監督）が担当した。

　なお、本稿の執筆は、全体を別府が記し、坂上が **2**(3)、**4**(1)について加筆修正した。

1　授業のコンセプト

　ここでは、「人権調査論」を新規開講したねらいについて、ヒューマン・ライツコースの教授法開発のための研究会で検討されてきたことを中心に記す。

(1)　ねらい

　「人権調査論」は、1年次の「ヒューマン・ライツの現場A」「ヒューマン・ライツの現場B」を学習ずみの学生を前提として、2年次に設定される科目である（本書Ⅱ-1、Ⅱ-2、および、Ⅱ-3を参照）。この二つの科目は、ドキュメンタリー映像作品などを教材とし、記録された人々の語りを通して、社会で実際

に発生している人権侵害を可視化する試みである。学生たちに、ヒューマン・ライツによって解決すべき問題があることを認識させるための導入科目である。

「人権調査論」は、ヒューマン・ライツ研究をより深く理解させていくための専門科目の一つである。教育目標は、単なる暗記や既存の専門知の会得よりも、問題解決への柔軟かつ内発的な問いかけや着想を可能とする土壌づくりにある。

この種の科目も他の科目同様、初学者向けの入門編から、専門職大学院レベルまで、様々な習熟度の目標値や教授法が想定できる。国連や国際NPOの調査員を養成する専門職大学院レベルになれば、人権侵害の調査に関する具体的なテクニックの体得、例えば国際法の専門知のほか、インタビュー調査法、ビッグデータの解析法、調査報告書や勧告書の書き方なども学ぶ。

青学モデルの場合、今のところ人権調査論は積み上げ式の科目ではなく、学部2年生向けの単発の選択科目なので、入門編に近い位置づけになる。そこで、本講義のねらいは、人権侵害が人々の生活に何をもたらしているのかを聞き取る、という体験から、人権侵害が目に見えにくいものであり、その掘り起こしには対話による現地調査が欠かせないことを理解させるものとなった。

(2) 教授法（アプローチ）

教授法は、聴講によって専門知を学ぶ座学ではなく、学外でのフィールドワークを中心に据えた。具体的には、1年次に映像記録を通して学んできた人権侵害の現場に、自ら赴き、困っている人々に直接会い、対話する。その際、学生1人ひとりが自ら問いを立て、自ら考えることを重視する。「現場」と「対話」による社会問題の可視化の試みは、「ヒューマン・ライツの現場A／B」を継承するものといえよう。

既存の法体系で合憲か違憲か、犯罪かそうでないか、といった二者択一的な発想では、社会における構造的暴力、あるいは、文化や風習に組み込まれてしまっている人権侵害の存在が見えにくい。ヒューマン・ライツを学ぶ意義は、不可視化され、構造的に埋め込まれている人権侵害に気づく感度を上げることで、社会的な問題を解消していくことにある。そのためには何よりも、これでいいのだろうか、これはしかたがないとあきらめるべきことなのだろうか、と

繰り返し自ら問いを立てる力が必要となる。

　また、ヒューマン・ライツの問題は外国の限られた特殊なものではなく、まさに自分たちの身近にある、今日的な「私の問題」であるという認識を養うことも、本講座の大きな目的の一つである。可視化による気づきのその先の、実感と、その先の共感や解決に向けた協働のスタンスの養成である。

(3)　テーマ設定

　人権侵害の現場、といっても、様々なテーマがある。例えば、国連憲章の1条3項で明示されている目標は、「経済的、社会的、文化的または人道的性質を有する」問題の解決と、「人種、性、言語または宗教による差別」なく、すべての人の人権と基本的自由を尊重するために国際協力することとある。国際人権規約の自由権規約2条1項では、「人種、皮膚の色、性、言語、宗教、政治的意見その他の意見、国民的若しくは社会的出身、財産、出生又は他の地位等によるいかなる差別」がないことを目指している。国際人権規約の社会権規約では「すべての者が公正かつ良好な労働条件を享受する権利を有する」ことを認め、報酬や労働環境、時間や休息、作業条件などまで目配りする。

　このほかにも、国連が特殊な型の人権侵害として、これまでにテーマ化したものには、ジェノサイド、人種差別、アパルトヘイト、女子差別、拷問などがある。日本国憲法が戦争を放棄し、基本的人権を認め、日本政府が国際条約に加盟していても、上述の指針から具体的に見直せば、様々な人権侵害が現実社会の中にある。

　経済の低迷に伴い、労働環境の悪化、家庭内暴力、貧困にさらされる女性や子どもが増えている。根深い家父長制文化からくる男女の生活役割における差別や雇用の不均衡がある。国籍に由来する差別や格差の構造もある。いずれも大きな社会問題であり、取り上げるに値する。死刑囚の人権といった、制度そのものが争点になる課題もある。大学の授業内での単発のフィールド調査で、何をテーマ化するのか。その選択は重要である。

　2014年度は、集中講義全体でこれらのテーマを複数扱うのではなく、一つのテーマを掘り下げる手法をとった。理由は、基礎科目としての「ヒューマン・ライツの現場A／B」がヒューマン・ライツの射程を広くとらえるマクロ的

アプローチだとすれば、人権調査論はその次のステップとして、ミクロ的アプローチでヒューマン・ライツの意味を深く考察する科目だからである。青学モデルには、各論としての様々なテーマを扱う科目や学位論文につながるゼミナールが開講されており、さらに大学院への進学も可能である。「人権調査論」は、基礎科目とそれらの専門科目をつなぐ位置づけにあり、テーマそのものではなく、アプローチの学びに重きがある。そこで一つのテーマにしぼり、全員で同じフィールドに入り、全員が対話を共有できるように設計した。

　フィールド調査を行うためには、調査の受入れ側にある程度の規模と、授業目的に対する十分な理解が必須である。学生が自分の交通費を負担することから、大学からおよそ1時間圏内で移動でき、鉄道の駅から近い場所であることが望ましい。こういった様々な条件から勘案して、2014年度は栃木県小山市の家庭内暴力（以下、DVと称す）シェルター、NPO法人サバイバルネット・ライフに、フィールド調査先としてのご協力をお願いした。講師陣が、これまでに協働して研究や社会活動を行ってきたNPOでもある。

　これを核として、講義全体のテーマを「抑圧の社会構造、暴力をめぐる諸相」とし、事例としてDVを扱うことにした。事前の打ち合わせのため、現地訪問を複数回行い、聞き取りの方法、準備資料の種類や書式、昼食や移動のための車の手配に至るまで、事前準備を行った。

(4)　履修人数

　履修可能人数は、上限を20名とした。学生全員が同じフィールドに入る調査方式のため、移動の車の都合や、聞き取り等のグループワークの効果を上げるための人数調整である。履修前のシラバスや事前案内で、履修希望者が定員を超えた場合は、受講希望者から希望理由書の提出を求めて選考する旨を、明示した。履修手続き者は19名だったことから、自動的に全員履修となった。授業期間を通しての授業出席者は15名、期末の評価対象となるレポート提出者は14名（男性5名、女性9名）となった。

2　授業の構成・内容

　2014年度の「人権調査論」では、集中講義4日間のうちの2日目に、平常授業の4回分を使って、終日学外のフィールドリサーチを行った。1日目は事前準備、3日目はグループディスカッションによる分析・考察、専門家による解説などを組み入れ、4日目に引き続きグループワークのプレゼンとディスカッションを行い、自ら考える時間をとった。文献研究や判例の検討といった手法での学びではなく、当事者の語りの意味を様々な角度から考える時間を多くとった。

　シラバス上に示した達成目標は、「当事者のまなざしを辿りながら、差別や偏見の由来について深く考察することで、不可視化されている問題に気づき、自立して問いをたてる力を養う。ヒューマン・ライツの必要性について、理解を深める」とした。以下が2014年度の授業内容と構成である。

(1)　シラバスと授業構成

　シラバスの構成は以下の通りである（巻末の**資料**〈231頁〉を参照）。

1.　オリエンテーション（第1回）：アイスブレイキング
2.　導入のための座学（第2・3回）：アリス・ミラーの説を援用して暴力の定義を概説
3.　フィールドワークの準備（第4回）：聞き取りの質問事項を考える
4.　フィールドワークの実施（第5・6・7・8回）：NPO法人サバイバルネット・ライフでの聞き取り調査／民間シェルターの実務内容の見聞
5.　グループディスカッション＆プレゼンテーション（KJ法）（第9・10回）：フィールドワークからの気づき
6.　ゲストスピーカー（第11回）：「DVと法律・裁判—実務家の視点から」（打越さく良弁護士）
7.　グループディスカッション＆プレゼンテーションの続き（12・13回）
8.　講師からの補足説明（第14回）
9.　各自の発話と期末レポート「ヒューマン・ライツの役割」の課題説明（第15回）。

(2) オリエンテーション

授業内容の特性上、受講生同士の自由闊達な対話が早期に可能になるかどうかが、授業成功の一つの鍵となる。そこで、他己紹介などのアイスブレイキングを導入プロセスとして予定していた。しかし、履修生はヒューマン・ライツコースの2年生で、ほぼ顔見知りだったことからメニューを変えて、前年度の「ヒューマン・ライツの現場A／B」で、もっとも印象に残ったドキュメンタリー作品と、その理由について、1人ひとりが発言する時間を最初に持った。

その結果、本講座の履修理由については、フィールド調査に関心がある、ディスカッション形式が良い、女性の人権についてより深く考えたい、などとなった。すなわち、授業形式が他の必修科目と違うことへの関心、「抑圧の社会構造、暴力をめぐる諸相」というテーマ設定に関心のある学生がほとんどだった。

事前の予想どおり、短期集中講座形式が好都合という消極的な履修理由の学生も数人いた。厳しい体験を持つ方々への直接聞き取りを行うフィールド調査の手法に、全員が十分な心得と準備があるとはいえない点は、改善の余地がある。しかし、消極的な学生たちが、人権侵害の現場に足を運び、関わる人々の真剣な生き様に触れるにつれて、明らかに学習意欲を引き出されていく様は、予想していなかった教育の場ならではの発見だった。

「ヒューマン・ライツの現場A／B」で一番印象に残っているとして名前があがったのは、以下のような作品である。

イラク戦争、孤独死と生活保護、アジアにおける女性と子どもへの人権侵害、の3作品のいずれかを、7割がたの学生があげていた。「ヒューマン・ライツの現場A／B」合わせて15本近い作品を見ており、この偏りが履修生の関心の傾向からくるのか、作品のインパクトからくるものかは不明である。しかし、暴力、女性、貧困、といった問題は、本講座の今年度のケーススタディとして選んだDVと共通しており、授業内容に向きあう基礎知識が共有されている手ごたえがあった。

(3) 暴力についての事前解説

オリエンテーションに続く2コマでは、暴力の定義、子どもに向けられる児

童虐待の影響、暴力の連鎖を断ち切る試みなどについて、講師の坂上が概説した。

坂上は1990年初頭から児童虐待とその影響に着目し、数々のテレビ番組や映画を企画・制作してきた。その一つ、「閉ざされた魂の叫び～アリス・ミラーが解く子ども時代～」（NHK衛星第二BS特集、1996年）では、元精神分析医で思想家のアリス・ミラーのインタビューを軸に、独裁者ヒトラーの子ども時代に光を当てた舞台、日仏における虐待事情、米国における薬物依存者の回復施設での取組みなどを紹介している。ミラーは、しつけや教育に潜む暴力性と、それが世代を超えて引き継がれる暴力の連鎖を明らかにしたことで知られる。ミラーによれば、暴力は「ナルシシズム欲求」が満たされないことに起因しており、凶悪事件を起こす犯罪者、薬物依存者や精神障がい者、社会を破滅に追いやる政治家らの多くも同様だという。彼らは、暴力の被害から生じた怒りや哀しみを無意識のうちに抑圧し、感情を麻痺させることで幼少期を生き延びてきた。ミラーはそれを「生き延びるための戦略」と呼ぶ。しかしその戦略は、やがて生き難さになる。

生育過程で、ミラーが「事情をわきまえた証人」と呼ぶ、傷ついた子どもの気持ちに寄り添う大人の存在や、実際に子どもを支援する「助ける証人」がたった1人でもいれば、残虐性に頼らない生き方を習得することも可能である。しかし、そういった人に出会えないと、「生き延びるための戦略」を続け、自分や他者に対する暴力というカタチで発散してしまう。また、一度身につけてしまった暴力を学び落とす（unlearn）ためには、怒りや哀しみといった感情を吐き出すことが第一歩となるが、そのためには自分を変えたいという意志や自らの過去に向き合う勇気が必要となる。そこを支えるのが「事情をわきまえた証人」や「助ける証人」であり、援助者としての大人の存在が重要であることを、ミラーは強調する。

こういったミラーの説は、ヒトラーの子ども時代の観察・分析などに裏づけられている。ユダヤ民族、障がい者、性的マイノリティ、思想の異なる者の抹殺を実行したヒトラーは、父親から日常的に激しい暴力を繰り返し受けて成長し、自らの感情や気持ちを殺して幼少期を生き延びた。母親は父親を恐れて見て見ぬフリをしたため、幼少期のヒトラーは父親に従う以外に選択肢がなかっ

た。大人になったヒトラーは、父親が彼に課した絶対服従を他者に求め、父親の代わりに攻撃していったとされる。それはまさに、被害から加害への連鎖であり、単純に加害者のみを罰して解決できる問題ではないことに気づかされる。

　坂上は、暴力の定義を、人の尊厳を踏みにじる行為であり、人の可能性を奪う行為でもあると解説する。暴力の中を生き延びるサバイバーたちにとって、エンパワーメント[1]が重要であり、そのために不可欠な「事情をわきまえた証人」は血縁関係以外の人でもありうるという。坂上は、エンパワーメントを促すセラピューティック・コミュニティ（Therapeutic Community）の一つ、米国のアミティの活動なども紹介し、米国にはこういった団体が1,200以上もあり、共同生活を通して暴力と向き合い、加害者の治療に取り組み、立ち直っていく人々がいることを学生に伝えた。

　授業を受けた学生たちは、善と悪、被害と加害を単純に分離できないこと、被害から加害という悪循環の構図はいじめ等を通して私たちの日常でも見られること、また、この種の問題にも解決方法があることなどを、授業を通して学んでいった。

⑷　フィールドワークの事前準備

　初日の授業4回目は、翌日のフィールドワークの準備を行った。

　フィールドワーク先は、前述のようにDVシェルターの一つ、栃木県小山市のNPO法人サバイバルネット・ライフ（代表仲村久代氏）である。サバイバルネット・ライフは、家庭内暴力を受け、命がけで逃げてくる女性たちが自立していくために必要な、あらゆるサポートを提供するNPOである。現在は市からの委託を受け、一時保護が必要な児童の受け入れも行っている。

　DV、という言葉は、よく耳にするようになった。しかし、実際にはどういう行為があり、どういう状況なのかについて、ほとんど社会的共有がなされていない。学生たちの事前の認識としては、酒乱や借金、リストラ中など様々な問題を抱えた夫から、妻が身体的暴力を受けること、といったものだった。

　1）　本来人に備わっている能力が奪われている場合に、その能力を取り戻していくことを指す。本人自らが獲得するものであり、また獲得していくプロセスであり、誰かのために、もしくは誰かに付与するものではない。

問題の深刻さが社会的に共有されていない理由は、主に二つある。

一つは、家父長制のなごりを色濃く持っている日本人の家庭観に由来する。すなわち、夫を主人、旦那さん、等と呼び、妻を奥さん、愚妻、等と呼ぶ社会的慣習がある。天皇家では妻は夫より3歩下がって歩き、一世代前あたりまでは夫が稼ぎ妻が育児・家事を担う良妻賢母観が共有されている、といった社会的背景に由来する場合も多い。夫婦げんかは犬も喰わない。嫁は夫と舅姑に仕え、老いては子に従う。夫が荒れるのは妻が至らないせい、等々。有形無形の男尊女卑構造が、家庭内という密室での暴力をエスカレートさせていても、可視化されるのは極端な犯罪に至ってからである。

もう一つの理由は、マスメディアの表現制限に由来する。性被害やDVなどについて、その傷跡や遺体などを見せず、何が起こったかについてはプライバシーへの配慮などによって当事者の語りを直接にはほとんど伝えない。実社会での出来事のほとんどが不可視化されているのである。死亡事件や白書などの統計数値の形で表されるのがせいぜいである。

しかし、こういった座学はあとで行うこととし、まずは学生たちが状況を理解するために必要な問いについて、学生自身に考えさせる時間をもった。

(5) 誰に、何を聞くべきかを考える

学生たちは、DVを金銭的・人格的に問題がある場合に起こりやすいもので、たぶん自分には関わりのない世界の出来事、と認識していることが多い。こういったざっくりとした認識しかない学生たちは、往々にして当事者の体験の直接見聞に対し、驚いて拝聴するのが精一杯、ということになりがちである。

そこで、事前準備としては、まず、3人ごとに5つにグループ分けをし、資料を配布した。資料は、翌日聞き取りをさせていただくDV体験者の方々について、簡略化したジェノグラム（家族図）とおよその経緯がわかる資料を事前に用意していただいていたものである。いずれも個人が特定されないような配慮がなされている。それを手がかりとして班ごとに自分たちはどのケースで聞き取りをしたいか、何を伺いたいか、それはなぜか、についてグループごとに話合いの時間を持った。

今回の調査でご提供いただいたのは、以下の6つのケースである。

3世代にわたるDVの連鎖に直面し、子ども2人を連れて家から逃れて離婚調停中の30歳代の女性。30年余年にわたる心理的暴力により、離婚調停中の2人の子がいる50歳代の女性。実家が会社を営み、本人も4年制大学を卒業しているが、3世代にわたるDVがあり、離婚に至った3人の子どものいる50歳代の女性。大学教員一家に嫁いだが、身体暴力以外の言葉による暴力の数々と経済的締め付け、子供たちへのあからさまな差別と虐待などから離婚に至った中年女性。夫による強姦での出産が続き、さらに望まぬ妊娠中で子育てができない30歳代の女性。プールつきの豪邸での3世代同居の家ですべての家事を強要されてほぼ奴隷状態に陥っていたがようやく離婚に至った2人の子どもがいる中年女性。DVにも、様々なバリエーションがあることがわかる。

このうち、二つのケースについてはサバイバーの方々にお越しいただいて直接お話を伺い、残りのケースについては、サポートをしたNPOの方への聞き取りとなった。

3　現場、という空間の力

調査当日は、朝、最寄駅に集合し、現地シェルターへ移動した。フィールドリサーチの内容は、DV定義に関する概説、サバイバーのお2人への聞き取り、その他のケースについてサポートしたNPOの方への聞き取り、意見交換、DVから脱出するための手続きの流れと、実際の手続きが文面どおりにはいかない難しさ、担当する窓口職員の対応方法や無理解のよって起こる被害者にとっての二次被害の状況、保護命令申請書を書いて提出してもなかなか受理されないハードルの高さ、NPOの役割、窓口となっている市協議会の事務所やステップハウスの見学、となった。現地での滞在時間は、9時半から4時半過ぎまでとなった。

現地ではまず、サバイバルネット・ライフの仲村久代代表から、DVについての概説があった。日本の既婚女性の3人に1人がDV被害を経験し、23人に1人が生命の危険を感じる程度の暴力を受けていること（2012年、内閣府調査）。DVとは、身体、言葉、性的、社会的、経済的という、多角的な暴力の総称で、身体的暴力はその一部にすぎないことが強調された。実際のDVは、職業、収

入、学歴、年齢、社会的地位などには一切関係なく、起こっているという。

多くのDV被害者が家を出ない（出られない）理由も様々にあるという。出ようにもお金がない、心身の不調、親族などへの気兼ね、世間体、住み慣れた家や職場を失いたくないという事情のほか、子どもたちの学校生活や友人関係を壊したくない、夫からの仕返しや追跡が怖い、自分1人で子どもたちを養う見通しを持てない、等々と様々である。

DVの背景には、前述のような文化的社会的要因のほか、制度の不備も大きい。一時保護命令申請書に始まり、DVからの脱出と自活に欠かせない諸制度、例えば、健康保険、保育園、公営住宅、児童扶養手当、生活保護といったものに関して、夫から逃げて所在をわからなくしながらの手続きがとても難しいこと、裁判でも経済力のある夫に有利な場面が多いこと、などが説明された。

2時間を超えるサバイバーの方々への直接の聞き取りについて、学生たちは以下のような感想を寄せている。加害者も丸ごと見て行かないと解決できない。洗脳されることが怖い。自分が"ヒューマン・ライツ慣れ"してきていたことに気づいた。心の傷をどうしたらいいのか。自分たちは何ができるだろうか。普通の人に起こる普通の出来事なのに、自分で勝手に海外と日本、社会と個人、といった壁を作って見ないでいた。当事者の置かれた困窮の状態と、全然足りない現実の行政サポートのギャップに驚いた。日常風景になっていて自分でも気づかなかった男尊女卑がある。助けてくれる人がおらず、声を上げられない女性たちが近くに本当にいるのに、なぜ知らかったのか、もっと声を聴きたい、等々。学生たちが、それぞれに自分で一生懸命考えている様子が伝わってくる発話となった。

本で読むよりも、記録映像で見るよりも、教員などが解説するよりも、何よりも体験者であるサバイバーの一言ひとことが、真剣に耳を傾ける学生たちの中に入っていくようだった。それでも、仲村代表によれば、言語化できず、学生さんに伝えられないことがまだまだたくさんあるとのことだった。

4　対話（ダイアローグ）の力

翌日の授業9回目から12回目は、学生同士のグループディスカッションに時

授業配布資料「NPO による DV サバイバー支援の流れ」

・NPO に DV を受けている方々から、相談が持ち込まれる。役所でチラシを見た、人づてに聞いたなどのきっかけで、助けて欲しいと連絡がくるケースが多い。

→緊急性がある時は迎えに行き、けがをしていたら病院に一緒に行く。保険証や現金を持っていないことも多いので、現金を立替えて払い、診断書をもらう。警察に保護命令申請の要件を満たすために相談に行き、NPO で保護命令申請書や陳述書を書く手伝いをする。ご本人が混乱したり恐怖で記憶があいまいなこともあるので、何度もご本人と対話し、裁判所に提出する。書類の提出や公的機関への相談などにも、必要に応じてNPO が同行する。

→裁判所の審尋に付き添う。相手方が不服申し立てをしてきたら、即時、抗告手続をとる手伝いをする。

→証拠の収集と保全を手伝う。DV 被害者自身は、通常、医者など行けずにいる場合が多く、病院でも夫が原因であると話さないことが多いので、ケガの診断書がとれないし、証拠が少ない。

→ご本人が DV 被害を自覚していないこともよくあるので、聞き取りと対話を続ける。

→合わせて、生活保護の申請をする。申請がおりたら、アパートを探す。保証人のいない DV 被害を受けている女性たちが、1 人でアパートを借りるのはたいへん難しい。

→子どもがいれば、教育委員会で転校手続きをとる。年齢によっては、学童保育や保育園の入園手続きを手伝う。保育園に入園できそうだったら、即、就職活動を開始するが、なかなか難しい。

→離婚訴訟が始まったり、何とか離婚が成立したとしても、多くの女性が長期にわたって精神的に不安定だったり鬱状態になりやすい。子どもが不登校やいじめにあうケースが頻発している。DV から生還したサバイバーの皆さんが、不安定になるたびに、NPO が一緒に考え、寄り添い、関係する行政などをつなぎながら問題解決を手伝う。

＊ゼロどころか、マイナスからのスタートの DV 被害者にとって、地域で受入れ姿勢のある実家のような包括的支援を提供することが、何より必要となっている。行政の支援体制は、部分的かつ部局がばらばらで、DV を避けるために身を隠している女性たちにとって利用しやすい仕組みになっていない。行政・司法・立法ともに男性社会で、DV 被害を受ける人々の日常は理解されにくい。

＊経済的支援、精神的支援体制、ともに希薄な日本の福祉行政のはざまを、NPO が広範囲・長期的に支える以外に、被害を受けている女性、特に子どものいる母親たちが解決へと踏み出すのは、とても難しい現状にある。

　問い：なぜ、暴力の状態がとても深刻で長期にわたることが多いのか。しかも、そのことが不可視化されているのか。

　　　　→社会構造、文化的背景を深く知り、改善の方法を幅広く考え、創出していく必要がある。

間をかけた。KJ 法を援用し、グループごとにテーマを練り上げていった。サバイバーの皆さんとの対話と、その話を聞いた学生同士の対話という二つの対話から、いくつもの問い、すなわち、問題の所在が立ち上がっていった。ここでは、KJ 法によるグループディスカッションの様子を記す（写真：KJ 法によるディスカッションの様子）。

(1) KJ 法

KJ 法は、文化人類学者の故川喜多二郎が考案した、著名な発想法である。フィールド調査で集めた膨大な情報を基に、思いつくまま一枚のカードに一つのキーワードを書き出していき、その後、似た特性のあるカードをグルーピングし、それぞれのグループに名前をつけて別の色のカードに書く。その色のカードをさらにまたグルーピングをして、タイトルをつける。この話し合いの作業を通して、それぞれの問題意識を一つのテーマに集約させていく作業を行った。

与えられた課題についてのディスカッションではなく、自分たちが昨日の
フィールド調査の体験から感じ、考えたことをベースに、気づいたことから
テーマを立ち上げていく作業である。模造紙と色の違う付箋を用意し、5班に
分かれて作業を行った。その後、班ごとに内容をまとめ、プレゼンを行った。

(2) 五つの班、それぞれのテーマ

1班は、DVの不可分な相対関係に注目するものとなった。実家の家族関
係・人間関係の中に原因を見出すとともに、そこに法的制度の欠落や無知、男
尊女卑や強弱関係（夫から妻へ、親から子へ）が重なりDVが発生する、という
関係性の因果を分析・整理するものとなった。

2班は、DVの起承転結を、家庭におけるDVの行為➡秘密や気づかれない
という環境による深刻化➡支援や構造的不備による恒常化➡その結果としての
激しいDV、という流れで認識した。1班と比較的似た、現状の観察と整理、
という内容になった。

3班は、DVの鎖、という言葉が出てきた。男性と女性、個人と個人、とい
う関係ではなく、DVの土壌となっているのは亭主関白という縦の関係にある
という。原因は、日本の社会的風習にあり、DVは家族というより上から下へ
の暴力だということ、その解決については行政の限界があり、何よりも鎖を解
くための社会的認知が重要であるというところに行き着いた。すなわち、教育
に解決の力があるとの指摘である。

4班は、DVの解決をどうするかを考えたい、という班員たちの強い思いが
表現されるプレゼンとなった。ヒエラルキーのはっきりした環境と、DVの連
鎖が相まってエスカレートする恒常的なDV状態を打破するためには、報道の
偏りを是正し、家庭や学校で暴力に関する教育を広め、公的な関係機関が偏り
なく支援をする必要がある、という視野の広がりを感じられるものとなった。

5班は、DVの連鎖がなぜ断ち切れないのか、にグループディスカッション
のテーマが集約されていった。その原因を社会の根底にある男尊女卑などの文
化に置き、かつての被害者が大人になって加害者になっていく、ととらえたも
のとなった。

現状の整理から、解決方法への熟考まで、様々な展開が見られたプレゼンと

なった。現状整理だけでは、現状肯定になってしまうという指摘や、現状を変えるのは難しいという消極的意見に対し、それだけでいいのかといった問いが、学生間の対話で見られていった。初日の認識とはいずれも大きな変化が見て取れた。犯罪との境界線に対する問いは出てこなかったが、法学の専門知があれば、さらに問いが広がったと思われる。

この点は、フィールドワーク後の座学で、ゲストスピーカーとして弁護士の打越さく良氏による講演「DVと法律・裁判—実務家の視点から」が、知識を広げるよいきっかけとなった。打越氏は、離婚等の訴訟や、特にDV被害者や虐待を受けた子どもの支援で実績がある。90分の講義は、DVの統計、DV防止法制定に至る経緯と改定のポイント、離婚手続きの実際、離婚訴訟での判決事例、親権や慰謝料、危険回避の工夫と、多岐にわたった。

例えばフィールドワークでは、DVの被害者が離婚を申し立てる際、立証がいかに困難であるかが指摘されていたが、この回では、数多くの訴訟や調停に付き添ってきた弁護士の立場から、実際の資料を手に取りながら、実務的な話を聞くことができたことは貴重だった。法律面から被害者の置かれた状況を学ぶとともに、法律家が果たす役割なども知ることができたからである。「現場では法の壁しか感じられなかったが、この講義で法律家としてできることが見えた」「法を学ぶことに意義を感じた」とコメントする学生が複数いたことからも、その効果は明らかである。

1年次の「ヒューマン・ライツの現場A／B」を受講したことによって、映像資料やニュースなどを通して知ったつもりになりがち、あるいは、既視感があるという社会問題について、直接話法の体験をもとに、今一度、見直しが必要だと学生が気づいたのは、フィールドの成果である。例えば、「ヒューマン・ライツの現場B」で取り上げられた『ハーフ・ザ・スカイ——彼女たちが世界の希望に代わるまで』（英治出版、2010年）などについて、もう一度読み返して考えてみたい、といった発言が学生側から出てきた。

紛争／平和研究のヨハン・ガルトゥングは、相手を打ち負かす討論（debate）ではなく、言葉を通じて解決策を見出す対話（dialogue）が、紛争解決の鍵だと指摘する（本書、Ⅲ-5を参照）。議論（discussion）は、討論と対話の両方の機能を持っているという。本講座では、ダイアローグが学生たちの学びをたしか

に深めている手ごたえがあった。

おわりに

　筆者（別府）は、青学モデルの開発のために、研究の場でお声掛けをいただいてから5年近くなる。無事にヒューマン・ライツコースの誕生へとこぎつけ、このコース選択をした学生数は予想を上回ると聞く。この間、それぞれに学務に忙殺されながら、定期的な研究会を準備・開催し続け、着実な積み重ねをしてこられた青山学院大学の専任教員の方々の熱意は、目を見張るものがあった。

　「人権調査論」のある学生の期末レポートの末文に、「…フィールドワークの体験談を聞かせていただいた際に、被害者の一人の方が言った「（私たちが被害者にできることは）忘れないことです」という言葉を生涯忘れることはないだろう」という一文があった。何が起きているかを知ること、理解すること、忘れないこと。社会的な問題解決の一歩は、この三つの営みから始まるのだろう。いずれも難しいことではあるが、大学法学部という高等専門教育の場全体でも共通するものだと思う。

　本講座の実施は初めての試みだったことから、課題や反省も多い。担当教員としての一番の懸念は、DVに苦しむ女性たちへの聞き取り調査というアプローチが、その女性たちへの二次被害を起こしてしまわないか、ということである。学生の学習教材に他者の苦しみを使う、ということだけになってしまってはいけない。同時に、受講生の中にも「当事者」がいる可能性もあり、学生によっては必要な機関につなげるといったフォローアップが必要になることもあろう。このあたりは、非常勤による短期集中講座、という形式より、専任教員によるゼミナールといった形式のほうがより適切なようにも思う。

　聞き取り調査を引き受けてくださった方々への責任をとるにしても、重たい内容に動揺する学生たちへのフォローという点でも、より慎重な環境が望ましい。2014年度はサバイバルネット・ライフからのご協力があって実現したが、その先をどうするかは、新たな検討課題でもある。学生の聞き取りにご協力くださったサバイバーの皆さんからは、学生さんに話せてよかった、といった前向きの感想をいただいた。少しほっとしたが、よりよい方法はなかったか、と

の迷いはつねに残る。

　ヒューマン・ライツ教育・研究のアプローチの開発に取り組む青学モデルは、さらにより幅広い視野と、それぞれの専門知を横断する普遍性とを持ちうる。そのことに気づかされ、励まされる「人権教育論」の初年度だったように思う。

Ⅱ-5 戦争・紛争と人権

森本 麻衣子

　人権を「歴史」の文脈において学ぶとはどういうことか？　それは、ヒューマン・ライツコースにおける教育の方法論としての「可視化」との関係でどのような意味をもつか？　コースの新設から2年目に入って「人権法特論A」の枠で新たに設けられた講義「戦争・紛争と人権」を担当するにあたり、筆者はこれらの問いから出発した。以下ではその講義デザインを根拠づけるとともに、2014年8月に夏期集中講義というかたちで開講されたこの講義のようすを報告する。

1　講義デザイン──なぜ「歴史」か

　講義デザインはシンプルな着想から始まった。「ヒューマン・ライツの現場A／B」は日本や世界の様々な社会問題の現場を訪ねる疑似的な空間旅行として組み立てられていると見ていいと思うが、それぞれの社会問題の歴史的背景に目を向けることの重要性も折に触れて強調されている。だとすれば、本講義は空間旅行と対をなす形で、歴史を横断するいわば時間旅行として構成してみてはどうか？　駆け足にはならざるをえないが、「戦争の世紀」とも総括される20世紀を学生たちと一緒に訪れてみることで、人権についての何が見えてくるだろうか？　もとより、「戦争・紛争と人権」というテーマにとって、「歴史」を主軸に据えるという方針は自明のものでないが、戦争・紛争下の人権侵害の何が問題なのか、という基本的な学びは、歴史の中にこそ位置づけたい、と筆者は強く考えていた。この問題意識は、アメリカの大学院で法文化人類学や歴史文化人類学の知見を用いて日中間の戦後補償問題をめぐる現象を研究する中で、人権（human rights）概念および実践を歴史的にとらえようとする分野

横断的な近年の傾向（本節第1項でそのごく一部を紹介する）に触れることによって生まれたものである。とはいえ、（シラバスを提出したのは2014年2月頃だったが）実際に講義が開講される夏が近づくと、日本国内では閣議による憲法9条の解釈変更、中東ではイスラエルによるパレスチナ・ガザ地区への空襲および地上侵攻など、戦争・紛争を考えようとする者にとって看過できない問題が次々とニュースの見出しに上った。こうした差し迫った「いま・ここ」の現象群について詳細に議論する代わりに、悠長にも学生たちを100年の時間的スパンを持つ歴史の旅に誘い出そうという以上、その迂遠さが戦争・紛争と人権について考える上で重要だと本当にいえるのか、なぜいえるのか、筆者は講義の準備期間、また講義期間中を通じて再考し続けることになった。

(1)　人権を歴史化する

「人権（human rights）」概念のパラドックスは——そしてこのパラドックスこそがこの概念が持ちえてきた変革力の源泉かもしれないのだが——それが定義上、人間が普遍的に、つまりいつでもどんな場所でも、持っているとされる権利を指す語でありながら、その語としての生命は、それを用いる社会によって、すなわち特定の歴史・時間的、地理・空間的条件のもとで生きる人間たちによって、与えられているということだ。あるとき、あるところ、ある特定の歴史的・社会的文脈のもとで暴力や差別などの不条理に苦しむ人間たちの現実が、あるべき「普遍」との落差において、是正への要求や行動を生む。例えば教育の分野において、日本で人権教育といえば長らく同和問題と結びついて考えられ、実践されてきたことは、特定の歴史的経緯のもとでローカライズされた「人権」実践の一例を示すといえるだろう[1]。一方で、環境権などのいわゆる新しい人権を持ち出すまでもなく、何が人間の「普遍」的権利なのか、その内容も時代とともに、人間の生存と文化を取り巻く状況に応じて見直されていくこともまた論をまたない。

1）　この点、本書が報告・志向している試みを「ヒューマン・ライツ教育」と英語のカタカナ読みで総称することは、人権についての学びを、同和問題と強く結びついていた従前の「人権教育」の歴史的・地域的文脈に限定することなく、ローカルからグローバルまで様々なスケールで、日本と世界の各地で問題化されるより多様な人権状況に向かって開いていこうとする企図を示すものと筆者は理解している。

さらに human rights という英語の語彙についていえば、その歴史はそれほど長いものではない。日本語ではともに「人権」と訳されるが、憲法で保護されるべき市民の権利としていわゆるフランス人権宣言に謳われた droits de l' homme / Rights of Man（「人間の権利」だが、当時のジェンダー化された「人間」の条件にかんがみて、「男の権利」とあえて直訳もできるかもしれない）に代わり、国際法による国境を越える保護をも視野に入れた human rights が英語として使われるようになったのは1940年代のことだ。「1945年まで、個人の人権の国際的な保護は、奴隷貿易の廃絶を定めた条約、戦時国際法、ヴェルサイユ体制後に締結されたマイノリティの権利に関する条約のみに限られていた」が、わずか半世紀ほどのうちに、「国際政治における傑出した善の言語としての人権（human rights）が台頭し、世界の至るところで人権 NGO（非政府組織）が生まれた——『グローバルな市民社会』が成立したのだ」とは、ジャーナリストで歴史研究者のマイケル・イグナティエフによる総括である[2]。1999年に発表されたこの論考で彼が「権利の侵害が甚大、明白であったり、あるいはジェノサイドの特徴を呈しているといった人道的緊急事態においては、国家主権よりも人権を優先させるものという推定が今では存在する」とまで言い切ったのは、旧ユーゴスラヴィアやルワンダでのジェノサイド（大量虐殺）が大きくクローズアップされた1990年代という時代を反映してもいただろう[3]。

　イグナティエフが1999年の時点で「進歩の物語」と呼んで称揚した歴史的経緯は、今世紀に入って、より批判的な視点から研究し直されている。例えば歴史研究者のサミュエル・モインは、共産主義と反植民地主義が陥った暴力への幻滅から、1970年代を境にまだ汚されていない——彼の著作の題名をとっていえば「最後の」——ユートピアとして、国家の政治的枠組みを道徳的に超越する人権（human rights）への期待が急激に高まったと主張する。モインはこれまで書かれた人権政策・人権運動の歴史の多くが、絶対の真実が年月を経て最終的に成就するという、かつてキリスト教会に属する歴史家によって書かれたキリスト教史にも似たものであることを指摘し、そうした神話化の誘惑に抗って、

---

2 ）　M. Ignatieff, "Human Rights," C. Hesse and R. Post ed., *Human Rights in Political Transitions: Gettysburg to Bosnia*, Zone Books, 1999, p. 313. 引用する英語文献の翻訳は筆者による。

3 ）　Ibid., p. 316.

72　Ⅱ　ヒューマン・ライツ教育の実践

現在の人権言説・実践の国際的な展開に至るまでに作用した様々な外部的・偶然的な要因にも目を配るべきだと主張する[4]。

　一方、社会政治思想研究者のロバート・マイスターは、自由や平等などの権利（Rights of Man）は政治闘争によって勝ち取るものであるというフランス革命（1789年）以来の人権観が冷戦終結（1989年）を境に終止符を打たれたとの歴史認識を示す。そして、それに代わって世紀末から21世紀初頭の世界では、絶対悪としてのホロコーストの歴史的経験が強調されることによって、ジェノサイドに対する国際社会の（武力行使も含めた）介入・救済、および法的プロセスを通じた和解を中心に据えた人権観が台頭したと見る。この新しい人権観のもとでは、ローカルな人権侵害をグローバルな社会が救うという図式が広く受け入れられる一方、経済的不平等などに対するローカルからグローバルへの異議申立ては人権実践の主流と見なされないばかりか、わずかな暴力でも伴えば正当化されなくなることなどをマイスターは問題視し、今日の国際的な人権言説・実践が、普遍的な真理というよりも一定の歴史的条件に支えられていることへの自覚を促している[5]。

　むろん、モインやマイスターは人権の重要性やホロコーストの重みを否定しようというのではない。彼らや彼らと議論を交わす様々な分野の研究者たち[6]に共通するのは、人権（human rights）が国連関連組織だけでなく多数の国際人権 NGO の活動によって支えられる「国際言語」にまで比されるようになった21世紀初頭の状況を歴史的パースペクティブの中に置くことによって、その現時点での達成と限界、可能性と危険性を多面的に検討しようとする姿勢である。ここで問題にされる歴史とはもちろん単なる学説上の争点ではない。人類社会が立つ「いま・ここ」の地点をいかにしてより重層的に、より批判的（クリティカル）に認識するかがかかっている。

---

4 ）　M. Samuel, *The Last Utopia: Human Rights in History*, Belknap Press of Harvard University Press, 2010.

5 ）　M. Robert, *After Evil: a politics of human rights*, Columbia University Press, 2011.

6 ）　様々な専門分野の研究者によるモインやマイスターへの応答は、"Human Rights between Past and Future（過去と未来の間の人権）" と題された *Qui Parle* の特集号（Fall/Winter 2013 special issue）で見られる。

Ⅱ-5　戦争・紛争と人権　73

(2)　戦争・紛争の「可視化」と解像度

　学部レベルの講義では、モインやマイスターそれぞれの見解に立ち入って教える必要も時間的余裕もおそらくない。だが、彼らの問題意識に学び、現在の人類を取り巻く現実とともに、その現実を認識・問題化する枠組みとしての「人権 (human rights)」もまた、歴史の、ということはつまり人間の具体的な経験の、現時点における産物であるという視点を持つことは、学生たちが在学中どのような専門的な法学の知識を得ていくにせよ、意味のあることではないか？　知識としての歴史を暗記させるのではなく、イデオロギーとしての歴史を吹き込むのでなく、歴史的に思考する態度とはどのようなものかを学生たちと探っていくこと。非常に難しいが、しかしそうすることで、「人権 (human rights)」は教科書の中にある解ではなく、むしろ、いま・ここに展開する私たちの生および思考と相互作用的に参画しあう関係にある、いわば生き物だということを、学生たちとともに学ぶことができるのではないか？

　ところで、社会の「可視化」という、法学部ヒューマン・ライツコースが掲げる教育手法に対して、15年ほど前に日本で法学部を卒業した筆者は個人的にも強い思い入れを抱いている。広島県のミッション系の高校に通っていたとき、大阪で野宿者に炊き出しをするボランティアに連れて行ってもらい、路上で眠る人たちの現実にショックを受け、またショックを受けている自分自身の幼さにショックを受けた。文学部から法学部に進路変更し、社会について考えたい、という、単純素朴な希望を抱いて上京・入学したが、すぐに「社会」そのものを見失って法学大教室の後ろのほうで取り残されることになった。こういうものが法学部の授業だということは分かる、でもこれが、自分の思っていたような、社会について考えるということ、なのだろうか——あの途方にくれた気持ちは今でもありありと思い出すことができる。その後、独立系ジャーナリストのグループ・アジアプレスの野中章宏さんの講義を受けたことがきっかけで、ビデオカメラでアジアの社会問題を撮ろうとするようになった。レンズを通して世界を「見る」ことを通じて、教室で探しあぐねていた世界と自分とをつなぐ回路を獲得しようとしていたのだと思う。

　だが、世界を、社会を「見る」とはどういうことだろう？　「暴力、貧困、差別、抑圧、環境破壊などにさらされている人々の『生きる姿』」[7]は、「事実」

としてそこにあるとしても、それはただ見るだけで、どんな目にも同じ「意味」をもって見えてくるのだろうか？　そう考えるとき、（チャンスを与えてくれたアジアプレスという場にどこまでも深く感謝する一方で、）卒業もしないうちから早々に教室という場に見切りをつけた自分自身の判断については、間違っていた、とはっきりと思う。「見る」のは目の仕事だが、その目に、より解像度[8]の高い世界の像が見えてくるためには、知性を培わなくてはならない。他者の苦しみを認識し、問題化する――どんな苦しみが、なぜそこにあるのか、またなぜその苦しみについて私が、あなたが、真剣に考えなければならないか、を周囲や世界の人々に伝わる言葉にしていく――ことは、いわゆる人権の専門家だけではなく、本来は社会に生きる１人ひとりが自分の人生を生きることと同時に担うべき仕事である。しかしそれができるためには、その苦しみを多層の文脈の中に位置づけてその意味するところを理解する・見出すことのできる知力を養う必要がある。そのために、教室でしかできないこともまたあるのではないか。「机上の」、は普通、「空論」、に続く否定的なニュアンスを持つ形容語だが、しかし、机の上で読み、書き、書いたものにコメントを受けることは、単に知識を増やすのでなく、世界についての自らの思考と批判的に向き合い、その幅と深さを広げる最も有効な方法の一つだと筆者は考える。そうした作業を通じて、世界を見る自分の目の解像度をいわば絶えずバージョンアップしながら生きていけるようになるための端緒をつくることを、教室が、机が、まだそこにあるうちに、日本の大学生はできることならもっともっとやったほうがいい。

　改めて、なぜ「歴史」か？　戦争・紛争を「人権（human rights）」という観点から教える以上、作戦司令室の議論ではなく、戦場となった場所で殺され、傷つく具体的な人の姿をまずは視界にとらえること（可視化）は必須の課題である。同時に、その像を眼差す者１人ひとりの側で、その苦しみを生んでいる具体的な文脈をとらえ、かつその文脈の中に私（たち）を位置づけ直すための認識枠組みとしての「歴史」を、いわばある種のレンズとして装備している必要があると筆者は考える。

7）　本書１2頁。

8）　「解像度」という言葉遣いは、筆者と同世代の作家・坂口恭平による３・11後の刺激的なマニフェスト『独立国家のつくりかた』講談社現代新書、2012年からもらった。ただし、坂口の議論は本稿とは文脈も主張も異なる。

> **主体的思考のために──1**
> アメリカのリベラル・アーツ教育が全面的に優れているというつもりはないし、その教育方法がそのまま日本に通用するとも思わないが、単純な観察としていえば、アメリカの学部生が在学中に読み、書く、その量はすさまじい。筆者は助教として学部生の授業を担当してきたが、1年生の1学期から数百頁の文献を読ませた上で延べ10数頁のペーパーを書かせる一般教養の授業も珍しくない。科目にもよるが、講義を聴くこと以上に、講義を道しるべとして「読み、ディスカッションし、書く」、すなわち主体的に「考える」プロセスが重視されている。

　装備、という表現は、ここでいう「歴史」が完成品であるかのような印象を与えて語弊があるかもしれない。アクセス可能な無数の歴史的事実（と考えていいと現時点で判断できるもの）の中で、何をどう重要なものとしてとらえ、かつそれらの事実をどう結びつけて理解するか、という意味での「歴史」はたった一つではない。前掲のモインやマイスターの試みも、単線的な進歩史観に基づく人権（human rights）理解に対するオルタナティブな歴史として、主に20世紀後半の政治的出来事を解釈し直したものだ。歴史の意味づけには複数の可能性がある。だからこそ、見つめたい他者の姿が突きつけてくるものに応じて、自分の持っている歴史のレンズを折に触れて鍛え直し、枚数を増やし、死角を埋める、その学びのプロセスに終わりはない。国際人権法や国際関係論など、戦争・紛争と人権に関わる科目はすでに複数あり、学生たちにはもちろんそこで知識を増やし、問題意識を育ててほしいが、この講義ではその前に、あるいはその後に、学ぶことと生きることとが同義であるような水準で歴史を考える経験をしてほしい。歴史学の研究者ではない筆者が現時点で持っている世界史（とその中の日本史）像を共有する（強要する？）必要はない。むしろ、各自が戦争・紛争下の人権について考えるための歴史のレンズの大まかな原型と、願わくば今後それを読書や対話・議論によって自分自身の内で鍛え続ける方法を磨いていくためのきっかけをつかんでもらいたい。言い換えれば、「人権法特論Ａ：戦争・紛争と人権」は、講義が終わったときに始まるようなものにしたかった。次節で2014年8月18日から22日の5日間に開講された集中講義のようすを報告する。

2　講義ドキュメント──「戦争の世紀」と人権

　講義に出席したのは４年生１名、３年生２名、２年生18名の計21名だった。
２年生は全員「ヒューマン・ライツの現場Ａ／Ｂ」の両方またはどちらかを
履修済みだった。４月のやる気に満ちた状態でこの集中講義に履修登録したも
のの、いざ８月になってちょっと後悔している、でも頑張りたい、と最初に自
己紹介してくれた学生もいた。東京が１年で一番暑い時期に、皆よく毎日通っ
てきてくれたものだと思う。

　何かを教えることは難しいが、教えずに考えさせることはさらに難しい。他
の方法もあるかもしれないが筆者は、学生たちに文字や映像の資料に課題とし
て取り組んでもらい、講義で課題資料の読み取りに必要なコンテクストを提示
し、また課題資料に関する講師や学生の考えを交換した上で、レポートまたは
論述試験で学生の考えの深まりを見る、という方法をとる。到達目標としては、
一定の知識を得るというよりも、よりオープン・エンドに、学生それぞれが現
在の世界とそこでの人権状況を、「戦争の世紀」と呼ばれることもある20世紀
によって形づくられ、条件づけられた「跡地」として見ていく視点を獲得する、
ということを掲げた。筆者は久しぶりに日本の教室に戻ってきたこともあり、
学生たちが歴史上の出来事の何を知っていて何を知らないか、というところか
ら手探りしつつ、彼らと一緒にこの教室内時間旅行を始めた。

⑴　（１日目）二つの世界大戦

　戦争の「跡地」としての現在、という講義目標に掲げた言葉を、学生たちの
多くが第二次世界大戦と結びつけて聞いたと思う。ちょうど講義直前の時期は、
原爆投下や終戦に関連してメディアで様々な８月特有の特集が組まれ、各地で
戦争体験を直接語れる人が少なくなってきているという懸念を伝える記事も
あった。1945年８月15日に終わった「あの戦争」が、長きにわたって日本人の
自意識を規定し、また（時期によって力点に違いはあるが）国内政治のあり方や
近隣諸国との関係をめぐって社会を二分する争点となってきたことは疑いえな
い。日本が最も痛切な意味で当事者であった「あの戦争」に特別な重力が宿る

ことは、もちろんこの国の紛れもない現実である。しかし、20世紀の世界はその前にも後にも数々の戦争・紛争を経験している。「この国」という、当たり前のように使われすぎる局地的な物差しのスケールをいったん広げて、学生たちに20世紀の戦争をめぐる他の様々な現実を見せる[9]ことで、逆に、右側につくか左側につくかという国内政治の問題に硬直的に還元されてしまった感のある「あの戦争」の意味づけも、もう少し厚みのある文脈の中で見えてくるのではないか？

　よって、第一次世界大戦は、日本人にとっての「あの戦争」が人類にとって二回目の世界戦争だったことを改めて意識するためにも、しっかりと「可視化」しておきたかった。筆者は高校時代、連合国側・同盟国側のそれぞれの国名、指導者の人名などを、苦行のように感じつつ覚えた記憶がある。そうした当時のヨーロッパ国際情勢を知ることはもちろん重要だが、この講義の文脈では、まずは第一次世界大戦を人間の経験として、それがいかに人間の生存の条件を根底から書き換えたかを理解するところから出発したい。そこで、前世紀の末に NHK で放送されたドキュメンタリー『映像の世紀』の一部を課題映像資料とし、機関銃という新兵器を用いて塹壕に入って戦う前線の兵士たちの経験を五感でイメージしてみるところから始めて、人類史上初の総力戦といわれるそのメカニズム、また社会権の保障や女性の参政権獲得にまでつながるそのインパクトについて考えてもらった。筆者の講義としては、総力戦が19世紀型の戦争といかに異なるものであり、またそのためにいかなる国際法上の新しい動きが生まれたかを強調すべく、日露戦争の死者数との比較や、勢力均衡の考え方、果てはウェストファリア条約（1648年）まで遡って話をした。やや情報

---

9)　筆者は、局地的なものの見え方が偏狭で劣っており、グローバルなものの見え方が俯瞰的で優れている、という立場をとらない。どのスケールで見える世界もそれぞれ一つの現実である、と考える。筆者は米西海岸の大学院で文化人類学の訓練を受けてきたが、文化人類学は成立の当初、徹底してローカルに一つの部族を、村を、島を、調査することを通じて「人類」という壮大なカテゴリーに迫ろうとした学問である。近年の文化人類学はローカルにだけ考えることの限界も強く意識しているが、それはあくまでも、グローバルにだけ考えることの限界とセットである。文化人類学の徒であってもなくても、様々なスケールで世界を眺め、そうすることで見えてくる複数の風景が互いにどう接続・断絶しているのかを考える癖をつけることは、知性をより自由に働かせながら生きることにつながると思う。今回の講義で取り組めなかった重要な作業の一つが、眼差しを逆にスケールダウンし、沖縄という特別な局地から太平洋戦争とその後の占領政策を考えることである。

を詰め込みすぎだったと、学生たちの反応から感じた。しかし、パリ不戦条約（1928年）の条文を見せ「文言が何かに似ていると気がつきますか？」と聞いて、静かな教室から「（日本国）憲法9条。」と学生の1人が返してくれたときは、少しほっとした。

　第二次世界大戦については、これまでにもメディアや学校教育、あるいは身近な人の体験談を通じて比較的多くのイメージに触れてきただろうという想定のもと、法学部生としてはその司法的結末にも目を配ってほしいと考え、日暮吉延著『東京裁判』を課題として選んだ。日暮は、東京裁判の評価をめぐって、日本社会が「和解困難な『価値の対立』」に陥っているとした上で、東京裁判否定論（「勝者の裁き」論）・肯定論（「文明の裁き」論）どちらの側にも与せず、国際政治としての東京裁判には両方の位相があったことを事実に即して検証しよう、と提案する[10]。かなり淡々とした記述が続くが、いわゆるA級・B級・C級戦争犯罪が何を意味するかという基本的知識に始まり、ニュルンベルク裁判との対称性、第一次大戦終結以来の戦争違法化の取組みとの連続性、そうした戦争違法化の理念そのものが裁判自体も終結しないうちから東西陣営の対立激化に伴って形骸化していったこと、各国から派遣された判事の間で見られた政治的対立など、根気よく読めば、東京裁判ひいては「あの戦争」を歴史的・国際的文脈のもとで考えるための様々なヒントが見えてくる。何より、上にあげたような論点を講師が抽出して提示するのではなく[11]、輪読を通して学生たちが自分でそれらを見出していく手助けができれば、その作業過程自体が今後、彼らが歴史的思考を心がけつつ本や新聞を読んでいく際の参考になるのではないか、と考えていた。残念ながら、ほとんどの学生が課題を読み進めてくることができなかったため、この思惑は実現しなかった。これまで多くの感情的対立を生んできた主題を淡々と書き切る『東京裁判』のドライな筆致は貴重だと思うのだが、休憩時間中に漏れ聞いた学生たちの会話によれば、それが「細かい出来事について延々と書かれていて、つまらない」という印象につ

10）　日暮吉延『東京裁判』講談社現代新書、2008年。
11）　歴史の教科書が従事しているのはもっぱらこの仕事である。教科書はもちろん教育上必要な局面も多いが、複雑・混沌とした事象の中から重要だと考えられる要素を抽出して整理し意味づけるという、知的に高度かつ根源的な作業を、教科書執筆者が学生に代わってやってあげてしまうメディアであることにも注意したい。

II-5　戦争・紛争と人権　79

> **主体的思考のために――2**
>
> 　今回の講義では、特に東京裁判、「慰安婦」問題、憲法9条の解釈変更など立場の大きく分かれやすい問題に関する学生たちの意見は、目につく限りすべてレスポンスのまとめに載せて配布した。基本的に学生たちの表明する立場には介入せず、何らかの質問を畳み掛けたり、事実関係について若干補足するにとどめた。両論併記により中立を期す、ためではない。同じ教室空間で学ぶクラスメートからまったく異なる見方が提出され、一枚の紙の上に並置されることで引き起こされる困惑や関心を、それぞれの学生が今後、事実・意味の双方のレベルを往復しながら自分の納得のいく見方を探して様々な情報・議論に接することへとつなげてほしいからだ。学生たちはこの後の長い人生を、歴史をどう見て社会をどう考えるか、その都度、意識的、無意識的に決定しながら生きていくことになる。それをより厚みのある、より意識的な見方へと向かわせる助けをするためには、教師が判断を下して彼らの困惑に終止符を打つのではなく、いわば「より望ましい困惑の仕方で困惑させる」教育的態度も時に必要なのではないかと考え、模索している。

ながったと思われる。「東京裁判は当然『勝者の裁き』だと思っていたので、反対の見方があることを知って驚いた」という感想もあったぐらいだから、そもそも対立があるということ自体、ピンと来ていなかった学生も多かったかもしれない。課題の範囲を第一章だけに大幅に狭め、この対立の概要を押さえる方針に切り替えた。結果的に、何人かの学生たちが肯定論・否定論それぞれの立場から講義後にレスポンスを書いてくれ、まとめたものが簡単な誌上ディベートのような様相を呈したことで、刺激を受けたとさらに反応してくれた学生もいた。議論の出発点には立てた、というところだろうか。

(2)　(2日目)冷戦期――ベトナム戦争と枯葉剤

　初日から最終日まで総じて授業中の発言の少なさに戸惑ったが、講義後に書くレスポンスでは予想以上に真剣な言葉が多く、2日目から講師がそれらを資料にまとめ、次の日に読みながらコメントを付けていく疑似ディスカッションの形をとることにした。1日目のレスポンスでは、機関銃の導入に始まって、戦場における（狭義の）合理性の追求によって人間が「機械に戦わされている」かのような不合理が出現したことを自分の言葉で指摘する学生もいたし、第一次大戦に植民地から動員された兵士はどう感じていたのだろう？など、素朴だ

が重要な疑問も出た。ただ、残酷な戦場の映像を見てやっぱり戦争はもうしてほしくないと思った、というニュアンスの感想がいくつか散見されたことが気になった。素直な気持ちの表現だとしたらもちろんその思いを大切にすべきだと思うが、無垢な子どもの立場から大人に平和のお願いをする小中学生の意識が残っているような印象を受けた。また、一時間目の冒頭にウォームアップを兼ねて世界人権宣言を一緒に読んだこともあり、「悲惨な二つの世界大戦のあと、人権宣言のある平和な世界になってよかった」という誤解も見られた。ここから二歩も三歩も踏み出してもらえるように授業をしたい、と思った。

　歴史の解釈は複数あってよいが、「第二次大戦が終わって平和な世界になった」は端的に誤解である（レスポンスは講義が終わった後に一気に書くため、不正確な言葉遣いになってしまうのはある程度仕方がないのだが）。20世紀の後半に世界大戦が起こらなかったことイコール平和ととらえてしまうのは、一つには冷戦のイメージがつかめないためだろう。冷戦終結後に生まれた世代の経験的制約があるかもしれない。2日目はベトナム戦争（1960—1975）を取り上げることにしていたから、米ソが核兵器を保持しつつ対立した「冷たい戦争」の中で局地的に戦われたこの「熱い戦争」の容貌と、米軍への基地提供や南ベトナム政府への財政支援などを通じた日本の関わりの理解を通じて、「戦争の世紀」のイメージをもっと膨らませてくれればと思っていた。受講者の大半を占める2年生はすでに「ヒューマン・ライツの現場A」で学んでいるが、もう一度、学び直してもいい[12]。課題映像資料も、「現場A」と同じドキュメンタリー『沈黙の春を生きて』（坂田雅子監督、2011年）をあえて選んだ。同じ映像でも考えながら複数回見つめ直すことで違うものが見えてくることがあるし、何より、このドキュメンタリーが映し出す人々の姿は、見る者に対して、彼らが背負って生まれさせられたものへと何度でも立ち戻り、そこから人間の過去と未来、現在について考え続けることを静かに求めている。

　『沈黙の春を生きて』は、冷戦期のベトナム戦争における枯葉剤使用につい

---

[12]　ある学生は、高校時代に理系コースにいて歴史を科目選択しなかったので、ベトナム戦争というものがあったことを大学に入るまで知らなかった、と講義後のレスポンスに正直に書いてくれた。私たちの子弟の1人が、ベトナム戦争を知らないまま18歳まで知的痛痒を感じずに過ごせる――この社会は一体どこまで世界史から切り離されているのかと、改めて考えさせられた。

てのドキュメンタリーであると同時に、ベトナムの枯葉剤被害者およびその家族と、ベトナム帰還兵の父親を通じて枯葉剤の被害を受けたアメリカ人との交流を描いている点で、冷戦終結後の歴史的条件を映し出してもいる。そもそもダイオキシンは敵味方を分かたず無差別に何世代にも渡って人間の体に作用するが、かつて敵と味方だった者たちの子どもがどちらもその毒の「被害者」として出逢うことになったのは、親世代を敵味方に分けていた政治上の分断線の消失あってのことだ。前掲のマイスターなら、フランス革命以来の、一定の政治的アジェンダに賭けた人間が集団的闘争によって人権（Rights of Man）を勝ち取ろうとする革命の時代に代わり、圧倒的な暴力の前にむき出しの身体に還元されてしまった個々の人間の被害を救済するために人権（human rights）のフレームワークが持ち出される反革命の時代が訪れたことの証左をここにも見るのではないか。

　それはともかく、学生たちには基本的な歴史的文脈だけ意識して自由に映像課題に取り組んでほしい、と伝えてあった。学生の1人が、1回目に見た時は被害者の体の状態に衝撃を受けてボンヤリしがちだったが、今回は前より集中して言葉を聞くことができた、と書いてくれて、わが意を得たり、と思った。ショックを受けることは当然あっていいが、そこから出発して、見ることを通じて小さなことでもいいから何かに気づく、見続けることで気づきを増やす、気づきを積み重ねることによって認識の質を変えていく体験を積み重ねてほしい。例えば、枯葉剤の被害といっても一言では括れない様々な被害の程度や生活状況があることに気づき、また一方で同様に苦しんでいても、ベトナム人には米軍人と家族が受けたきわめて不十分な程度の補償すら受けられない[13]現実を前に「本当に平等で正当な補償というのはどうすれば実現するのか」と考える学生もいた。また、「WWIIでは東京裁判とニュルンベルク裁判が行われたことは有名ですが、ベトナム戦争の責任はどこにあるのでしょう？裁判か何かは行われているのでしょうか？」と、素朴ながら世界共通の価値体系を持ちえなかった冷戦期の核心をつく疑問もあった。あるいは「WWIで毒ガスの使

---

13)　元百合子「ベトナム戦争における米国の戦争犯罪——今も続く枯葉剤撒布の被害と不問にされた国家責任」『大阪経済法科大学アジア太平洋研究センター年報』4号、2006—2007年が参考になった。

82　Ⅱ　ヒューマン・ライツ教育の実践

用によって犠牲者が出て、毒物などの使用を禁ずる条約もあるにもかかわらず、WWⅡでの原爆、ベトナム戦争での枯葉剤、そしてたしか近年ではイラク戦争で劣化ウラン弾が使用されている。こうして考えてみると、過去の過ちを反省し決められたルールやつくられた国際機関はなんのためにあるのだろうとむなしく感じる。」と、歴史的に考えることで生じる懐疑を書く学生もいた。一方で、次のような言葉もあった。

　　このドキュメンタリーから伝わってくる「苦痛」というものは強烈で、それは一回目に見たときと変わらないものだった。しかし、それは、再体験したから思い出したのであって、一回目に感じた気持ちを長い間、忘れてしまっていたことに気づいた。生きている限り、苦痛から逃れられない被害者と、ドキュメンタリーを通して一瞬苦痛を体験するだけの私の間には、どうしようもない深い溝がある。私はドキュメンタリーの向う側の人々に、かけることのできる言葉を何も持ち合わせていない。どんな言葉であっても、その溝を越えれば無責任な言葉になってしまう気がする。いろいろなドキュメンタリーを見るたび、とりあげられる被害が生々しければ生々しいほど、こういった無力感を強く覚える。このようなドキュメンタリーを見て自分はどのような立場から何を感じとるべきなのか、見るたびに分からなくなります。

　２年生の中には「ヒューマン・ライツの現場Ａ／Ｂ」から引き続いて、安全な場所から他者の苦痛を見て語ることに葛藤や無力感を感じていた学生が多かったようだ。どうやら少なからぬ２年生が、「ヒューマン・ライツの現場Ａ／Ｂ」で感じたその葛藤があったからこそ、いわば「現場」に戻るようにして、夏休み中の集中講義といういささか厄介な形態で開かれたこの授業を履修してくれているようだ、ということもだんだん分かってきた。

⑶　（３・４日目）ポスト冷戦期──進歩の歴史？　裁かれる性暴力

　３日目は中間試験の後、前節第１項で取り上げたマイケル・イグナティエフによる1999年の英語の論考を段落ごとに要約する作業にグループで取り組んでもらった。学生たちがこれまで苦労して学んできた英語は、単に試験のためでなく、考えたいことについて知るために必要に応じて使い、使うことによってさらに使えるようになっていければ理想的だと思う。「ヒューマン・ライツ」

というコース名にも冠された英語が、原語の文章でどのように使われているか、その一端に触れてみてもよいのではないかと、この作業を設定した。

イグナティエフの論考は10頁ほどと短いが、冷戦後の世界を統合する価値としての「人権（human rights）」への期待が高まった前世紀終わりの欧米の論調をよく映し出している。大半の学生がかなり苦労して読んでいたようで、知る・考えるために英文を読む際は和訳試験の答案のように完全な日本語に変換しようとするのではなく、何が書かれているか、議論の構造に注意して大意をつかめばいい、と伝えたものの、この作業で逆に萎縮させてしまったかと心配にもなった。しかし、学生の1人がレスポンスで、イグナティエフが「進歩」の歴史と見るものの裏で、先進国の政策に都合よく「人権」が用いられてきたのではないか、と英文に臆することなく批判を示してくれた。たしかに、人権が国家主権に優先するという、それ自体は崇高な理念を表現しているように見えるイグナティエフらの議論は、他国の領土で起きた人権侵害に対して国際社会が都合のつくときだけ、さらにいえば、大国にとって都合のいいときだけ、介入することになる危険性と結びついている。

一方で、人権侵害への国際的介入をめぐるこうした議論が、90年代に多発した民族紛争におけるエスニック・クレンジング（民族浄化）を国際社会が防げなかったという反省[14]に立っていることも確かだ。

イラク空爆
講義の開講された2014年8月、折しも「イスラム国（ISIS）」によるイラク領内の少数民族の迫害阻止を目的として、アメリカが国連決議のないまま空爆を開始したところだった。本稿執筆中の2014年10月現在、空爆はシリア領内に拡大し、参加国も増えている。

4日目の講義は、そうしたポスト冷戦期の民族紛争の一つ、ユーゴスラヴィア紛争（1991—2000）を取り上げた。紛争の経緯はきわめて複雑であり、なぜこの間まで隣人として暮らしていた民族同士で殺し合えるのか、まったく理解しがたいという反応を示す学生もいた。筆者もこの地域の専門家ではないが、現時点でもっとも納得できると考えている説明として、民族間の差異そのものではなく（当該地域の諸民族の言語にはわずかな差異しかないといわれる）、

---

14) この反省はホロコースト（ナチによるユダヤ人虐殺）のようなジェノサイドを繰り返してはならないという歴史意識によって強化されている。今回の講義で、ホロコースト、またその後のイスラエル建国に伴うパレスチナ住民の難民化を取り上げることができなかったことは、「戦争・紛争と人権」を歴史的に考える上で大きな死角を残すことになっている。今後の課題としたい。

84　Ⅱ　ヒューマン・ライツ教育の実践

共産圏の崩壊で生じた権力の空白に乗じるべく、民族の差異を強調し、敵意を
煽って対立を利用しようとした者たちがいたことに根本原因を求める見方を示
した[15]。学生たちには不可解だ、納得できないという気持ちを大切に、これ
からも興味を持ち続けてもらえればと思うが、その際、旧ユーゴの地域固有の
歴史・社会条件に目を配る一方で、この悲劇を人間の社会に起きた出来事とし
て、したがって条件さえ整えばどの人間の社会にも起こりうる事態として、と
らえる視点も持ってほしいと伝えた[16]。

　こうして見ると、20世紀の世界から戦争・紛争が絶えることはなく、さらに
いえば、人間は有史以来戦乱を繰り返しているだけという平たい見方もできて
しまう。しかし、歴史的・具体的に見ていくことで、20世紀の内でも戦争・紛
争の戦われ方の条件が変わったことが分かる。変化に対応する形で、第一次大
戦後には総力戦という新しい戦争形態がもたらした荒廃の中から戦争違法化の
考え方が生まれたし、冷戦後には多発する民族紛争に際して迫害・虐殺される
人々を国際社会で守るべきだという認識が高まった。むろん、それは進歩の歴
史と楽観的に一括りにできるようなものではない。

　その中でポスト冷戦期に前進したといっていいのが、戦時下の性暴力のとら
え方だろう。課題映像として選んだ『勇気ある証言者〜ボスニア』（アメリカ
Thirteen/ Fork Films、2011年）は、ユーゴ紛争下にボスニアのフォチャという街
で起きた集団レイプ事件がハーグの国際刑事法廷において裁かれた経緯を取材
したドキュメンタリーである。証言台に立った女性たちの勇気を賞賛しつつ、
戦時の性犯罪がこのとき初めて単体で戦争犯罪（「人道に対する罪」）として裁か
れたことを強調している。作中のインタビューで、ニュルンベルク裁判では判
事席にも証言台にも女性の姿がまったくなかった、とハーグ国際刑事法廷の女

---

15)　多谷千香子『「民族浄化」を裁く』岩波新書、2005年；マイケル・イグナティエフ『民族は
　　なぜ殺し合うのか』河出書房新社、1996年が特に参考になった。

16)　レスポンスでは、大陸の民族関係は複雑でこじれやすく島国に住んでいると想像しづらい、
　　あるいは、平和に暮らしてきた自分には権力者の宣伝を受けたからといってただちに隣人を
　　攻撃するとは思えない、と旧ユーゴの民族対立の理解しにくさに触れたものが多かった。た
　　しかに紛争の起きる経緯や背景にはその社会固有のものがあり、その固有性をとらえること
　　は重要だが、一方で、日本も1945年までは植民地を抱える「帝国」であったことや、また昨
　　今のヘイト・スピーチの問題も思い出させつつ、まったくの他人事としてとらえない姿勢も
　　必要なのではないか、と話した。

性判事が指摘し、今や戦時下の性暴力を戦争・紛争に付きものの残念な出来事として付随的に処理することは許されない、と宣言する。私たち（女性）が許さない、という意味が込められていよう。第一次大戦を契機の一つともして西欧諸国で女性の社会進出が始まって約1世紀、この間に起きた変化の大きさを実感させる。だが一方で、ユーゴ紛争で起きた数々のレイプ事件のほとんどについて捜査・裁判が行われていないこと、行方不明となったままの女性、また画期的な判決が出た後も元の地域で脅えて暮らす被害者も多いことをドキュメンタリーは伝えている。「被告人となった人物たちが全く反省していないことに恐怖を感じました。あらゆる場面でまだ女性の地位は低いままなのかもしれません。フォチャの人々も、女性も含めて、『もう終わったことだ』と言っていたのが印象的でした。彼女は、同じ女としてその立場を理解してあげられないのでしょうか。それほど、民族の対立は深いものなのでしょうか。」とレスポンスで問いかける学生もいた。

(4)　（最終日）あちら側とこちら側

　期末試験の第一問は、「従軍慰安婦」問題をフェミニズムの視点から論じた上野千鶴子著『ナショナリズムとジェンダー』[17]を課題として論述問題を出した。「慰安婦」がいたという歴史的事実は早くから知られていたにもかかわらず、その被害が問題化されたのは20世紀の終わりであった。このことに注目して上野は、社会の認識枠組みの転換によって、被害者の「恥」が加害者の「犯罪」へと読み換えられたとき、初めて元「慰安婦」による告発が可能になったと指摘する。この課題を選んだのは、それぞれの学生の「慰安婦」問題に対する現在の見方がどのようなものであれ、次のことについて考えてみてほしかったからである。ある人（びと）の苦しみが「問題である（であった）」と認識されるためには、ただ苦しみの事実がそこにあるだけではなく、その事実に「問題」としての意味を与える言葉、またその言葉を聞き届ける人々が必要である。そうでなければ、その苦しみは、人々に意識されず、記憶されず、歴史の一部となることもない。

　最終日の講義では、さらに具体的にイメージしてもらうために、自らの受け

17）　上野千鶴子『ナショナリズムとジェンダー』青土社、1998年。

た苦痛について社会に向けて語ることが時にいかに難しいか、筆者自身の取材の失敗や、現在取り組んでいる研究の内容から話をした。その詳細はここでは省くが、苦しんでいる人々が声を上げられなかったとしても、それは往々にして彼らの勇気が不足しているためではない。苦しみを語るための言葉、またその言葉を聞いてくれる人たちがいるという信頼感がなければ、立ち上がって証言することはできない。『ナショナリズムとジェンダー』で上野は、闘志を込めて宣言する。「歴史のなかで少数者、弱者、抑圧されたもの、見捨てられたものたち……それがたったひとりであっても、『もうひとつの歴史』は書かれうる」[18]。だがそのたった 1 人の声を、私は、あなたは、どうやって聞き取るのか？　当事者に寄り添ってその苦痛に言葉を見出し、その言葉が受け止められるための場をつくることができるか？　そう考えたとき、「まだ問題化していないだけの重大な問題が世界にはたくさんあるのだろうと思う。もしかしたら私も日常生活のなかで無意識にそのような問題に触れているかもしれないと考えると少しゾッとした。」と、学生の 1 人が最後のレスポンスに書いてくれた。

　一方、だとすれば、安全な教室に座って、戦争・紛争で引き起こされた人間の苦しみを見ている「私」も、すでにここで彼らの苦痛を歴史の中に位置づける作業を通じて、そこに言葉を見出す営みに参加しているといえないだろうか？　こう問いかけることで筆者は、2 日目のレスポンスにあった枯葉剤の被害者と自分の間にある「溝」についての観想に応答しようと試みた。第 1 節で触れた学生時代の経緯から、この「溝」の感覚はよく理解できるつもりだ。また、他者の苦痛を彼らに代わって引き受けえない自分に、その声が本当に聞こえているのか、つねに自戒し続けるのは大切なことだ。だが、それは一歩間違えば、当事者のことは当事者にしか分からない、という結論につながりかねない。つまるところ、戦争のことは戦場に立ってみなければ分からない、ということになってしまう。学生たちのレスポンスに「日本は平和ボケしている」「人権は奪われて初めて気づく」「自分が何を言っても結局『上から目線』になるが」といった言葉が散見されるのが気になった。日頃の危機意識の低さに対する反省として書いてくれているのは分かる。しかし、もし自分自身の頭上に

18）　同上、144頁。

爆弾が実際に降ってくるその瞬間まで、人間の上で爆弾が炸裂するとはどういうことか切実に思考することができないというのなら、人間の知性や想像力は何のためにあるのかと問わざるをえないし、世界から戦争や紛争がなくなることはないだろうと悲観せざるをえない。「戦争の世紀」の歴史と、それが残した死と苦しみのイメージの数々から、私たちは絶望ではなく、思考の切実さこそ汲み上げねばならない。「人権（human rights）」とは、言説・実践上の現時点での問題や限界とは別のより根本的な次元においては、私たちが歴史（および現在）と結びつく態度の切実さそのものを問う概念であることを、学生たちとともに学ぶ方法を考えていきたい。

　結び：講義を終えて様々な反省や新しい気づきがあるが、すでに紙幅も尽きてしまった。読者の批判を待ち、改めて今後の課題を考えたい。最後になってしまったが、毎日酷暑の中を通い、課題に取り組み、自分自身の持てる限りの言葉で、そしてまた時にこちらの胸が痛むほどの素直さで、それぞれの反応を届けてくれた学生たちにこの場を借りて感謝したい。ありがとう。

Ⅲ　ヒューマン・ライツ教育の諸課題

Ⅲ-1 ヒューマン・ライツ教育における 「現場」の意味

野中　章弘

1　人権侵害の現場での学び

　ヒューマン・ライツコースのコア科目である「ヒューマン・ライツの現場A・B」は複数講師制で行われている。私は人権侵害の現場を取材してきたジャーナリストとして、憲法や国際法など法学の専門家としての研究者とともに講義を担当してきた。「ヒューマン・ライツの現場A・B」では、戦争、貧困、差別などの映像記録（ドキュメンタリー映画）を材料にしながら、日本や世界の人権侵害の実態を把握しつつ、その背景や原因を探り、事態の改善、克服に向けた努力をどのように行うべきなのか、を考える。講師のアドバイスと学生相互の議論により、人間や世界に対する洞察力、思考力を鍛えていくように設計されている。

　「ヒューマン・ライツの現場A」で扱ったドキュメンタリー映画のテーマは、孤独死（松戸市・常盤平団地）、戦争（イラク・バグダッド）、貧困（フィリピン・マニラ郊外のゴミ捨て場）、枯葉剤の被害者（ベトナム）などであり、私自身はこれらの現場の取材経験を持っている。ドキュメンタリーでは描き切れなかった被害者たちの声や生き方、人権侵害の実態などを補足的に伝えることで、問題を包括的にとらえ、より根源的に思考する力を養う手助けを行う。学生たちの疑問や意見をたたき台にして、双方向の議論を展開することによる教育的な効果も大きい。現場を目撃した者の言葉を学生たちは、真摯に受け止めてくれている。

　残念ながら、これまでの経験によれば、学生たちの社会問題に対する感受性は高いものの、人権に関する意識や現実に生起している社会、政治的問題に対

する基礎的な知識はきわめて乏しい。戦争や貧困、差別など、私たちの社会に内在化する諸問題への知識は断片的、表層的であり、包括的、歴史的に問題をとらえる能力は弱く、経験値も低い。

学生の多くは酷い現実を描いたドキュメンタリー映画を見て、「このような現実を初めて知り、衝撃を受けた」という感想を書いているが、人権教育としては、現実を知らしめる、というだけでは不十分である。課題はその先にあるといわざるをえない。つまり、現実の課題と自らの関係性、言い換えると問題を外部化するのではなくて、内面化する力を身に付けることが重要である。人権侵害を行っている主体は誰であり、何がこのような現実を生み出しているのか。それを深く思考することにより、多くの場合、私たち自身が侵害を行う側、加害の側の一部に与（くみ）しているという認識に至る。同時に時として加害と被害が逆転することもあり、つねに加害と被害は重層的に絡み合っているという現実、事実をきちんと受け止める力を身につける必要もある。

また人権侵害の実態に触れながら、どの立場、視点から問題を考えていくのか。国家、政府、行政、市民、被害者など、様々な当事者の中で、いったい誰の視線で物事を見ていくのか。自らの立ち位置、距離を決定しなければ、単なる「傍観者」「観察者」では問題の内面化はおぼつかない。内面化もしくはある種の当事者性の意識の獲得なくしては、人権侵害への適切かつ主体的な取組みは期待できない。

ヒューマン・ライツコースにおける私の役割は、人権という概念の内面化に向けた作業を担うことである。

その意味で、上記の課題克服において、もっとも効果的なメソッドは現場研修である。この社会のゆがみや矛盾（人権侵害）の集約されている現場へ足を運び、不条理に苦しむ人々の声に耳を傾けることを通して、人間や社会に対する洞察力を深め、自らを問題解決の主体として認識するのである。現場研修は教場だけでは学びきれない人権教育の重要な部分として有効である。

2　現場研修の実際

現在、私自身はジャーナリストとしての活動を留保しながら、この10年ほど

Ⅲ-1　ヒューマン・ライツ教育における「現場」の意味　93

東日本大震災で津波と原発事故による放射能汚染の被害を受けた南相馬市での研修

の間、本務校（早稲田大学）を中心に、ジャーナリスト志望の学生たちに向けて、毎年様々な現場研修を行ってきた。社会改良を目指すジャーナリスト教育と人権教育には多くの共通点があり、問題の包括的な理解と内面化という点において現場研修の内容はほぼ同じものである。

　以下、実際に行ってきた現場研修の事例を紹介しながら、ヒューマン・ライツ教育における「現場」の意味を探っていきたい。

　現場研修の「現場」として選んでいるのは、国内では、沖縄（米軍基地のある本島、「強制集団死」の起きた渡嘉敷島など）、福島（飯舘村、南相馬市、いわき市、富岡町など原発事故の被災地）、岩手（大船渡市など東日本大震災の被災地）、秋田（「貧困」地帯としての秋田市、仙北市、湯沢市）、大阪（日雇い労働者の街・大阪市西成区の釜ヶ崎）、熊本（水俣病の発生した水俣市とその周辺）、千葉（「孤独死」で知られる松戸市の常盤平団地）など。また都内では狛江市（ホームレスの人たちの住む多摩川の河川敷）、枝川（朝鮮人学校とその周辺地域）などを訪れている。

　国外では、中国（日中戦争の現場として、南京、揚州、上海、北京、河北省、遼寧省、吉林省、黒竜江省など）、韓国（植民地時代における日本統治の実態と朝鮮半島情勢を学ぶため、ソウル、板門店、軍事境界線など）、東南アジア（枯葉剤の被害などベ

トナム戦争の傷跡の残るベトナム、大量虐殺の後遺症に苦しむカンボジアなど）など、アジア太平洋戦争の舞台となった東アジアを中心に研修を行ってきた。

3 沖縄研修

(1) 企画意図

　国内の「現場」としてもっとも注力している場所の一つは沖縄である。なぜ今沖縄なのか。2014年度の沖縄研修の企画意図として学生に示した一文を紹介する。この研修は早稲田大学のジャーナリズム演習のゼミ生たち（24名）を対象にして行われたものである。

<沖縄ジャーナリズム研修にあたって>　　　　　　　　　　　　　2014年10月
　　今年もジャーナリズム演習の研修先として、沖縄へ行くことになりました。沖縄から、日本という国の歴史とそのあり方を見つめ直すためです。日本の近代から現代にいたる歴史の流れを検証しながら、沖縄に押し付けられてきた不条理を自ら内面化する作業を行います。
　　明治政府の琉球処分で琉球王国は解体され、沖縄は沖縄県として日本帝国に組み込まれていきました。その後、アジア太平洋戦争では国内における唯一の地上戦の舞台となり、多くの沖縄住民が犠牲となりました。戦後は27年もの間、米軍統治下におかれ、沖縄は米国の軍事戦略の重要な拠点「太平洋の要石（キーストーン）」と見なされてきました。また、72年の施政権返還後も沖縄には日本の米軍の専用施設の74％が集中しており、日米安全保障条約はこの沖縄の犠牲の上に成り立っています。沖縄問題はすぐれて日本問題であり、この問題を解決する責任と主体は日本という国と日本人にあります。
　　研修では、このような沖縄の歴史をたどりながら、日本との関係において沖縄の抱えてきた矛盾とジレンマに触れていきます。1日目は、沖縄戦の跡をめぐり、なぜ多くの人びとが無残な死を遂げたのか。沖縄戦の実態を学びます。2日目は、渡嘉敷島を訪れ、「強制集団死（集団自決）」はなぜ起きたのか。その死の意味を問います。3日目は、ハンセン病の療養施設「沖縄愛楽園」を訪れた後、高江村、普天間基地の移設先となった辺野古などに行きます。4日目は、嘉手納基地を訪れ、米軍の広報官との会見後、隣接する嘉手納町の区長から基地周辺の住民の意見を聞きます。
　　4泊5日という日程では、訪れる場所や出会える人たちの数も限られてきます。沖縄の歴史や人びとの生活の表面をなぞるだけかもしれません。それでも、沖縄の「痛み」に触れることで、沖縄を切り捨ててきた日本のあり方を問うことはできるはずです。
　　また普天間基地返還問題の報道のあり方などについても考えていきます。
　　ジャーナリズムの基本的な役割は、「国家（公権力）を監視する」ということです。沖

縄を通して、その「国家」の本質を見据えていきます。

　また、今回の研修では、沖縄タイムスや琉球新報、琉球朝日放送の記者たちに案内役や講師を引き受けていただきました。「東京の視線」と「沖縄の視線」のズレ具合を確認しながら、毎晩、記者たちとジャーナリズムのあり方を議論します。

　この研修は、合宿でも（修学）旅行でもありません。一生懸命学び、考えるために準備されたものです。ハードな日程ですが、ジャーナリスト志望のみなさんなら、きちんとした成果をあげることができると思います。

野中　章弘

(2)　研修プログラム

　沖縄研修は毎年10月に行い、2014年で7回目となる。4泊5日では短いものの、戦跡、「強制集団死」、米軍基地、ハンセン病の療養施設などを目一杯回り、それぞれ体験者、当事者の方に話を伺う。敗戦から70年がたち、戦争の体験者から直接話の聞ける最後の時代である。研修は薩摩の琉球侵略に始まり、琉球処分、沖縄戦から現代に至る沖縄の現実を歴史的文脈でとらえながら、問題の在り処を日本と沖縄の支配、被支配の関係性の中で再考察するものとなっている。

　1日目は主に沖縄戦を考える。案内は琉球新報記者で、沖縄戦を現代の目線で紙面化した「沖縄戦新聞」（2005年度新聞協会賞受賞）を執筆した宮城修、志良堂仁の両氏。バスに同乗してもらい、戦跡の案内もお願いしている。

　今年はまず、那覇市の真嘉比地区で遺骨の収集にあたった具志堅隆松さんの話を伺う。具志堅さんはもう30年以上も前から、沖縄各地で沖縄戦の犠牲者の遺骨収集を行ってきた。

　「国は住民を戦争に駆り立てておきながら、戦没者の遺骨を放置したままである。無責任きわまりない。私は遺骨を遺族のもとに届けたい」

　今でも沖縄の大地には多くの遺骨が眠っており、毎年100体以上の遺体が出ている。「まだ戦後処理は終わっていない」という。

　次に沖縄本島を俯瞰する嘉数高台公園を訪れ、沖縄戦のレクチャーを受ける。1945年3月、米軍の最初の上陸地となった慶良間諸島や本島上陸地点の読谷村、北谷なども、高台からはっきり目視できる。また、普天間基地の全景を望むこ

激戦地となった嘉数高台の旧日本軍トーチカ跡

ともでき、住宅の密集した地域に隣接する普天間基地の危険性を確認する。普天間基地のすぐ東側には、2004年8月、米軍ヘリコプターの墜落した沖縄国際大学の校舎も遠望できる。

　午後は沖縄戦の最後の戦場となった南部戦跡を回る。追い詰められた日本軍兵士や住民たちが逃げ込んだガマ（自然の洞窟・壕）や戦後初めて建てられた慰霊碑・魂魄之塔、強制労働を強いられた朝鮮人軍夫などを祀った慰霊碑などを訪れた後、平和祈念公園で沖縄戦を生き延びた瑞慶覧長方さんの話を聞く。13歳で沖縄戦を体験した瑞慶覧さんは、日本兵が住民を斬殺する場面を目撃するなど、当時の凄惨な状況を生々しく語っていた。学生たちにもその言葉は重く響いたように思う。

　2日目は、朝から高速フェリーで慶良間諸島・渡嘉敷島へ向かう。この島では米軍の上陸後、逃げ場を失って絶望した300人以上の村民が「強制集団死（集団自決）」で命を絶っている。案内役は、6歳の時、この悲惨な出来事を体験した吉川嘉勝さん。吉川さんの家族も自決しようと手榴弾のピンを抜いたが爆発せず、生き延びた。戦後長らく、その記憶を封印して、誰にも語ることはなかったが、2007年9月、日本軍が住民に「集団自決」を強制したとの記述が

教科書から削除されたことを知り、自らの体験を語る決意をしたのだという。

「日本軍の諸々の強制・関与により、慶良間の『集団自決』は起こった。日本軍が住民を追い込んだ」

住民の自決場跡はきれいに整備され、保存されている。近くには日中戦争以来の戦没者を慰霊する白玉之塔があり、ここにも368柱が祀られている。

渡嘉敷島の「集団自決場跡」で吉川さんから証言を聞く学生たち

吉川さんは冠婚葬祭で親族が集まった時、戦争当時の話を聞き取り、自分の記憶と照合しながら、事実をなるべく正確に記録するよう努めてきた。自身はその時6歳であっても、話の説得力があるのは、そのためである。

「戦後、自決した島の人たちを『殉国死』『崇高な死』『家族愛の死』などと美化する人たちもいたが、そんなものじゃない。日本軍によって強制された無残な死です」

また吉川さんたちは、渡嘉敷にいた朝鮮人「慰安婦」の慰霊碑（「アリラン慰霊のモニュメント」）も建立している。1997年のことである。渡嘉敷には7人の朝鮮人「慰安婦」がいたとされ、そのうち4人が非業の死を遂げている。彼女たちの出身地、姓名など、正確な記録は残されていないが、ハルエ、カツコ、キクマル、スズラン、ミツコ、アキコなどと日本名で呼ばれ、吉川さんの叔父の家で暮らしていたのだという。

渡嘉敷には「渡嘉敷ブルー」と呼ばれる透明度の高いきれいな海があり、2014年、国立公園に指定された。島にやって来る観光客の多くは戦跡には興味を示さない。

それでも、吉川さんは、体験者としての証言を続け、日本軍の関与した「強制集団死」は、「国家による犯罪」として歴史に刻まれることになる。

3日目は、午前中、名護市にある国立療養所「沖縄愛楽園」を訪れる。元ハンセン病の患者たちの収容施設である。全国13の療養所のうち、沖縄には名護

退所者からハンセン病患者への差別の歴史を学ぶ（沖縄愛楽園）

市と宮古島に2カ所の療養所がある。沖縄でもハンセン病の患者たちは、激しい迫害、差別を受け、基本的人権そのものを否定、剥奪されてきた。

　日本（本土）と沖縄という構図の中では、日本は「差別する側」であり、沖縄は「差別される側」にある。ハンセン病の歴史はその認識に揺さぶりをかける。ハンセン病をめぐる状況は、「差別される側」の中にある差別、つまり差別の重層性、多層性を表している。沖縄の「美質」として知られるユイマール（共同体の中の相互扶助の制度）も、ハンセン病に関しては、排除の論理として機能した。療養所の建設には周辺地域の子どもからお年寄りまで、地域ぐるみで反対運動が起きたのだという。

　案内の平良仁雄さんは9歳の時、久米島からこの施設へ収容されていた。親から引き離され、長らく社会から隔離された人生を送ってきた。今は施設を退所して、那覇で暮らしている。退所者として自分の体験を語り始めた数少ない元患者である。

　「らい予防法はハンセン病になった者を殺すため、死んでもらうための法律だった。患者は人間の形はしていても、人間として認められておらず、夢も希望も、人格まで徹底的に奪われていた」

　平良さんは非人間的な隔離政策を行った国家へ激しい怒りをぶつける。ここでも国家の論理はハンセン病患者たちを容赦なく切り捨ててきた。国家の非情さに言葉を失う。

　午後は普天間基地の移設先とされる名護市辺野古に行く。辺野古のそばには米海兵隊の基地キャンプ・シュワブがあり、日本政府は基地の前の海を埋め立て、新しい基地を建設しようとしている。現地では反対派の市民たちが基地のゲート前に座り込み、海辺に設けられたテントには基地建設のための環境アセ

フェンスの向こう側は米軍基地（辺野古）

スメント調査を阻止しようとする人々が集まっていた。あるお年寄りの言葉が耳に残っている。

「私たちはこの豊かな海で生活を営んできた。国はその海を埋め立て、基地をつくろうとしている。子や孫たちに美しい自然を残すのか、人殺しのための基地を残すのか」

長い闘争は地域を分裂させてしまった。辺野古の漁協に属する漁民たちの8割は、補償をもらうことで「賛成派」となり、「反対派」住民たちとの対立、確執の根は深い。アメとムチで住民を分断させる国のやり方は、原発誘致の自治体へのやり方と同じである。

研修の最終日4日目は、まず南風原陸軍病院壕へ。沖縄戦の中部戦線では苛烈な戦闘が展開され、日米軍双方とも多くの死傷者を出した。負傷した日本兵たちは暗くて狭い壕の中で治療を受けていた。ひめゆり学徒たちの動員された場所でもある。やがて米軍の猛攻に耐えられず、日本軍は南部への撤退を決意するが、その時、動けない者には青酸カリ入の練乳を飲ませ、殺害したという。

午後は嘉手納基地に隣接する嘉手納町中央区の知名勇区長から地域住民の声を聞いた。嘉手納基地は世界中に展開する米軍基地の中でも、もっとも広大な空軍基地として知られている。

毎年、学生たちを連れて基地の中へ入り、空軍の広報担当官と会見するのだが、今回は軍務多忙のため、キャンセルとなった。基地の中は米国であり、郵便物も「米国カリフォルニア州沖縄嘉手納基地……」で配達されている。日本の法律は及ばない。米兵犯罪などの対応は日米地位協定で定められているが、犯罪を犯した米兵たちは基地内に逃げ込み、日本の警察当局の手をすり抜けることも多い。

知名さんの自宅は嘉手納基地の滑走路から道路一本隔てた場所にある。

「夜中に低空飛行の爆音が聞こえると怖いね……。もし落ちてきたらと考えると眠れない夜もある」

嘉手納町の83％は基地用地となっているため、住民たちは狭い地域に密集して暮らしている。また嘉手納町には基地のゲートがないため、米軍兵士たちとの交流などもない、という。基地内に土地を持つ軍用地主たちの中には、年間数百万、数千万円の賃貸料をもらう者もいるが、ほとんどの住民たちにとって基地は何も生み出していない。

「基地があっていいことはひとつもない。もう慣れてしまったけどね……」

いくら基地撤去の声をあげても、基地は１ミリも減らない。住民たちの訴えは政府には届かず、押しつけられた矛盾とゆがみの中で、住民たちの苦しみは続いている。憲法で保障された基本的人権すら、沖縄ではないがしろにされてきた。米軍基地を抱えた沖縄の現実は、日本国憲法の枠外に置かれた沖縄の姿を浮き彫りにしている。

(3) 研修の感想文

学生たちはこのような現実に触れ、多くのことを学ぶ。彼らの感想文の中にも、政治や歴史と向き合う新しい視点の芽生えを読み取ることができる。

※沖縄って何なのだろう。研修前と後とでは、沖縄に関する認識は180度変わった。沖縄は琉球王国という違う国だったとの認識は薄く、日本は単一民族国家で民族的マイノリティはいないという、そんな甘い認識だった。だから、しまくとぅば（島言葉）で記事を書く沖縄タイムスの謝花さんの怒りの感情のこもった話は強烈だった。徴兵や言語統制、捨て石作戦、講和条約締結後の米

国統治など、数々の差別的な扱いを受けてきたにもかかわらず、今も苦しむ基地問題は紛れもなく国家が沖縄に残した傷跡だ。(H・A)

※「無関心が最大の差別、偏見なのです」。沖縄研修でうすうす感じつつ少し耳が痛いと思っていたことを平良さんはずばりとおっしゃっていた。ハンセン病についてニュースで少し聞いたことはあった。しかし、それを自ら調べようとしなかった自分を恥ずかしく思った。平良さんが愛楽園で自殺した方について話し、「こんなに素晴らしい世界が来るんだったら、辛抱すべきだった」とおっしゃっていたのが胸に迫ってきた。(A・T)

※事象には必ず因果関係が存在する、沖縄においても戦前、戦時、戦後の中のそれぞれの事象・問題は綿密に絡んでおり、連続性を有していることを実感した。歴史を学ぶ際、それぞれ単独の事象を「点」として認識するのではなく、それぞれを「線」で結ぶことが大切だと感じた。(S・F)

※沖縄に実際に赴き、朝鮮人軍夫やハンセン病患者たちの取材を続ける記者たちに出会い、はっとした。朝鮮人やハンセン病患者たちは、本土と沖縄という二項対立の構図からは欠落した存在だ。歴史が語られる中で、必ずそこには抜け落ちた人々がいるということを沖縄の記者の方々に教えていただいた気がした。(N・K)

4　ホームレス研修

ヒューマン・ライツ教育の現場は私たちのすぐそばにもある。暮らしの中で目にしながらも、「私たちとは違う世界の出来事」として、意識の外に置いてきた社会事象に向き合う機会をつくることも、大切な学びの場となる。

例えば、ホームレスの人たちとの出会いは学生たちの固定化されたイメージを根底から覆す。街中で日常的に目にしていても、ホームレスの人たちと直接触れ合う機会はほとんどないため、巷で流布されているような「人生の落後者」的な見方をしている学生も少なくない。彼らは「成功者」と「失敗者」、「勝ち組」と「負け組」的な視点で、人間を分類することに疑問を感じていない。これは危うい。

ホームレスの人たちの生活の場へ足を運び、きちんと話を聞きながら、自分

佐藤さんの話に熱心に耳を傾ける学生たち

の思い込みと考え方を自ら点検する機会を持つため、毎年、東京都・多摩川の河川敷を訪れる。多摩川の河川敷には今も600人以上のホームレスの人たちが生活している。

　Yは私のゼミ生の中でももっとも行動的な学生の1人で、多摩川の河川敷で暮らすホームレスの佐藤晋治さん（71歳）の「家」に泊めてもらった。Yは夜を徹して佐藤さんの人生の物語を聞いた。そのことは「自己責任論」から、人を簡単に切り捨てる競争社会の構造的な問題へ目を向けるきっかけとなった。
　「ホームレスになったのは、自分の責任で、努力の足りなかった人たちだ、と思っていた。でも佐藤さんと出会い、考えはまったく変わった。佐藤さんはぼくたちよりももっと真面目にコツコツと働き、頑張ってきた人だと知った」
　今まで路上で寝ているホームレスの人たちを人間としてではなく、風景の一部として見てきた自分の「傲慢さ」にも気がついたという。
　多摩川の河川敷には多くの犬や猫が捨てられる。佐藤さんは空き缶を売って手にしたわずかな金でペットフードを買い、10数匹の捨てられた犬猫の世話をしている。「この犬や猫は命よりも大切な仲間です」という佐藤さんは、帰りの電車の中で見る疲れ切った乗客たちより、はるかに優しくて人間らしい。
　この研修では事前学習として、ドキュメンタリー映画を準備している。飯田基晴監督の「あしがらさん」という映画（2002年公開・73分）で、新宿駅西口で

ホームレス生活を送る「あしがらさん」と呼ばれる男性を3年以上にわたって、撮影、記録したものである。誰とも言葉を交わさず、20年以上も路上で生きてきた初老のホームレスが、飯田監督と触れ合う中で、だんだんと心を開き、柔らかな気持ちを取り戻していく。ホームレス「問題」としてではなく、ホームレスの人たちにも1人ひとりに名前があり、かけがいのない人生があることに気づいていく。多摩川研修は人間をモノとして打ち捨てていく競争社会の根源的な矛盾や構造について考える機会となっている。

このほかにも人権を違った角度から考える場所として、「貧困」の深刻化する秋田県での研修も行っている。秋田県では低所得の人たちが原告となり、税金の免除を求める減免裁判を起こしている。原告たちは数十年もコメをつくってきた農家や樺細工で知られる伝統工芸品の職人、町の仕立屋や小さな商店主など。貧困はこのような地域社会を支えてきた人たちの生活を脅かし始めた。生活保護一歩手前まで追い詰められた人たちの急増ぶりは、地域社会の崩壊を予兆させるものである。2006年に放送されたNHKスペシャル「ワーキングプアー」はそのような地方の貧困の危機的な実情を訴え、変質する日本社会に対して鋭い警告を発していた。この番組以降、新聞やテレビには、餓死、生活保護、ネットカフェ難民、女性や子どもの貧困、貧困の連鎖、孤独死、無縁社会など、日本社会の劣化を表す言葉があふれ始めた。グローバル化や市場原理主義を是とする時代の中で、地方の活力は失われ、いま目を覆うばかりの惨憺たる情景が広がっている。

そもそも、なぜ真面目にコツコツ働いている人たちが生活できないような社会になってしまったのだろうか。部落解放運動に取り組んできたある活動家は、「人権とは人間が輝くような生活をすることである」(東上高志)と喝破したが、地域社会の貧困は確実に人々から希望と夢を奪い、その生活を蝕みつつある。東京ではなかなか見えない、貧困の実態はやはり地方へ足を運ぶことでしか見えてこない。

5 国外研修

国外の「現場」としてはおもに中国、韓国を選んでいる。戦争や植民地支配

の歴史から、日本という国のあり方と未来を考察するという意図である。人権の観点からも、人間の生命や営みを根底から破壊するものは国家の発動する戦争であり、人類にとって戦争はもっとも破滅的で致命的な損害をもたらす出来事となっている。最大の人権侵害というべき戦争の実態を見つめ、その再発を防いでいくことはいつの時代も最重要な課題の一つである。

　ただ、戦争を単なる歴史上の出来事として、学ぶだけでは意味がない。戦争を今に生きる私たちの現実的な課題として内面化することが求められる。そのためには、戦争の実態や悲惨さを訴えるだけでなく、過去から現在、そして未来へと平和を構想する論理を持たねばならない。

　私たちは誰しも「戦争のない平和な未来」を望む。そのような未来はどのようにしたら実現可能なのか。「平和な未来」は戦争が起きないようにする現在の努力の積み重ねの先にあり、現在と未来はつながっている。それでは戦争を起こさない現在の努力の方向性をどのように決めていったらいいのか。それは過去から学ぶしかない。戦争はなぜ起きたのか。その背景と原因を歴史から学ぶことで、過ちを繰り返さないための努力の方向性や手立てを探ることができる。

　日本の教育の現場では、日中戦争から太平洋戦争に至る戦争の歴史をきちんと教えておらず、学生たちは日本が起こした戦争についての基本的な知識をほとんど持っていない。「過去から学ぶ」努力はなされていない。日本の侵略戦争で犠牲となった人々の数を正確に知っている学生はきわめて稀である。受験勉強では現代史は無視されているようだ。数年前、研修で訪れた中国・南京で、現地の学生から「日本の学生は戦争のことをほとんど知らないので、議論にならない」と怒りをぶつけられたことがある。まず、戦争の歴史を学ばねばならない。

　戦争に関しては、日本人の戦争の記憶のあり方にも大きな問題がある。多くの日本人にとって、戦争の記憶は被害者としてのものであり、加害の記憶はすっぽりと抜け落ちている。空襲や原爆、食料不足で困窮した生活の記憶などは様々な場所で語られることはあっても、中国やアジア、太平洋地域で行ってきた加害行為は語られもせず、それらの「負」の記憶は継承されていない。また侵略を受けたアジア、太平洋地域から見た戦争のイメージと日本人自身の抱

南京大虐殺の生存者から証言を聞く（南京郊外の村）

く戦争のイメージとの間に大きな隔たりあることを認識している者は少ない。中韓などから批判される「歴史認識のゆがみ」は日本人の戦争の記憶のあり方に起因していると思える。

　戦争の歴史を学び、戦争観を検証、是正するためには、かつて戦争の行われた現場へ行き、当事者の声に耳を傾けることがもっとも効果的である。

　もう70数年前の出来事とはいえ、現地ではまだ当時の体験を語る人たちも存在する。中国研修では時間をかけて丹念に現場を回り、日本の加害の事実を確認していく。多くの中国の人々に犠牲を強いた戦争の歴史的事実を受けとめ、侵略戦争を遂行した日本という国のあり方を議論するのである。

　研修では、日中全面戦争の舞台となった南京、揚州、上海、北京、河北省をはじめ、旧満州国として統治された吉林省、遼寧省、黒竜江省などを訪れる。学生たちには初めて知る戦争の不条理な実態であり、傷跡である。目をそむけたくなるような日本軍の残虐な行為も歴史的事実として直視せねばならない。

　第二次世界大戦の同じ敗戦国ドイツでは戦後、徹底的にナチスの戦争犯罪を追求してきた。ドイツ人自らの手で戦争犯罪を裁く努力を続けている。そのことによって初めて、過去を精算して未来へ進むことができる。ナチスドイツの敗北から40年目、当時のヴァイツゼッカー大統領（西ドイツ）は、「過去に目を閉ざす者は現在にも目をつぶることになる」と語った。日本ではむしろ、過去

劣悪な環境で暮らす出稼ぎ労働者の家族（上海）

の戦争、植民地支配を正当化するような言動が目につく。

平和な未来を構想するには、歴史的事実を踏まえながら、過去をきちんと振り返り、そこから教訓を引き出すしかない。

韓国研修の内容、目的も同様である。35年に及ぶ植民地支配の中でどのような人権侵害が起きていたのか。植民地時代の政治犯を収容した監獄跡や元「慰安婦」たちの生活するナヌムの家を訪れたり、朝鮮人被爆者、朝鮮人元日本兵たちの話を伺う。学生たちにはいずれも初めて耳にする事実ばかりである。

6　現場研修の留意点

最後にヒューマン・ライツ教育の現場研修を行う上での立ち位置について私見を述べたい。

学生たちには次の点に留意するよう伝えている。

歴史認識について韓国の学生たちと議論を交わす（ソウル・延世大学）

Ⅲ-1 ヒューマン・ライツ教育における「現場」の意味　107

元「慰安婦」の女性たち（最前列）との記念撮影（韓国・ナヌムの家）

　①歴史的文脈で理解すること、②事実から出発すること、③論理的、合理的に考えること、④少数者の視点に留意すること
　殊に少数者の視点を忘れてはいけない。人権を侵害するのは多くの場合、権力を持つ側、多数者であり、侵害されるのは少数者である。少数者の側に立つことで、この社会の矛盾や不正義のあり様を明確に認識できる。
　私たちの世界では様々な形で人権侵害が起きている。その現場で求められるのは、「他者の痛みを感じる心（感受性・想像力）」であり、行動の原点には矛盾を生み出している社会への「怒り」と不条理を押し付けられながらも懸命に生きている人たちへの「共感」がなければならない。
　そのような「怒り」と「共感」を内面化する場所としての「現場」は、決定的に重要な意味を持つ。現場研修がヒューマン・ライツ教育の核心的部分であると思うゆえんである。

Ⅲ-2　ヒューマン・ライツ教育における「体験」の意味
——社会的「接点」としての大学と「協働的表現活動」

坂上　香

はじめに

　米国の法学者マーサ・ミノウは、平和の構築には、人々の「差異」が差別や排除を生むことのない価値観を育む必要があるとし、他者との共存を念頭に置いた教育を提唱している。その中で、体験と記憶について次のように述べている。

　思春期および成人初期に体験したことが、人の人生のなかで最も鮮明かつ恒久的な記憶として残るということ、そして、記憶の様相というものは、人が現在に関連づけて理解したストーリーに、大きく左右されるということが、記憶に関する研究から明らかになっている[1]。

　ミノウはまた、人権が漠然とし過ぎてしまうことや、現実感の伴わない理想論に陥りがちであること、そして、それらが若者たちにとって人権をさらに遠いところに押しやってしまっている現状を指摘する。言い換えると、教育において大学時代の体験ほど重要なものはなく、人権をめぐる課題は、「いまここ」の若者たちに、どれだけリアリティをもって迫ることができるかにかかっているといえる。

　筆者は2012年までの9年間、大学の専任教員としてメディア教育に従事して

---

1) M. Minow, Education for Coexistence, Antonia Chayes & Martha Minow, *Imagine Coexistence*, Jossey Bass, 2003, pp. 213-234. ミノウはこのなかで「共存のための教育（education for coexistence）」を提唱し、その要素として次の5つを掲げている。紛争解決、異なる集団間の接触、ヒューマン・ライツ、モラルに基づいた思考、歴史的比較および自省。

110　Ⅲ　ヒューマン・ライツ教育の諸課題

いた。そこで力を入れていたのが、「協働的表現活動」[2]という体験型の学び
である。大学のプロジェクト／カリキュラムを通して、大学内外で多様な表現
に触れ、他者と出会い、表現活動を媒介にして対話し、双方向的に学び合うこ
とを目指した。

　この活動において学びの主体は、大学生であると同時に、「社会的排除を受
けた人々（socially excluded people）」である。彼／彼女たちの多くは、暴力とい
う理不尽な目に遭いながらも「問題」扱いされてきている。政治思想家の斎藤
純一の表現を借りるなら、「自らの『生き方（way of life）』が受け容れられてい
ないのではないかという非―承認の感覚」を抱いている人々であり、「公共の
表現への回路を実質的に閉ざされた」人々である[3]。

　筆者は、この協働的表現活動をメディア教育として展開してきたのだったが、
学生たちが社会的排除を受けた他者とともに表現活動を行うということは、承
認や尊厳回復をめぐって具体的に考えることであり、人権をめぐる課題に直接
向き合うことでもあるから、広い意味での人権教育[4]にもあたると考える。

　しかしなぜ、法学部の授業で表現活動なのか、なぜ他者との協働なのかと問
われるだろう。しかも、本稿で紹介する二つのプロジェクトは、発展半ばにし
て大学が手を引いてしまったから[5]、新しい場の開拓から再開せねばならな
い。

　それでも、あえてここで「協働的表現活動」を持ち出すことにしたのは、
Ⅱ-1で紹介されているように青山学院大学がヒューマン・ライツ教育を、"人

---

2)　文部科学省による「大学教育・学生支援推進事業【テーマＡ】。大学教育推進プログラム
「協働」によるメディア教育の展開」（平成21年度〜平成23年度）を受けて津田塾大学が行っ
た事業で、その運営と外部との接点のためにソーシャル・メディア・センターを大学内に立
ち上げた。詳しい活動の内容は、次を参照。津田塾大学ソーシャル・メディア・センター
『つながるための〈しくみ〉をいかに作るか？――協働的表現（メディア）の実践とその可能
性をめぐって』2012年。

3)　斎藤純一「現れの消去――憎悪表現とフィルタリング」斎藤純一・藤野寛編『表現の〈リ
ミット〉』ナカニシヤ出版、2005年、4 -27頁。

4)　日本では2000年に「人権教育及び人権啓発の推進に関する法律」が成立し、2002年には同
法の7条に基づき「人権教育・啓発に関する基本計画」も策定されている。「基本計画」の中
では「高等教育については、大学等の主体的判断により、法学教育など様々な分野において、
人権教育に関する取組に一層配慮がなされるように促していく」（14頁）とされている。

5)　予算の終了とともに事業の大幅縮小が求められ、事実上、大学での活動が不可能になった。
しかし、そこで行っていた事業のいくつかは、現在も外部で継続している。

権をめぐる課題を幅広く学ぶことで、鋭い人権感覚と法的素養を育もうとする
教育" と位置づけているところにある。一見何の関連性も見えない「協働的表
現活動」が、ヒューマン・ライツ教育に入り込む余地を感じるからである。

　本稿では、「協働的表現活動」に至るまでの経緯から二つの実践例を紹介し
ようと思う。

1　「他者」と出会う体験と大学

(1)　他者と出会うニーズ

　近年、SNS などに見られるメディアの急速な発達によって、瞬時にして大
量の情報や人にアクセスし、常時接続することが可能になった。しかし、接続
先は似たような生育環境で、同じような価値観を持った、同じようなライフス
タイルの、同じ社会的立場である傾向が強い。

　出会いという点で考えると、実は、高度化したメディアはその幅を広げるの
ではなく、狭めさえすることが指摘されている。あらかじめフィルタリング
(情報のふるい分け) がなされ、その結果として異なる意見が排除され、集団極
性化 (group polarization)[6] やつながりの格差[7] が生じていると指摘されている。

　そもそも出会うということは、「異質な他者」に触れて揺れることである。
強い感情に揺さぶられたり、戸惑ったり、反発を感じたり、たじろいだりする
ことであり、その揺れ自体に、対話や変化の可能性が秘められている。

　しかし、先にあげた同一性の強いつながりのなかでは、こうした揺れ自体が
起こりにくく、他者への無関心を維持する。それは、人権感覚を鈍らせる。な
ぜなら、他者に起こっている問題に対して、知らずに済ませられるからだ。知
らないということは問題がないに等しい。

　だからこそ、他者との出会いは必要なのである。司法の道に進む学生はもち
ろんだが、そうでなくとも、人間らしい感覚を持つことは誰にでも求められて
いる。しかも一昔前のように、社会運動が身近だった時代とは異なる。とすれ

---

　6)　キャス・サンスティーン、石川幸憲訳『インターネットは民主主義の敵か』毎日新聞社、
　　2003年。
　7)　土井隆義『つながりを煽られる子どもたち　ネット依存といじめ問題を考える』岩波書店、
　　2014年。

ば、学生が無関係と思っている他者との出会いは、意図的につくるほかない。大学という場が、その接点になることは可能だろうか？　そのためには、どのような工夫が必要なのか。本稿で紹介する事例は、こうした問題意識から出発している。

　まずは筆者の学生時代の体験から始めようと思う。

(2)　学生時代と出会い

　筆者は25年余りの間、ドキュメンタリー映像の制作を通して、暴力の被害・加害（尊厳を踏みにじられた側と踏みにじった側）の関係性を考え、脱暴力のアプローチを探ってきた[8]。その制作の原点を問われれば、迷わず学生時代の旅と出会いをあげる。高校卒業と同時に米国に留学し、学部時代から大学院にかけて世界を旅し、国や文化、生育環境、体験などが大きく異なる他者に数多く出会えたことが、今までの仕事や考え方につながっていることは間違いない。

　国際関係学を専攻した学部時代、新聞で拷問被害者の記事を読み、国際人権擁護団体のアムネスティ・インターナショナルの活動を知った。そして、留学先の大学にキャンパスグループを立ち上げた。人権侵害に心を痛めるだけではなく、ささやかではあっても1人の学生にもできることがあると思えたからだ。

　南米に旅するようになったのも同じ頃で、アムネスティと名乗るだけで自然とヒューマン・ライツの現場に誘われていった。例えば短期留学で滞在したコロンビアのメデジンでは、度重なる脅迫にも臆する事なく人権侵害に声をあげる弁護士と出会った。数カ月後、彼が暗殺されたことをアムネスティの機関誌で知った。修士課程のフィールドワークで訪れたチリのサンチアゴでは、年輩の女性たちが街路でクエカという民族舞踊を踊りながら、政府に抗議をしていた。民主化された翌年のことである。彼女たちは、独裁政権下で家族を誘拐されたり殺されたりした母親や妻であり、1人で踊ることによってダンスの相手が不在である（＝調査の継続を求める）ということを強調していた。また、現地で知り合った人権活動家に連れられて刑務所へ行くと、彼女の兄が政治犯として収容されていた。調査先のスラム街（貧困地区）では、拷問や性暴力を生き

8）『Lifers ライファーズ　終身刑を超えて』（坂上香監督、out of frame 製作、2004年）、『トークバック　沈黙を破る女たち』（坂上香監督、out of frame 製作、2014年）など。

延びたサバイバーや、女性の自立支援を行う NGO 職員たちが人権侵害の様子をアルピジェラ（アップリケ）に縫いつけながら、各々の体験談を聞かせてくれた。その一人に連れていかれた大学のキャンパスでは、当時の筆者と同年代の学生たちが集い、先住民族への弾圧を演劇で表現していた。

今思えば、20歳そこそこの筆者に皆よくつきあってくれたものだ。しかも、彼／彼女らとの出会いは筆者には衝撃的過ぎて、言葉を失って立ち尽くすことが多かった。調査先では、貧困地域の取材対象者から、経済的に豊かな国から来た調査者である筆者のほうが励まされた。実は筆者自身、中学時代に集団暴行にあうなど暴力の被害当事者でもあったが（そして長年そのことに囚われ続けていたのだが）[9]、苦しい思いをしているのが自分だけではないこと、問題に対して諦めてしまわずに声をあげる重要性、他者に伝えるには工夫が必要であること、課題への向き合い方は多様であること、問題解決には当事者も主体的に参加する必要があることなどを、数々の出会いから教えられてきたのだった。

(3)　自らの加害性に向き合う

他者との出会いは、違いを理解し、受け入れ、共通点を見出す難しさをも突きつけてくる。そして、自らの偏見や加害性にも容赦なく直面させる。そのプロセスは時として激しい動揺や葛藤を伴い、時間がかかり、個人差がある。書物を読むだけではなかなかわからない。

その一例を紹介したい。大学時代の友人の 1 人は、自分がレズビアンであることを何年も筆者に打明けられずにいた。筆者自身、知識レベルではセクシャルマイノリティについては理解しているつもりだった。しかし実際には、筆者の何げない言動が彼女を疎外し、沈黙させていたのだった。そのことを彼女自身と語り合えるようになったのは、知り合ってから 5 年も経ってからのことだ。その間筆者は様々な場で LGBT[10] の人々と出会っていくことで、筆者自身の偏見に気づかされていったのである。

9）　坂上香「普通の子どもという呪縛から解き放たれるために」佐伯胖ほか編集『岩波講座　現代の教育：危機と改革　第 0 巻　教育への告発』岩波書店、1998年。

10）　性的少数者を意味する用語。L（レズビアン、女性同性愛者）、G（ゲイ、男性同性愛者）、B（バイセクシュアル、両性愛者）、T（トランスジェンダー、法的・生物学的・社会的性別とは一致しない生き方を選ぶ人のことで、性同一性障害も含む）の総称。

114　Ⅲ　ヒューマン・ライツ教育の諸課題

　こうした偏見や差別の問題のほかにも、貧困、植民地主義、戦争、戦後処理、家父長制などの構造的暴力において、「悪意なき加害」の立場に立ってしまうことはありうる。誰もが人権侵害の被害者にも、加害者にもなりうるという流動的な世界に身を置いている。しかし、自らの加害性に向き合うのはきつい。否定や反発の気持ちも生まれる。しかも、問題に気づいたからといって簡単に解決するわけではない。にもかかわらず、考え続けていかねばならないのは、私たちは他者と共存・共生していかねばならないからだ。

2　「接点」としての大学 1 ——学内に接点をつくる

(1)　誰との「接点」なのか？

　近年、日本の大学は競うようにして「開かれた大学」「地域に根ざした大学」を謳うようになっている。米国で1960年代に始まった「サービス・ラーニング（service learning）」に着目し、「大学での学習と社会へのサービス活動を結びつけた体験的・社会貢献的な教育」[11]を大学の特色に掲げる大学も出てきた。

　しかし、その大半が、地域住民に向けた公開講座の開講や、町おこし的な地域活性化イベントの開催、そのためのボランティア活動などにとどまっている。体験学習の学ぶ主体はあくまでも学生であり、それ以外は「お客さま」や「おまけ」扱いで、上辺だけの地域交流という感が否めない。

　一方英米には、社会的排除を受けがちなコミュニティを「パートナー」として迎え入れ、彼らとの協働の接点として機能している大学が少なくない。その対象は、貧困世帯、人種的マイノリティ、障がい者、精神的疾患を持つ人々、暴力の被害者、矯正施設の被収容者等と幅広い。それは、学ぶ機会を奪われてきた他者との協働を、大学教育の一環、もしくは責務と大学側がとらえているからだ[12]。協働から臨床的知を得て、研究、社会行動、CSR（企業の社会的責任）、フィランソロフィー等につなげ、社会の中でその経験が循環していくという慣習が英米社会で成り立っているように見えるのは、大学の姿勢にあるの

---

11)　河井亨・木村充「サービス・ラーニングにおけるリフレクションとラーニング・ブリッジングの役割：立命館大学『地域活性化ボランティア』調査を通じて」日本教育工学学論文誌、36(4)、2013年、419-428頁。

12)　加藤周一・ノーマ・フィールド・徐京植『教養の再生のために』影書房、2005年。

ではないかと思う。

(2)　ミシガン大学——受刑者との協働

その一例を紹介する。米国のミシガン大学は州立の総合大学であり、「刑務所クリエイティブ・アート・プロジェクト（The Prison Creative Arts Project、以下PCAP）」と名づけられた革新的なセンターが存在する。1990年、同大学の学生が文学部の教授バズ・アレキサンダーに、女子刑務所での授業依頼をしたことが発端となっている。彼はその10年程前から English 319という講義を担当し、社会正義を目的とした、実験的なビデオや戯曲を創作する実践的な授業を行っていた。その履修生であり、受刑者支援を行うボランティアでもあった学生が受刑者に伝えたところ、履修の関心を示したのだった。その話を聞いた教授は当時の学部長を説得し、学生を引き連れて、2人の終身刑受刑者のためにFlorence Crane Women's Facility で授業を始めたのである[13]。

PCAP では、学問を「パブリックな知（public scholarship）」ととらえ、一定の専門領域に囲い込む教育のあり方に反対の姿勢を貫いている[14]。そして、アートは個人および社会の成長、つながり、そして生き延びるために不可欠だとし、アート活動を通して、犯罪者や非行少年、そして彼らを抱えるコミュニティ全体の変容を目指してきた。

その手法は「協働的表現活動（collaborative art）」と呼ばれるもので、活動に関わるすべての参加者が、コミュニティ（社会）の変容という共通の目的のために、対等な立場で関わることを期待される。PCAP における受刑者や非行少年らは、お客様でもおまけでもなく、学ぶ主体である。大学生や教員たちと対等な「パートナー」であり「クラスメート」である。

特筆すべきは、活動のダイナミズムだ。例えば、PCAP は設立当初から文学部と提携し、一部の授業を州内の矯正施設で開講している。一般履修生たちは毎週刑務所や少年院に通い、被収容者と一緒に刑務所内で文学や美術を学ぶ。20年の間に24の刑務所と6の少年院で授業やワークショップを行い、500を超

13）　B. Alexander, *Is William Martinez Not Our Brother? : Twenty Years of the Prison Creative Arts Project*, The University of Michigan Press and the University of Michigan Library, 2010.

14）　Ibid., pp. 4 - 5 .

写真1　PCAPのアート展示会場はミシガン大学内のアートギャラリー。15周年記念で行われた元受刑者と市民が語り合うトークセッション。

える戯曲と100を超えるアンソロジーを生み出している[15]。作品は、年に1回冊子の形で出版され一般の目に触れる。アート作品は毎年アート展として大学のギャラリーで公開され、毎年数千人単位の来客が訪れる。会期中にはトークセッションが開催され、授業を受講した経験のある元受刑者や卒業生らが体験談を語る。来訪者のコメントは「記帳ノート」の形で州内の刑務所を巡回し、作り手と鑑賞者の間で対話が起こる[16]。さらには、出所後の受刑者がアート活動を継続できるプログラムやネットワークもある。

筆者が参加した年はアート展の15周年記念で、卒業生や刑務所と関わるアート団体が全米各地から結集したのだが、PCAPの底力のようなものを感じさせられた。同時に、この活動がひとりの学生や教員といった個人のレベルからスタートしていること、関係者の並々ならぬコミットメント、試行錯誤の積み重ね、協働的表現の様々な形態などを改めて気づかせてくれる場でもあった[17]。

(3)　「メディア4Youth」の誕生

英米の「協働的表現活動」[18]に触れる中で刺激を受けた筆者は、日本での可能性を探った。その一つが「メディア4Youth（以下 M4Y）」だ。エンパワーメ

---

15)　http://www.lsa.umich.edu/pcap/whatwedo/affiliatedcourses
16)　筆者のコメントに対して受刑者から手紙が届き、書簡のやりとりをしたこともある。
17)　矯正施設が主体となって、アーチストや大学と提携したプログラムを行っている州もある。また、英国ロンドンに拠点を持つ劇団 Clean Break では、刑務所から出所した女性を対象に授業が行われており、大学の学位を得ることも可能である。
18)　M. Balfour, *Theater in Prison: Theory and Practice*, Intellect Ltd., 2004で海外の事例が紹介されている。

ントを目的とした子どもと若者向けの協働的表現活動で、筆者が代表を務める表現系の特定非営利活動法人 out of frame[19] が母体となり2008年に開始した。

エンパワーメントとは、本来人に備わっている能力が奪われている場合に、その能力を取り戻していくことを指す。自らがパワーを獲得するものであり、また獲得していくプロセスであり、誰かのために、もしくは誰かに付与するというものではない[20]。ただし、これは1人で行えるものではない。他者との関係の中で生まれるものであるから、リアリティの感じられる言葉や環境を周囲がどれだけ生み出すことができるかが重要なファクターとなる[21]。

実は、M4Y を開始する数年前から、国内の矯正施設を訪ね、協働の可能性を探っていた。しかし、どこも門前払い。そこで、出所者か彼らと近い状況にある社会内のコミュニティを対象にしようと発想の転換をした。そして、日本全国に拠点を持つ薬物依存症者の回復施設「ダルク」の一つである「ダルク女性ハウス」(以下、女性ハウス)に声をかけた。代表者と知り合いであり、ある程度の信頼関係が存在していたからである。

そこでは依存症である母親たちが、思春期の子どもたちへの対応に困っていた。子どもたちに直接会い、興味や関心を探ってみると、皆音楽と映像に興味を持っていた。その二つを使った何かをつくってみないかと提案した結果、月に1回集まって映像をつくろうということになった。それが M4Y の始まりである。

映像は表現の中でも子どもたちにとって親和性が高く、映像を専門とする筆者にとっても好都合だった。ただし、M4Y はプロの映像家を育てるためのトレーニングや、治療としてのアートセラピーではない。あくまでも参加者が、映像制作というプロセスを通して自分や他者の声に耳を傾け、その声をクリエイティブに伝えようとする活動であることなどを確認し合った。

それから、1年近くかかつて彼らは一つの作品を作成した。制作の過程では、撮影や編集を学んだり、音楽を選曲したり、ナレーションを書いたりといった技術面の習得と同時に、関心のあるもの、抵抗感や嫌悪感を感じること、家庭

---

19) http://outoffframe.org/
20) P. Lather, *Getting Smart: Feminist Research and Pedagogy with/in the Post Modern*, Routledge, 1991, p.18.
21) J. Rappapport, "The Power of Empowerment Language," *Social Policy*, 16. 1985, pp.15-21.

や学校での体験や気持ちなどについて語り合う機会を多く持つように心がけた。語ることを得意とはしない参加者がほとんどだったが、それでも、映像をつくるという目的があったため、菓子をつまみながら、リラックスした雰囲気の中で、アルバイト先でのトラブルなどから好きなミュージシャンの生い立ちと重なる自分の境遇についてまで、いろいろな話ができたと思う。

　ただし、各自が抱える問題を映像で直接表現するということはなかった。何よりも彼／彼女たちがそれを望んでいなかったからだ。むしろ、緊張感の連続である日常とは違う空間で、今風の表現をすれば、「ゆるい映像」をつくるのが彼らの希望だった。

　最初の作品は、参加者のペット（猫）が主人公で、彼の気持ちを猫が代弁するという、ドキュメンタリーとフィクションが合わさったユーモラスな短編映像だった。思春期にありがちな、親に対する反抗心や意外な将来の夢などが盛り込まれており、夏のキャンプの上映会では、150人近くの聴衆がドッと湧いた。アンコールの声もあがり、その場で3回も上映された。終了後にマイクを向けると皆恥ずかしがって逃げ回ったが、どこか嬉しそうでもあった。それまで見るだけの傍観者だった1人は、この後ナレーションを買って出るまでなった。時間をかけてつくった作品を人に見てもらい、肯定的に受け止められるという体験自体が、エンパワーメントだと実感させられる体験だった。

⑷　「ニーズあるコミュニティ」

　活動開始から1年半後、M4Yは津田塾大学に拠点を移した[22]。当時、筆者が中心になって運営していた同大学のメディア・スタディーズ・コース（以下、MSコース）では、メディア教育の新たな形をめぐって検討している最中だったから、実験的なこの取組みを始めることに対して拒否されることはなかった。

　2009年初夏、MSコースの一つの企画として行うところから始めた。そして、翌年からの2年間は文科省の助成を受け、全学を対象とした教育プログラムとして展開した[23]。その中で、協働の対象をより明確化する必要が出てきた。

22）　拠点にしていた筆者の自宅が手狭に感じられるようになったこと、勤務校は週末は教室が使われておらず、カメラやPC等の機材も十分あったこと、子どもたちに近い年齢の学生たちにもボランティアとして関わってもらいたいと思ったことなどがその理由だった。

写真2　M4Yの定例活動では、学生と社会人ボランティア複数と子どものチームを組み、子どもたちが安心して意見をいったり、表現できるような雰囲気を心がけている。写真を選んだり、アイディアを出すのは子ども。

写真3　M4Yは毎年都心のギャラリーや大学で、写真展や上映会等の公開イベントを開催し、一般市民との対話の場を持ってきた。

　マイノリティや社会的弱者といったタームが持つ「自分たちとは違う誰か」という固定的な見方への違和感から、より広く、親近感を持てる用語をと考えた。そこで行き着いたのが「ニーズあるコミュニティ（community in need）」だった。

　そもそも people in need という概念は欧米で流通していた。しかし、その場合の in need は「障害」を意味する。M4Yでは、in need を「何らかの社会的支援の必要性（ニーズ）がある」と置き換えた。社会的支援は、誰もがその受益者となりうる。ケガ、病気、高齢化などは誰もが経験することで、誰もが社会的支援を必要とする。例えば協働の対象者はDVを受けてシェルターに身を寄せているかもしれないし、依存症の女性は生活保護を受けているかもしれない。しかし状況によっては、私たちだっていつ社会的支援が必要になるかわからない。もちろん心身の障害もそこに含まれるが、「支援のニーズ」ととらえ直すと、よりいっそう対象者と私たちの距離が縮まる。そう名づけることで、助ける人／助けられる人というヒエラルキーから自由になるのではないかと思ったのだ。

23）M4Yは「大学教育・学生支援推進事業【テーマA】の六つの取組みの一つ取組1：「ニーズあるコミュニティ」との協働プロジェクトの推進と位置づけられ、その目的は次のように明記された。「様々なニーズを持つコミュニティ（DV被害者家庭の子供や薬物依存症更生施設で生活する親子、不登校・ひきこもり・非行の中学生など）との協働プロジェクトを推進する。学内外で活動を展開し、映像・写真制作や講演会、ワークショップを企画し学生と参加者と『協働』して実施する。」

2010年以降、M4Yの運営は、筆者が代表を務めるNPOと、前掲の文科省からの助成よって大学内に新設された「ソーシャル・メディア・センター（Center for Media, Culture, and Collaborative Learning、以下センター）」が協働であたることになった。常時10名前後の大学生がボランティアとして関わるようにもなった。参加者は、以前から参加していた女性ハウスに、「サバイバルネット・ライフ」（栃木県小山市で活動するDV被害者の支援団体、以下ライフ）、「杉並中三勉強会」（東京都杉並区で活動する中高生の居場所、以下中三勉強会）などの女性たちや子どもたちが加わった。活動当初は子どもたちを対象にしていたが、次第に同行者の大人たちも参加するようになり、子どもと女性という対象枠に変更したのだった。また、身体を使ったパフォーマンスやクラフトや詩など、表現の幅を広げるために、多ジャンルのアーチストに参加してもらうことにした。その選択や仲介をしてもらうために、アートマネージャーにも加わってもらった。こうして月1回の活動は、多いときで60人を超えるまでに拡大し、活気づいた。

(5) メディアを介した関係性

協働団体は、それぞれの趣旨や活動内容も、社会からの受け止められ方も全く別である。ある司法関係者からは「薬物依存症者や非行少年とDVの被害者が協働するということは、社会的逸脱者と被害者が活動をともにしているということ。私たちには思いもつかないこと」といわれた。たしかに、この活動がなければ、互いに出会わなかったであろう顔ぶれだ。

そのため、異なるコミュニティ同士がつながるためには、「しかけ」が必要だ。図1が示すように、参加者と参加者の間にはカメラや編集といった機材や行為、アーチストという表現者の存在、そしてスタッフや学生/社会人ボランティアなどのサポーターが存在する。それぞれが、互いのコミュニティをつなぐメディア（媒介）の役割を果たす。その三者が有機的に絡まり合うことによって、各コミュニティをつなげ合う。このメディアとしての三者の役割こそが、普段はつながり合う機会のない、他者同士をつなぐことを可能にし、違いや生きづらさをも超越する瞬間を生み出しているのだと思う。

各団体に、信頼できる担当者が存在していることも不可欠だ。活動は、各団体の様子を見ながら行わなくてはならないからだ。参加者の大半が精神的に不

図1　M4Yにおける「メディア」を介した関係性[24]

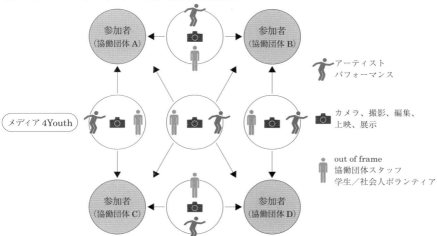

安定で、体調が悪い。急に休んだり、突然現れたり、遅刻、早退、長時間の休憩、短時間集中、何もしないでそこに居るだけ、と何でもありだ。それによって活動の一貫性や質を担保できなくなるが、そこにこだわらない活動のあり方を模索していくことにした。

　その模索こそが、表現の規範（芸術か否か、良いか悪いか、正統派か否かを決める善悪美醜の概念）を崩していくことでもあり、教育や表現を生業にしている「専門家」にとってはこれこそが難しい。実はそれ自体が関係者に求められていることでもあると気づかされたきっかけは、参加者の発言だった。それまで表現することを「コワイ」と感じてきたが、ここでは安心して表現できるという。所属団体に関係なく、すべてのコミュニティから聞こえてきた声である。そして何よりも、無意識のうちに筆者や運営スタッフが規範にがんじがらめになっていたことに目を向けさせてくれたのは、参加者たちの様子や作品だった。

24）坂上香「プロローグ　人をつなぐ〈しかけ〉としての協働的表現（メディア）：その拠点としての大学の可能性を探る」津田塾大学ソーシャル・メディア・センター編著、2012年、17頁をアレンジした。

3　「接点」としての大学 2——学外に接点をつくる

(1)　「協働的フィールドワーク」の立ち上げ

　協働的表現活動のもう一つがフィールドワークだ。M4Y が大学に他者を「呼び込む」型の学びであるとすれば、「協働的フィールドワーク」は学外に「踏み出す」型の学びだ。

　2009年 4 月、津田塾大学に「オルタナティブな表現をめぐる協働的フィールドワーク実習」（以下、協働的フィールドワーク）という通年科目（非正規）を実験的に立ち上げた。翌年からの正規科目化を目指してのことだったが[25]、初年時はプロジェクトに過ぎなかった。参加しても、単位にならない。8 月に関西へのフィールドワーク実習を予定していたが、費用は各自負担。それまでの 4 カ月間、協働を行う外部団体への訪問や調査なども含めて、自主ゼミの形式で勉強会を行う。また、事後には何らかの形で公開報告会を行うなどの条件つきだった。

　最終的に参加を表明したのは、学科も学年もばらばらの 5 名である。課題が多く、単位にもならないプロジェクトに飛び込んできただけあって、好奇心溢れる学生ばかりだった。

　このフィールドワークの特徴は、外部から協働団体として「女性ハウス」のメンバーも加わること。主催が女子大だったので、協働の相手が女性であることは、お互いへの安心感につながると思った。

　ただし、両者には多くの違いがあった。学生は20歳前後で、女性ハウスは30代から40代が中心だ。後者の多くが複雑な家庭環境で育ち、義務教育さえままならなかった人が多い。だから、協働団体側は学生に対して「育ちのいい優秀な女性」というイメージを持ち、距離を感じているようだったし、学生側は協働団体については TV や新聞で見聞きした程度の知識やイメージしかなく、「正直コワイ」と洩らす学生もいた。このように同じ女性とはいっても、年齢

---

　25)　2010年度からの 2 年間に渡り「メディア・フィールドワーク」という正規科目が開講された。協働団体ダルク女性ハウスから 1 名の履修が認められ、学生たちとともに学内外で学ぶ機会をもった。

も、生きてきた背景も、互いへのイメージも異なる二つの集団が、年間を通して同じフィールドワークを体験するということ自体、前代未聞だった。

(2) 双方向的な学びの発想へ

筆者とダルクとのつながりは、今から15年以上前に遡る。1990年代に米国における依存症者の回復施設を取材したことをきっかけに[26]、国内における同様の当事者団体の存在にも関心を持つようになり、交流が始まった。京都文教大学勤務時代には、京都ダルクの代表者に特別講義を依頼したり、学生たちの調査先や映像の被写体になってもらったり、「暴力をめぐるフィールドワーク」（コラム参照）に同行してもらったりなど、教育に貢献していただいた。

そこで顕著だったのが、学生たちのエンパワーメントと意識化である。同団体との交流は、学生自身が自らの生きづらさに向き合う機会や社会と関わるきっかけを与えた。自分にできることは何かと真剣に考えるようになり、同団体のイベントに企画段階から関わったり、他の社会活動を始めたり、矯正職員を目指して専門学校に通うなど、彼らの変容ぶりには目を見張るものがあった。教員だけの力では決してなしえなかったことである。

「暴力をめぐるフィールドワーク」
　筆者が2003年から2006年まで専任を務めていた京都文教大学の文化人類学科では、2年次に年間を通したフィールドワーク科目が必修とされており、フィールドワーク調査法（前期）、フィールドワーク実習（前後期）、情報処理法（後期）の3種類から構成されていた。筆者は「暴力をめぐるフィールドワーク実習」を3年にわたって開講した。実習先は米国およびメキシコで、期間はおよそ2週間。訪問先は年によって異なったが、例えば薬物依存者の社会復帰施設アミティ、刑務所、Alternative to Violence プログラムを通して受刑者の更生のアプローチに触れ、死刑をテーマにした社会心理劇を体験して死刑制度を再考し、メキシコでは、米国から強制送還されてきた中米移民のためのシェルターを訪れたり、マキラドラと呼ばれる非関税特別区の工場労働者の家にホームステイすることで構造的暴力について考えるなど、様々な暴力について、また脱暴力の方法について考える絶好の機会となった。実習後は、若者の感性を生かしたビジュアルな報告書を作成。リアルな学びの場を通した学生の変化には、目覚ましいものがあった。

26）　『閉ざされた魂の叫び〜アリス・ミラーが解く子ども時代〜』（坂上香構成、NHK衛星第二BS特集、1996年）、『隠された過去への叫び〜米・犯罪者更生施設の新たな取組み〜』（坂上香構成、NHK衛星第一　日曜スペシャル、1998年）など。

124　Ⅲ　ヒューマン・ライツ教育の諸課題

　一方、「交流」とは名ばかりで、大学側が一方的に恩恵を受ける状態を何とかしなくてはと思ったのも事実である。多くの大学では実践的教育や研究という名目で、学生たちを現場に送り込む。自戒を込めて書くが、現場に任せっきりになり、調査研究の名のもとに現場や対象者を食い荒らし、学生のアフターケアまで現場に押しつけるという事態が起こっている。

　それゆえ、「協働的フィールドワーク」では、大学の利益だけではなく協働団体の利益も重視し、関係者全員のエンパワーを目指した。そのためにはどうしたらいいか、協働団体や訪問先の担当者らと話し合いを重ねた。

(3)　表現をめぐるフィールドワーク

　テーマは「オルタナティブな表現_{メディア}」とした。筆者が大学でメディアを担当していたことが大きい。メディア教育の現場では、マスコミを目指す者のための準備教育か、マスコミを批判する純粋な学問か、のいずれかに陥りやすい。しかし、メディアへの姿勢は、同化か批判だけではない。

　コミュニティ／市民メディアと呼ばれるオルタナティブな表現活動が欧米では1970年代に出現したが、日本でも21世紀に入ってから各地で活発化している。しかし、その実態はあまり知られていない。

　その他、最近まで個人レベルでは不可能だったことが可能になったり、ハイテクとローテクを合わせたコミュニケーションによって、より人間的な社会を目指した表現はいくらだって可能だ。そういった「オルタナティブな（もう一つの）表現」の可能性を、具体的に感じられる旅にしたいと思った。

(4)　現れをめぐって

　表現活動とは異なるが、マス・メディアが報じない現場に参加者を誘うことも目的の一つだった。釜ヶ崎の町、そこに暮らす子どもたちの居場所であるこどもの家、依存症本人や家族を支援する団体フリーダムなどだ。報道されないということによって生じる状態や、接触することによって何が見えてくるかを一緒に考えたいと思った。

　斎藤純一はハンナ・アーレントの「現れの空間（the space of appearance）」を使って、メディアが表現しない状況を二つに分類する[27]。一つは「現れの空

間」には存在しないかのように扱われ、応答そのものが不在である「見捨てられている」状態。もう一つは、現れに対して否定的な対応が繰り返されることで、「現れの空間」から積極的に締め出され、現れを封じられている状態。

例えば女性ハウスのメンバーの多くは、メディア全般に対して強い恐怖心を抱いている。これは後者の現れを封じられている状態からくる反応ではないか。「薬物やめますか？　人間やめますか？」のキャンペーンに見られるように、日常において、人間であることさえ否定されている状態。しかも、有名人が薬物で逮捕されるたびにメディアは騒ぎ立てる。依存症者が繰り返し否定的に報道されることによって、彼女たちは「現れの空間」から積極的に締め出される。

社会的逸脱者と見なされる彼女たちの大半が、実は暴力の被害者でもある。多くが幼少期から長期に渡る虐待、性暴力、いじめなどの被害に遭ってきている。とりわけ性暴力の被害者については報道されることが少ない。これは前者の、存在しないかのような「見捨てられている」状態にあたる。

とすれば、「女性ハウス」の参加者は、見捨てられていると同時に、締め出されることもあるという、二重に現れを否定されている存在である。彼女たちがメディアに恐れを抱くのは当然だ。

しかし、そのままでは、公共への回路は閉ざされたままである。彼女たちがアクセスしやすいメディアとは何なのか。どのような表現が適しているのか。学生との協働に、いかなる可能性があるのか探ってみたいと思った。

(5)　権威を意識化する

大学主催の企画ということでもっとも心配したのが、協働団体に対する壁だった。「女性ハウス」の多くが、学校という教育現場での深い傷つき体験をしてきている。大学という場自体、多くにとって敷居が高い。学生に対して引け目を感じたり、反発を感じてしまうこともあるだろう。筆者もまた、彼女たちにとっては権威的存在であることを意識した。

以前、こんなことがあった。ある映像企画で、ホームレスの男性らを取材しているとき、著者の職業を知らなかった彼等は筆者のことを「姉ちゃん」呼ばわりしていた。ところが、大学教員であることを明かしたとたん「先生」と呼

---

27)　斎藤純一、2005年、4-27頁。

び、急にへりくだった態度をとるようになったのである。しばらくぎくしゃくした関係が続いた。肩書きが持つ権威性を、強烈に意識させられる体験だった。

そのような体験から、協働団体へのアプローチには気をつかった。複数が強い関心を示したが、予想通り、プレッシャーを感じていることも分かった。体力的にも精神的にも全旅程は無理。数日なら参加してみたい。仕事の都合で1泊だけなら可能。そんなばらばらの反応が返ってきた。参加へのハードルを下げるために、なるべく制約を課さないことにした。ただし、一つだけ条件を出した。それは、実習に行くだけではなく、成果発表まで参加するということ。結果的に、女性ハウスも学生も5名ずつの、総勢10名の参加となった。

(6) 揺れ始める

一方、アカデミックな学びに慣れている学生の参加者には、関係する文献を配布してディスカッションをさせたり、独自に調べさせてプレゼンをさせたりと、ハードルは下げなかった。協働といっても、皆が同じ目標を設定することはなく、調査の方法も限定する必要はない。訪問先に関する必要な情報は、担当を決めて共有すればいい。学生たちと女性ハウス、両者別々のペースと方法でフィールドワークを行うことにした。

事前の勉強会では、訪問先について学ぶのと同時に、学生たちが協働団体についても知る機会を持った。その際、なるべく当事者が書いた文章を読ませるように心がけた。薬物依存ということで偏見の目にさらされ、孤立させられ、声を奪われていること。そのため、表現をすることにも、大学に足を踏み入れることにも抵抗があったり、躊躇してしまう可能性があることなどを、本人たちと会う前に確認する場をもった。そしてミーティングは、女性ハウスで行うことに決めた。

両者が初めて顔合わせをしたのは、プロジェクト開始後2カ月程たってからのことだった。女性ハウスの拠点に学生を引率し、お茶を飲み、お菓子を食べながら、雑談するところから始めた。そしてその後も、女性ハウスのメンバーが自らの活動を語り、学生が訪問先に関する発表を行うという機会を、出発前に3回持った。その中で、両者は打ち解けるどころか緊張し、他者との遭遇に戸惑っている様子を見せた。まさに「揺れ」始めていたのだった。

(7) 協働的フィールドワークの現場で

実際のフィールドワーク実習は、暑い盛りの8月の6日間。フィールドワークと呼ぶには短すぎる期間だったが、大阪のドヤ街である釜ヶ崎からスタートし、神戸や京都のオルタナティブ・メディアの現場を14カ所めぐった。

> 1日目　釜ヶ崎（町歩き）　特定非営利活動法人「こえとことばとこころの部屋」（以下コ
> 　　　　コルーム）　こどもの里　カマン！メディアセンター
> 2日目　紙芝居劇むすびプロジェクト　築港ARC　フリーダム
> 3日目　映像発信てれれ　應典院
> 4日目　特定非営利活動法人たかとりコミュニティセンター　Re:C
> 5日目　特定非営利活動法人京都ダルク　京都シネマ
> 6日目　京都三条ラジオカフェ（以下、京都ラジオカフェ）

この期間中、参加者は目に見えて変わっていった。毎朝、宿泊先のロビーで輪になり振り返りを行ったが、参加者は自発的に語り出すようになっていった。何かに突き動かされるようにして、自らの思いを言葉にし始めたのである。旅を通して所属や立場の違いすらを軽々と超えてしまったかのように見えた。

訪問先の一つココルームの代表者上田假奈代氏は、そのときの様子を次のように書き記している。

> 初めてのツアーには、ダルクの女性たちもいっしょでした。ツアー自体が普通の学生と薬物の経験者との組み合せで、かなりユニーク。いっしょに時間を過ごす中で、何を思ったのでしょう。はたからみていてハラハラするような場面もありましたが、旅することが多様な出会いをつむぐメディアだと思いました。
>
> そして、生きづらさをかかえる彼女たちは、まるごと生きづらさと言ってもいい釜ヶ崎で、いろんな活動があることを知って、なんだか励まされたと話してくれました。そう、わたしたちが釜ヶ崎で活動していて思うことは、世界と（あらゆることと）つながっているという感覚なのです[28]。

---

28) 上田假奈代「異交通が生み出すざらざらとした感覚とあたたかいなみだ」津田塾大学ソーシャル・メディア・センター編著、2012年、41頁。

参加者の1人、女性ハウスのメンバー唯はこう書き記している。

　私はこの関西の旅まで自分の人生の痛みがとてつもなく大きく自分を占めていた。でも現地でリアルに次々体験していくと、いい意味で自分がくすんで見え、自分が甘く思えてきて、目の前にいる今日1日生きるのがやっとでも、たくましく生きている人たち、そしてその人たちがくれる笑顔にはじんとさせられた[29]。

(8)　コミュニティ・ラジオという表現体験

　最終日は、旅の締めくくりとして、ラジオ番組制作に挑戦することにした。ラジオは顔が見えない。しかも、コミュニティ・ラジオは限定的なエリアしかカバーせず、関東圏には届かない。ある種の匿名性を担保できるため、今回の参加者には最適のメディアだと感じた。

　収録場所の京都ラジオカフェは、コミュニティ・ラジオの先駆けで、電波の使用料を支払えば、誰でも番組を放送することができる。30分の使用料を支払い、参加者によるトークを収録することにした。収録前夜、皆徹夜で話し合った。面識のないリスナーに向かって、何をどう伝えるかをとことん語り合った。

　収録では、メディアに抵抗を感じていた女性ハウスの参加者たちが、自ら薬物依存症であることを名乗り、服役経験を明らかにした。学生たちも触発され、この6日間を振り返り、衝撃を受けたこと、心に残ったことなどを自分の言葉で語った。内容は深刻だが、スタジオには終始笑いが絶えず、明るい雰囲気に包まれていた。

　番組収録直後、番組が聞けるカフェに行き、オンエアを全員で聞いた。興味深かったのが、カフェに居合わせた客の反応だった。うつむいて文庫本を読んでいた女性が、ラジオから流れてくる参加者の赤裸々な告白に顔をあげたり、おしゃべりに夢中だったカップルが沈黙し、ラジオに聞き入ったりした。しかも、番組終了まで誰も立ち上がらず、集中して聞いていた。参加者は、顔を赤らめたり、時折りクスッと笑って気恥ずかしそうにしていたが、同時に番組を制作したという達成感からか、誇らしげでもあった。

---

29)　唯「オルタの旅」津田塾大学ソーシャル・メディア・センター編著、2012年、136頁。

放送後、女性客の1人が席を立ち上がり、こちらに向かって会釈をした。そして、無言で去っていった。その行為は、受刑体験や様々な生き難さを笑い飛ばす女性ハウスのメンバーや、素直に自分の思いを語る学生らへの共感と敬意のジェス

写真4 「京都三条FMラジオカフェ」にて、自らが企画したトーク番組の収録に臨む参加者たち。

チャーに思えた。彼女たちがラジオを通して他者の心を動かしたのだ。私たちは皆、現場でそのささやかな変化を目撃したのだ。目頭が熱くなった。

(9) 成果としての表現展

実習終了後、参加者は3カ月かけて話し合い、実習の成果として一般公開のアート展を開くことに決めた。題して「体験アート展 握れないけど触れた時——私たちの出会った関西の市民メディア活動」。自分たちの発見や思いがイキイキと表現できる、インタラクティブな方法を模索した結果だった。

しかし、その実現は容易ではなかった。センタースタッフに支えられながら、何とか自分たちで方向性を決め、会場を押さえ、案内状を作成するところまではこぎつけたが、作業は遅々として進まない。旅の間は軽々と乗り越えたかのように見えた両者の壁が、実習後の段階で再び立ちはだかった。あらゆる関係においてディスコミュニケーション状態だった。体調を崩す人、感情的になって攻撃的になる人、黙り込む人、連絡が途絶える人など、解散の危機にも直面し、ハラハラさせられたが、参加者が主体的にアート展を実践することを最優先にし、周囲は極力手を出さないことにした。

その混沌の中でミーティングを重ね、各々ができそうなこと、実現に必要なものを特定し、ときにはぶつかり合ったりもしながら具体的に解決していった。展示物と担当を決め、会場の図案を作成し、思いをアートという見える形にしていく協働作業の中で、再び、フィールドワーク実習の雰囲気が蘇ってきた。

写真5　　　　　　　　　　　　　　　　写真6
2010年2月11-12日に東京津田ホールで開催した「体験アート展　握れないけど触れた時―私たちの出会った関西の市民メディア活動―」の様子。写真5は、女性ハウスと津田塾大学の参加者が協働で制作したパネルを、一般観覧者に説明するガイド（女性ハウスの参加者）。写真6は、女性ハウスの参加者が制作した短編映像を、一般観覧者とともに見るイベント。

　アート展は、パネル展示、映像インスタレーション、音声ガイド、ライブガイド、上映会、トークショー、粘土を使ってアニメをつくるコーナー、釜ヶ崎の町再現コーナー、来館者が休憩したりお茶が飲める畳コーナー、Skypeを使った釜ヶ崎とのライブコンサート、ゲストによるちゃぶ台トークなど、10人の参加者たちが発案・作成した企画で構成されていた。
　この展示の特徴は、参加があって初めて成立する参加型であるという点だ。2日間で300人近い来場者が、女子大生と薬物依存症の女性とオルタナティブ・メディアという組合せに様々な反応を見せ、主催者（フィールドワーク参加者）やゲストらと語り合い、自らも表現に加わり、展示をより豊かなものにして帰っていった。そして何よりも、そこに表象されている対象への見方が変わったという声を多く聞いた。この場に触発され、新しい表現活動を始めた来訪者もいる。表現は人を巻き込み、新たな世界をつくる。その一例だといえる。

4　「協働的表現」という体験から見えてきたこと

　協働的表現の二つのプロジェクトを運営するなかで見えてきたことは、次の4点に大別できる。1. 大学を「ニーズあるコミュニティ」との接点として捉え

ることの可能性、2. 表現と協働というアプローチの有効性、3. 女性に対する暴力の広範さと支援不足、4. 相互エンパワーメントと変容。

1. と2. については今まで述べてきた通りであるが、大学を社会との「接点」（学生と他者、理論と体験、異なる分野・領域）と考える際、接点を必要としているコミュニティを見極め、資源を有効活用できる場の持ち方を想定するといい。また、単体ではできることに限りがあるから、複数の大学が各々実践を行い、連携をとり合い、学外も巻き込んでいく必要がある。

3. は想定されていたことだったが、協働団体との交流を通して語り始めた学生たちの、予想以上に広範の、そして深刻な被害体験は、学生へのサポートをどうするかという課題も突きつけてきた。そして、学内の「寝た子を起こすな」的な姿勢（＝体験を無にされる）が強固なことにも改めて驚かされた。「他者はまさに自分であった」という一例にすぎないが、大学というコミュニティにおける実態の把握と支援体制を進める必要性を強く感じた。

協働的表現活動の最たる功績は、関わる者すべてにエンパワーメントと変容をもたらしうるということだろう。時間をかけたり、継続することも重要だ。協働対象者の中には、それまで諦めていた高校や大学に進学する者も出てきた。大学を卒業して、修士課程への進学を考えている者もいる。表現活動に目覚め、独自の活動を始めた者もいる。学生の中には、この活動を経て、協働団体の運営に携わるようになったり、福祉や矯正施設の職員になったり、教員になった者もいる。忘れてならないのは、活動の運営側も例外ではないということだ。大学の事業としては両者とも終了してしまったが、M4Y の関係者はその後も場を変えて、他大学や他団体との協働という形で継続し、模索し続けている。

本稿で紹介した取組みは大学に特化したものではなく、大学抜きでも実現可能だ。しかし、そこに大学などの教育現場が加わるとき、可能性は飛躍的に広がる。本稿は、協働的フィールドワークに3年続けて参加した、元女性ハウスのメンバーの言葉で締めくくりたい。

当事者が「突き抜けた語り」を手に入れることは、まず当事者自身の回復像である。知られていないのは、それが社会をどれだけ益するかということ。社会へポジティブなインパクトを与えることがまた、当事者をエンパワーすると

いう正の循環が生じるということ。さまざまな経験や立場からの「突き抜けた語り」をもって、だれにもできない「仕事」をなす、という社会になるといい[30]。

---

30) 川端知子「『たちまち』のこと——AMF → MFW → そして『カフェ放送てれれ』へ」津田塾大学ソーシャルメディア・センター編著、2012年、135頁。彼女は、その後東京を離れ、表現と人生の模索を続けている。

Ⅲ-3 憲法を通じての「人権」教育

髙佐 智美

1 現行の「法教育」の問題点

(1) 「法教育」ブーム

　昨今、「法教育」がブームといわれている[1]。特に2001年の司法制度改革審議会意見書において、「国民の統治客体意識から統治主体意識への転換」のために、「司法教育の充実」が強調されて以降、2003年には法務省内に法教育研究会が設置され、2004年には『はじめての法教育〜我が国における法教育の普及・発展を目指して』と題する報告書が刊行された。この報告書を受けて、2005年には法教育委員会の後身となる「法教育推進協議会」が設置され、その後制定された新学習指導要領（小・中学校は2008年、高等学校は2009年）においては、法やきまり、国民の司法参加といった法教育の充実の必要性が示された[2]。また、2010年には主要な法律雑誌で「法教育」が特集として取り上げられ、同年9月には「法と教育学会」も正式に発足している。

　このように「法教育」をめぐる議論が活発化する一方で、教育の現場における「法教育」の問題点についても数多く指摘されているが[3]、ここでは憲法を通じての「人権」教育という観点から、筆者が特に重要だと思う問題点を二つ指摘するにとどめておく。

---

1) 渡邊弘「法教育の最近の動向」『法の科学』42号166頁、2011年。
2) 江澤和雄「わが国における法教育の現状と当面する課題」『レファレンス』756号35頁、2014年1月、36頁。
3) 池田賢市『法教育は何をめざすのか——「規範教育」か「主権者教育」か』アドバンテージサーバー、2008年。

(2) 規範教育の強調

まず一つ目が、規範教育の強調である。先にあげた『はじめての法教育』では、(1)ルールづくり、(2)私法と消費者保護、(3)憲法の意義、(4)司法の4分野の教材例が提示されているが、池田によれば、現場においては、ルールを「つくる」ことではなく、ルールを「守る」ことにテーマがすりかわっており、ルールづくりの「プロセス」や、ルールそのものに対する「評価」という視点が抜け落ちてしまっている。そして、ルールを「守らない→悪い→罰則」という単純な意識だけが子どもたちに植えつけられ、「なぜ守れないのか」という問題は個人の道徳的な問題としてのみ扱われることとなり、その個人が置かれている社会的・経済的環境等を問う姿勢がない[4]。

なぜ、ルール「づくり」の教育が、このように規範教育（道徳教育）の様相を呈してしまうのかについて、池田は、憲法的視点の欠如を指摘する。すなわち、法律は単なる合意形成ではなく、憲法、すなわち権利保障をその原理とするものであるにもかかわらず、「ルール」が安易に「法律」に置き換えられることにより、紛争解決のための判断基準から憲法の基本原則が排除され、きわめて内面的な倫理観によってのみ善悪を判断し、合意を形成することのみが強調されているからである[5]。これでは、「悪法も法なり」という形式的法治主義のみが、法教育の現場で子どもたちに教え込まれることになり、憲法の基本原理である「法の支配」の意義を伝えることは困難であろう[6]。

(3) 人権教育の不在

もう一つの問題点は、「人権」教育の不在である。『はじめての法教育』は、「子どもの権利条約」について、一度も言及しておらず、「子どもの権利」については、スウェーデンでの実例があげられているのみである[7]。この点につき斎藤も、子どもにとって身近な例を取り上げることを目指したのであれば、

---

4) 同上、12頁以下。
5) 同上、17頁。
6) 法教育と規範意識教育は切り離せない面ももちろんあるが、その共通性ばかりが強調されると、法教育が単なる道徳教育に転化してしまう。この点につき、斎藤一久「法教育と規範意識」『日本教育法学会年報』39号135頁、2010年。
7) 永野恒雄「法教育」日本教育法学会編『教育法の現代的争点』法律文化社、2014年、188、189頁。

ゴミ収集やマンションのルール、クラスの出し物や掃除当番の決め方といった、それほど価値対立の見られない事例ではなく、校則、国旗敬礼・国歌斉唱の拒否、持ち物検査と黙秘権、携帯電話の学校への持ち込み、ネットいじめなど、子どもたちにとって、よりリアルな事例を取り上げるべきであると指摘している[8]。

　もっとも、こうした「人権」教育の不在ないし軽視（あるいは黙殺？）は、昨今の「法教育」ブーム以前からの傾向のようである。例えば佐藤は、1970年代に『公民』の教科書執筆を担当した際、当時、いじめの問題が取りざたされていたこともあり、憲法の保障する「基本的人権」の根底には、憲法13条前段にあるような「個人の尊重」があることを強調するため、この理を「人格の尊厳」という言葉で表現しようとしたところ、現場の教員から猛反発を受け、やむなく撤回したと述べている[9]。

　法教育において憲法を教える際に忘れてはならない視点は、多くの論者が指摘するように（近代）立憲主義の意義である。そもそもなぜ憲法が誕生したのか。それは、公権力による人権の侵害を防ぐためである。そして、人権保障の中核となる規定が「個人の尊重」を定めた憲法13条である。したがって、立憲的意味の憲法には、必ず人権保障の規定（と権力分立）が存在すること、そしてそれは「国民」ではなく「国」を名宛人としていることを、何よりもまず子どもたちに認識させるべきであろう。

2　憲法学における「人権」の多義性──「人権」を教える前に

(1)　普遍的人権価値と立憲主義的人権との乖離

　以上のように、法教育において立憲主義に基づく「人権」教育の意義について指摘するのは容易であるが、そこで想定されている「人権」とは、具体的にいかなるものであるのか（あるいは、どうあるべきか）について説明するのは、それほどたやすいことではない。なぜなら、憲法や国についてのイメージが、

　8）　斎藤・前掲注（5）、137-8頁。
　9）　佐藤幸治「日本国憲法の保障する『基本的人権』の意味について」大村敦志・土井真一編著『法教育のめざすもの』商事法務、2009年、89、92-3頁。

一般市民と研究者とではかなり異なるからである。例えば、田村も指摘しているように、多くの学生や市民にとって、国とは国民を守ってくれる「頼れる味方」であり、憲法は国のあり方を定めた法であるから、国民1人ひとりがそれを守る義務がある、そして人権とは、国から与えられ、国が守ってくれるものである[10]。

また、「人権」侵害といった際、一般市民や学生が思いつくのは、マス・メディアによる有名人のプライバシーの暴露や企業におけるセクシャル・ハラスメントなどであり、「国家が人権を侵害することがある」といっても、あまりピンとこない人がほとんどであろう。

その結果、「人権を侵害する国家を縛るための憲法」という立憲主義の意義を、法教育の場において伝えることは非常に難しいものとなる。しかも、こうした「一般国民の意識と学者の常識のズレ」は、「人権」を「普遍的文化」として位置づけ、国家だけでなく国民相互間においても尊重すべきことを強調する政府の「人権」教育や、国民の「責任」や「義務」を強調する自民党の憲法改正案によって、さらに拍車がかかっている[11]。

しかし、このような「ズレ」が、一般市民（あるいは政府）と研究者との間だけの問題かというと、実はそうではなく、研究者の間でも、この問題、すなわち、国民相互間の人権保障＝憲法の私人間適用をどう考えるべきかについては意見が分かれている[12]。

まず一つのあり方として、権力制限規範としての憲法の意義を本質ととらえ、

「私人間適用」

憲法が保障する人権は、元来、国家権力を名宛人とするものであるが、19世紀の産業革命後の工業化社会の進展、20世紀以降の急速な情報化社会の進展により、私企業やマス・メディアといった、私人でありながら強力な権力を有する者、すなわち「社会的権力」が登場し、それらによる権利侵害が問題となってきた。そこで、憲法の人権規定を、国家対個人の関係と同様に、私人間においても適用すべきか否かという、「私人間適用」の問題が浮上してきた。

国民を縛るために国家指導者が憲法を利用とする現実を、立憲主義の堕落形態と位置づけ、国民に対して自らの道具である憲法を手放さないよう呼びかけるスタンスがある[13]。例えば、西原は、憲法を対国家規範としてではなく、個

---

10) 田村理『国家は僕らをまもらない』朝日新書、2007年、12頁。
11) 横大道聡・岩切大地・大林啓吾・手塚崇聡「人権教育についての覚書」『鹿児島大学教育学部教育実践研究紀要』19号1頁、2009年、4‐5頁。
12) 同上、6頁。

人の行動原理としての全方位的規範として位置づけることは、望ましい公共意識をめぐる闘争へ憲法を明け渡すことを意味し、それは憲法の権力コントロール的な意義を掛け金としてテーブル上に差し出す覚悟が必要になるとして、私的領域の根本的な「私」性にこだわり、国家と社会の二元論に固執する道を選択する[14]。

　他方、上述のような憲法に対する一般国民の認識や、それを反映した憲法改正案を「立憲主義の本質を弁えない妄論」として切り捨てるのではなく、むしろ「別様の立憲主義思想」として、「近代立憲主義」に取って代わる一つの魅力的なオルタナティブを示した、と評価するスタンスもある[15]。たとえば、山元は、「戦後民主主義」について改めて眼を向けると、憲法とは「生身の人間にとって大切なことを決めてある」ものであるという憲法像こそが、現代日本憲法史における「固有の相」であり、自由と平等の実現を目標に掲げる日本国憲法は、女性解放といった日常生活に射程を含めた社会改革の進めていくための準拠基準であったからこそ、多くの人々の心をつかみ、その正当性について国民世論から幅広い支持を獲得できたと指摘する[16]。こうした「別様の立憲主義思想」を積極的に評価するのであれば、今後の方向性としては、憲法の効力射程の全方向性化および人権侵害者の主体の多様化の承認（私人＋国家公権力＋国際組織）が求められていくことになる[17]。

(2)　憲法と国際人権法の緊張関係

　憲法学において「人権」を語るときに生じる問題のもう一つは、国際人権法との関係である。一国内における人権保障は、まさに憲法の領域の問題として、各国の専権事項と考えられてきたが、第二次大戦以降は、国連を中心とした国際機関で人権基準を設定し、それを国際レベルと国内レベルの双方で実現するという国際人権保障システムが確立され、日本も主要な人権条約を批准してい

---

13)　西原博史「『個人に優しい改憲論』と立憲主義」憲法理論研究会編『憲法変動と改憲論の諸相』敬文堂、2008年、177、178頁。

14)　同上、186頁。

15)　山元一「『立憲主義』論からみた現在の日本における憲法改正論議」憲法理論研究会編『憲法変動と改憲論の諸相』敬文堂、2008年、203、213頁。

16)　同上、209頁。

17)　同上、212頁。

る。

　日本では、批准した条約はそのまま国内法としての効力を有するとされているが、そこで問題となってくるのが、憲法上保障される「人権」と各種人権条約で保障される「人権」との関係である。上述のように、国家権力を規制するという立憲主義的な理解のもとに体系化された憲法上の「人権」に対し、世界的に普遍的なコンセンサスとして成立してきた国際人権法上の「人権」には、国内法の法概念だけでは説明しきれない部分も少なくない[18]。例えば、国家の消極的義務としての自由権と積極的義務としての社会権といった二分論に対し、国際人権法は国家に対し、人権の尊重、確保、保護、促進といった様々な義務を課している。また、上に述べた私人間適用の問題についても、私人による人権侵害の排除、あるいは私人間における差別の撤廃といった、従来の憲法学では否定的に捉えられてきた義務を国家に要求している[19]。

　このような性質を有する国際人権法に対する憲法学説の態度について、棟居は、「建前は国際（人権）法学説に同調するが、憲法至上主義ともいうべき大前提のゆえに、本音では国際人権法の国内適用（活用）につき、消極的姿勢も根強いように思われる」と述べ、その原因として、①「憲法規範性脆弱論」、②「憲法国際人権合一論」、③「憲法積極的抵触論」、④「憲法消極的抵触論」をあげている[20]。また、山元も、今日の人権解釈論は、基本的に一国単位で、ナショナルな次元において理解された国民共同体における自由の確保と民主主義の進展を志向するリベラリズムの憲法学が主流であり、そこで基本となっているのは「立憲主義」や「公私区分論」などであると指摘する[21]。

　一方で、こうした状況を打破し、憲法学において国際人権法を積極的に位置づけるための理論的枠組みも提示されている。例えば、山元は、憲法解釈論の中の、少なくとも人権解釈論を「方法論的ナショナリズム」から解放すべく、国内裁判所が人権問題を解決するために依拠する法的規準＝法源に国境を越えたトランスナショナルな存在を包含し、そのことによって、国内法秩序におい

---

　18)　東澤靖「憲法と国際人権法」『法律時報』84巻5号4頁、2012年、7頁以下。
　19)　同上。
　20)　棟居快行「国内裁判所における国際人権の適用をめぐって」芦田健太郎他編『講座国際人権法3　国際人権法の国内的実施』信山社、2011年、20頁以下。
　21)　山元一「憲法解釈における国際人権規範の役割」『国際人権』22号35頁、2011年、36-7頁。

て憲法と国際人権規範や外国人権判例を重層化する「トランスナショナル人権法源論」を提唱する[22]。これによれば、人権問題は、ナショナルな人権法源（日本国憲法典の人権条項）とトランスナショナルな人権法源（日本国憲法にとってrelevant な国際人権規範や外国法）の競演による人権解釈論の再構成によって解決されることになる。そして、①下位法（条約）による上位法（憲法）の内容具体化という観念は真正面から許容される、②精緻な違憲審査基準が作動しにくく、国の内外の状況の変化によって判断される傾向が強い平等問題領域においては、トランスナショナル人権法源はナショナルな憲法の解釈指針としての役割を果たす、③国際人権規範の名宛人は抽象的な「国家」ではなく、具体的諸機関それぞれであり、憲法によって授権された範囲内において、国際社会に対して法的な応答責任を負うことになる、といった主張が導き出す。

　また、齊藤は、国家が領域内において国際人権条約上の権利を保障することを、多数国間条約の枠組みを用いて条約締結国集団、あるいはそれからなる国際社会に対して約束することで担保するという国際人権条約の性質にかんがみ、とりわけ違憲審査制を有する締約国においては、憲法解釈に援用すること等によって国際人権条約に間接的な憲法的地位を認め、「憲法に対するのと同等の尊重ないし配慮」を確保することが、国際人権条約の企図にとって有用である、と主張する[23]。そして、国際人権条約が、全締約国に対して一定の法的拘束力を伴う「人権規範の共通化」を通じて、国家権力の法的統制を条約という枠組みによって実現しようとするものであると見るならば、国家権力の制限という立憲主義の意味をそこに看取することができるとして、国法体系内部での人権保障が必ずしも十全ではないことにかんがみ、人権保障を国際的な監視のもとに置く国際人権条約の構想を「多層的立憲主義」と呼び、個人通報制度や国内人権機関の果たす役割に言及している。

---

22)　同上、37頁以下。
23)　齊藤正彰「新たな人権救済制度がもたらす人権規範の共通化」『法律時報』84巻 5 号25頁、2012年、26頁以下。

3　今後の「人権」教育の課題——国際人権法の積極的活用

(1)　一般国民と研究者との「ズレ」を埋めるために

　以上、憲法学における「人権」概念をめぐる議論について概観したが、これらを踏まえた上で「人権」教育を行うにあたり、研究者が留意すべきことは何であろうか。

　上述のように、憲法に対する認識は、一般国民（および学生）と研究者とでは「ズレ」がある。近代立憲主義の考え方からすれば、一般国民の側の認識の方が「誤り」であり、「修正」されるべきものということになるだろう。しかし他方で、以下のような問題提起もなされている。すなわち、戦後の日本社会においては、一般国民の憲法に対するイメージ、例えば「憲法は暮らしの守り手である」、「暮らしの中に憲法を生かす」、あるいは「職場に憲法を生かす」といった言葉が非常に自然に大切なものとして受け入れられてきた。そこでは、いかにして国家権力から人権を守るかという問題ではなく、私企業や隣人といった私人が弱い個人を抑圧してくるのに対して、いかにして個人の尊厳や誇りが守られる職場や暮らしを確保するかが問題となっている。そして、それは日本人の人権意識と非常に深く結びついている。そのことをもっと積極的に評価すべきではないか[24]。また同様に、こうした「一般国民の意識と学者の常識のズレ」を一般国民や政府のせいにするのではなく、そのズレに「学者の常識」を問い直す、重大な契機が含まれているとして、学者のほうがそのズレを真剣に受け止め、謙虚にその隙間を埋めていこうとする姿勢が必要であるとの指摘もある[25]。

　この隙間を埋めるための一つの契機となるのが、国際人権法ではないだろうか。上述のように、憲法における「人権」保障と国際人権法における「人権」保障にもいくつかのズレが存在するが、その一つが私人間適用の問題、国家による積極的な私人間の人権侵害排除義務の要求であり、その「ズレ」はまさに一般国民と学者との「ズレ」でもある。

---

　24)　山元一「立憲主義と人権」『法と民主主義』400号34頁、2005年、35頁。
　25)　横大他・前掲注（11）、6-7頁。

憲法学説においては、近代立憲主義と私的自治の原則にかんがみ、私人間に憲法を直接適用することを認める者は少数であるが、一方で、憲法が制限規範としての性質だけではなく、社会における基本的な価値秩序を示す性質をも有していることから、憲法の私人間への適用を全面的に否定する者もほとんどいない。そこで、この中間をとって、憲法の条文の趣旨を民法の一般条項を通じて私人間に適用していくとする間接適用説が通説・判例となっている。

それでは、人権条約については、どう考えるべきか。この点につき、高橋は、「国内人権論における私人間効力論は、国家がその義務をどのように果たすのか、そのプロセス（権限分配）に関わる問題」であるから、「人権の実現プロセスをめぐる国内人権論上の様々な議論は、国際人権には関係がない」と述べている[26]。しかし、このような主張に対しては、大谷から、以下のような反論がなされている[27]。すなわち、条約の国内法的効力について一般的受容体制を採る日本においては、国際人権条約の実施立法がない場合、形式上は国家のみを義務の名宛人とする国際人権条約がそのまま「国内法化」されて法規範として存在することになるため、条約で保障された人権の私人による侵害について裁判所が救済を求められた場合、裁判所は、直接国際人権条約を適用することにより私人間において国際人権規範を実現できるかという問題に直面することになる。ここに、「国内法化」した「国際人権」について、立法によらずに裁判所が介入して実現することができるかという意味での「国内における諸国家機関の間の権限分配の問題」が生じることになり、これはまさに高橋がいうところの「私人間効力」の問題そのものである。

実際、私人間における人権侵害に対する国際人権条約の適用が問題となった事例の多くが、民法709条を媒介にして、人種差別撤廃条約の間接適用を行っている[28]。さらに、国家による人権侵害に対しても、憲法や既存の法律に適切な条文がない場合、条約の条文を直接適用することで、権利救済を実現している判決もある[29]。

一方、憲法学説においては、近年、ドイツの憲法理論を参考に、国家の基本

26）　高橋和之「国際人権の論理と国内人権の論理」『ジュリスト』1244号69頁、2003年、以下。
27）　大谷美紀子「国際人権と私人間効力をめぐる憲法学者と国際法学者の議論の架橋の試み」『国際人権』17号69頁、2006年、以下。
28）　浜松宝石、小樽入浴拒否。特に在特会は注目に値する。

権保護義務論が提唱されているが、加害者である私人の侵害から被害者である私人の基本権法益を保護すべき政府の作為義務を認めるこの考え方は、国際人権法と非常に親和性が高いといえる[30]。他方、憲法規範の私人間適用に否定的な論者も、私人間の人権侵害を放置するという趣旨ではなく、本来、私人間における人権の保護は法律の制定によって実現されるべきであると主張するが[31]、国内における国際人権規範の実現が、立法によるか裁判によるかの選択は締約国に委ねられていることからすれば、このような法律の具体的内容を考える際に、国際人権規範の検討は不可欠である。

　このように、いずれの立場に立つにせよ、私人間における人権保障の実現に向けて、国際人権法を一つの媒介として、さらなる議論の活発化や精緻化が進むことになれば、それは憲法と国際人権法との間の「ズレ」のみならず、一般国民と学者との「ズレ」をも解消することにつながるであろう。

(2) 真の「主権者」教育とは——シティズンシップ教育の可能性

　以上、一般国民の憲法に対するイメージに即した新しい「立憲主義」の可能性を前提としつつ、国際人権規範の果たす役割について述べてきた。しかし、だからといって、「権力」の有する危険性に無自覚のまま、安易に「国家」による人権保障を求めるような姿勢が望ましいわけでは、もちろんない。

　例えば、私人間における人権保障はどうあるべきかを考える際、人権擁護法案のように、外見上は一般国民の望む人権の尊重を謳いつつも、その実、表現の自由などが侵害される危険性の非常に高い法案を無批判に受け入れないようにするためにも、国民1人ひとりが政府に対してチェック機能を働かせることができなければならない。そして、国家権力から「自立」した国民が、社会にはいろんな人がいることを受け入れ、少数者を尊重しながら、民主的に、多数決で国家権力をコントロールしていくことこそが、最終的には「いろんな人が

---

29)　例えば、東京高判1993年2月3日東高（刑事）時報1-12号11頁、徳島地判1996年3月15日判時1597号115頁。

30)　例えば、小山剛「基本権保護義務論と国際人権規範」『国際人権』22号43頁、2011年。もっとも、基本権保護義務論が、元々ドイツの「憲法」解釈として展開されてきたことから、それが「条約」の求める義務とつねに合致するという保障はないとの指摘もある。寺谷広司「私人間効力論と『国際法』の思考様式」『国際人権』23号9頁、2012年、10頁。

31)　高橋・前掲注（26）、75頁；西原・前掲注（13）、184頁。

Ⅲ-3　憲法を通じての「人権」教育　143

> **総務省「常時啓発事業等のあり方研究会」最終報告書**
>
> 　同研究会は、近年の投票率の低下や若者の選挙離れへの危機感から、「新たな主権者教育」を打ち出す報告書をまとめ、シティズンシップ教育について言及している。そこでのキーワードは「社会参加」と「政治的リテラシー」である。
>
> 　前者については「知識を習得するだけでなく、実際に社会の諸活動に参加し、体験することで、社会の一員としての自覚」が増大することにより、「結果として、主権者としての資質・能力を高めることとなる」とされている。
>
> 　後者については「政治的・社会的に対立している問題について判断をし、意思決定をしていく資質」を育てるには「社会参加」だけでは不十分であり、「情報を収集し、的確に読み解き、考察し、判断する訓練が必要である」が、「我が国の学校教育においては、政治や選挙の仕組みは教えるものの、政治的・社会的に対立する問題を取り上げ、政治的判断能力を訓練することを避けてきた」と批判し、政府が推進する「新しい公共」、すなわち「市民、企業、政府等がそれぞれの役割をもって当事者として参加、協働し、支え合いと活気のある社会をつくる」ためには、「何よりもそれを担い得る市民を育てることが重要である」として、それを「シティズンシップ教育」と言い換えている。そして、シティズンシップ教育を「集団への所属意識、権利の享受や責任・義務の履行、公的な事柄への関心や関与などを開発し、社会参加に必要な知識、技能、価値観を習得させる教育」と定義し、その中心をなすのが「市民と政治との関わり」であり、それを「主権者教育」と呼んでいる。

そのままでいい」社会、すなわち差別や人権侵害のない社会を守ることにつながるのである[32]。

　それでは、そのような「自立」した国民を育成するために、「人権」教育はどうあるべきか。そこで注目されるのが、「シティズンシップ教育」である。「シティズンシップ」という言葉自体が多義的であるため、「シティズンシップ教育」といった場合、具体的に何を指しているのか、論者によって様々である。例えば、日本の教育学において比較的早い時期に「シティズンシップ」概念を導入した今谷は、教育における巨視的で全体的・全人類的な視点の必要性について論じ、それを「ヒューマン・シティズンシップ」という概念で表している[33]。ここで、今谷が意図しているのは、子どもたちの人間としてのトータ

---

32)　田村・前掲注（10）、201-2頁。
33)　今谷順重『総合的な学習の新視点——21世紀のヒューマン・シティズンシップを育てる』黎明書房、1997年。なお、日本における「シティズンシップ教育」論の整理については、蓮見二郎「社会形成としてのシティズンシップ教育」『法政研究』79巻3号914頁、2012年参照。

ル・バランスや子どもの思考の総合性と社会変化への対応能力の全体性の回復であり、そのための教育として、単に断片的知識だけを伝達するのではなく、子どもたち自らの人生設計の探求・形成を援助するというものである。また、大西は、グローバル化の進行と地域主権の強調により、伝統的な国民国家の枠組みが変容を迫られている現代社会においては、国の問題は単に政府によって解決されるのみならず、政府と市民との協働作業によっても解決されるべきであるとして、「国民教育」から、協働的なガバナンスという新たな統治形態を実現するための「シティズンシップ教育」への転換、および「個の確立と新しい公の創出」が要請されているとする[34]。同様に、水山も、日本の子どもたちは単に反社会的・非社会的であるのみならず「脱社会的」ですらあり、こうした事態は、日本における民主主義や自由といった概念の曖昧さによってさらに深められていることから、公私関係の再定義が迫られているとする[35]。そして、これまで民主主義や公共性は、守るべきものとしてのみ教えられてきたが、市民自らが作っていくものとして教えることも必要であると説く。ここで、水山が想定しているシティズンシップ教育とは、民主主義や公共性をつくる過程に子どもたちが参加し、それによってそうした行為と自らに自信あるいは有効感を持つことができるような教育である。

　このように、シティズンシップ教育の定義は論者によって様々であるが、いずれも人権教育や法教育に関連性が深いといえる[36]。この点につき、杉浦は、シティズンシップ教育を「上からのシティズンシップ教育」と「下からのシティズンシップ教育」に分け、前者の例として、愛国心の「涵養」に象徴される教育基本法の改正や新学習指導要領をあげ、後者の例として、市民の育成や個人の尊厳を中心とした法教育、主権者を育てるための憲法教育をあげている[37]。さらに、後者については、グローバル化が進む今日、地球市民というコスモポリタンな存在としての市民概念の拡張も踏まえた上で、偏狭なナショ

---

34)　大西健介「シティズンシップ・エデュケーションの理念と課題」NIRA報告書『教育の制度設計とシティズンシップ・エデュケーションの可能性』2003年2月号5頁、2004年。

35)　水山光晴「シティズンシップ教育――『公共性』と『民主主義』を育てる」杉本厚夫他『教育の3C時代――イギリスに学ぶ教養・キャリア・シティズンシップ教育』世界思想社、2008年、155頁。

36)　杉浦真理『シティズンシップ教育のすすめ』法律文化社、2013年、2頁。

37)　同上、3-4頁。

ナリズムをどのように克服して、グローバルな視点へと拡張できるかも課題であるとする[38]。

「下からのシティズンシップ教育」の目的は、権力の濫用に対して、自由や平等を実現するにはどのような通路があるのかを、国家権力を懐疑的に見ながら手懐ける、また、それを民主的に活用できる市民を育てることである[39]。しかし、「民主的な」決定が単純な多数決原理に基づくものであるならば、その民主主義はすぐに全体主義へと転落してしまうであろう。ゆえに、少数意見の尊重、手続きの正当性など、決定までの適正なプロセスが確保されていなくてはならない。そのためにも、単なる知識ではない、実践知としての「人権」教育が不可欠なのである。

(3) 「人権」の可視化とグローバルな視点——国際人権法の可能性

以上のような「シティズンシップ教育」の意義を踏まえた上で、「人権」教育を行う際に一助となるのが、やはり国際人権法であると思われる。

なぜなら、国際人権法はいわば国際社会における人権基準のコンセンサスであるから、一国内の価値観にとどまらず、より普遍的な価値観を前提として成り立っているといえる。したがって、今日のシティズンシップ教育において、グローバルな視点が不可欠なことからすれば、そこで「人権」を語る際に、国際人権法を抜きにして語ることは、もはやできないからである。

また、国際人権条約は、憲法よりも詳細かつ具体的な規定を置いていることが多い。例えば、性差別の禁止につき、日本国憲法は14条で性に基づく差別を禁止するほか、24条で家族生活における両性の平等を定めているが、その具体的な内容については、法律家の解釈を待たなければならない。しかし、女性差別撤廃条約は、11条で雇用の分野においてどのような権利が保障されるのか、また16条で家族生活においてどのような権利が保障されるのか、非常に詳細な規定を設けている。もちろん、憲法から導き出される権利と、ここに列挙してある権利がつねに同一といえるかどうかの検証は必要であるが、この具体性は、「人権」を教える上で大きなメリットとなるであろう。そしてまさに、このわ

---

38) 同上、5‐6頁。
39) 同上、9頁。

かりやすさこそが、ある意味、人権の「可視化」に通ずるともいえるのではないだろうか。

Ⅲ-4　ピース・ジャーナリズムとヒューマン・ライツ教育

別府　三奈子

はじめに——ヒューマン・ライツから見えるジャーナリズムの問題

　ジャーナリズムとヒューマン・ライツの接点から立ち上がる主だった課題は、今のところ次の3点に集約できると考えている。
　1.　取材過程や記事内容が、被取材者や関係者の人権を侵害する。
　2.　記者や編集者が人権問題の存在に気づけず、取材対象にならない。
　3.　ニュースの価値構造自体が、人権問題に光を当てるものになっていない。
　日本で一般に広く知られているのは、1. である。記者の仕事は難しい。ニュースは、取材、原稿制作、1日分の紙面や1回分のオンエアに合わせた編集制作、印刷やスタジオ収録などを経て、配送や送出され、受け手に届く。ひたすら速報を競いながら、名前の一字一句、数字の一桁に至るまで事実と照らして間違いがないというのは、実際にはハードな仕事である。送り出した情報が不特定多数に届くことから大きな影響力があり、ひとたび届けられてしまえば、訂正してもイメージが残る。

　これらの仕事の途上で、他者の人権を傷つけることに対しては、メディア法、あるいは、メディア倫理の領域で様々な議論がなされている。主だったところは、プライバシーの侵害や誹謗中傷と表現の自由の兼ね合い、国家機密と人々の知る権利の境界線などが検討事項となる。この延長には、国益と公益という大きな枠組みをどう考えるか、国家と個人をどうとらえるか、という哲学や政治学の領域での検討事項が広がっている。

　二つ目の'記者が人権問題を認識できない'、という点は、記者の採用方法とジャーナリスト養成教育の問題である。日本の記者採用は、新卒採用のほと

んどを4年生大学卒業見込みと指定している。すなわち、大手報道機関に新規採用されて報道職を担う人材は、高学歴エリートに限定されることになる。

全国的に見れば高校卒業後の4年制大学進学者が半数に満たない日本において、記者となる人材がその半分に偏っている。男女比で見れば、鹿児島県のように、女子の4年制大学進学率が4人に1人というところもあることを考えれば、社会的多様性を尊重した採用方式になっていない。さらに、大手メディア産業の幹部職はほぼ全員が男性である。ジャーナリズムの送り手自身が、男性高学歴エリートに極端に偏っていることから、記事の多様性欠如が生まれている問題については、指摘されて久しい。

現状の採用パターンの枠内で問題解決しようとすると、ジャーナリスト養成教育の課題となってくる。自らの生活圏や体験に貧困や差別などの深刻な人権侵害との接点がほとんどないような高学歴エリートに、社会問題となる人権侵害に気づく嗅覚をいかに持たせるのか。水面下に埋もれたり強い力で封印されている問題を掘り起こす気づきの力を、いかに育てるのか。現状では、日本のジャーナリスト養成教育は主に、会社にとって必要な人材を先輩記者が育てていくオン・ザ・ジョブ・トレーニング方式がとられており、大きな改善の余地がある。本書がテーマとする青学モデルは、ヒューマン・ライツの知識と心得を持った人材がメディア産業へ進出する新たな可能性を広げる場として、大いに期待できる。

三つ目の'ニュース価値構造自体が人権に光を当てるものになっていない'という問題は、主に欧州の人権専門家たち、あるいは、紛争や人権侵害の最先端を取材する現場記者たちからあがっている。日本ではこれまでほとんど語られていない視点である。

問題を指摘する人々は、既存のジャーナリズムが、客観的な手法と立ち位置を原理原則としてきたために、いつのまにか'われわれと彼ら'（us and them）という二分法に陥ってしまっているとの現状認識を共有している。そして、'われわれと同じ人間'（people like us）のこととしてとらえ、ともに問題解決に向かう姿勢をジャーナリズムに持たせる必要があるとして、既存のジャーナリズムの原理や規範論の見直しを行っている。その結果、ジャーナリズムの構造的な問題に行き当たり、改善案としていくつかのオルタナティブを提案する

に至っている（I. S. Shaw, 2012, p. xi）。

　その代表例は、紛争／平和研究の第一人者ヨハン・ガルトゥング博士（Johan Galtung、1930-）が指摘する、戦争の暴力行為中心の報道（war journalism）からピース・ジャーナリズムへの転換である。そのねらいは、暴力行為が始まってしまう以前に問題の存在に気づき、社会で共有することにある。同系列のオルタナティブとして、人間の悪行中心の報道（human wrong journalism）からヒューマン・ライツ・ジャーナリズムへといった試みも始まっている。いずれも既存のジャーナリズムの構造転換を促すものとなっている。

　既存のジャーナリズムに対するこれらの問題提起の基盤は、ドイツ観念論哲学を説き、西洋哲学に大きな影響を与えたイマヌエル・カント（1724-1804）の世界市民や世界正義、1948年の世界人権宣言における‘すべての人間’といった考え方にある。

　筆者は、2011年9月に青山学院大学ヒューマン・ライツ研究プロジェクトの一環で、本書の執筆者でもある申教授が企画した北欧人権調査に同行させていただく機会を得、初めてオスロ大学に行った。ガルトゥング博士が半世紀前にまいた種が、時を経ながら場をつくり、思想を広げ、人をつないできた様はたいへん感慨深かった。この60年の間に、同教授が出版した単著は86冊を超え、共著や共編も含めれば165冊に上る。論文や論説は1,700本を超える（Galtung, 2013, p. 25-31）。

　筆者はさらに2012年8月に日本大学より国外研究のための学術研究助成金を得て、欧州数カ国とイギリス調査に赴く機会にも恵まれ、関係者への聞き取りのほか、ケンブリッジ大学やエセックス大学では文献調査も行った。このときは主に、ヘイトスピーチと言論の自由の兼ね合いを欧州ではどう考えているのかを調べた。ジャーナリズム先進国と目される欧米ながら、そのスタンスには国により大きな違いがあること、特に欧州には後述するようにヒューマン・ライツの考え方を重視する姿勢が強いことを、行く先々で実感した。

　これまで筆者は、米国のアグレッシブ・ジャーナリズムの規範形成過程、フォト・ジャーナリズムの世界基準、日本型報道の規範構造のなどについて分析を行ってきたが、ヒューマン・ライツの思想と実践を分析軸に置くジャーナリズムの規範研究のアプローチは、発見の連続で興味深い。

150　Ⅲ　ヒューマン・ライツ教育の諸課題

　本論文は、上述3.に的をしぼり、ヒューマン・ライツの領域からのジャーナリズム改善のアプローチ例としてのピース・ジャーナリズムと、その発展系のヒューマン・ライツ・ジャーナリズムを取り上げる。オルタナティブとしてのピース・ジャーナリズムの特徴と、必要とされる理由について考えるプロセスは、まさに同じ狙いで開発されつつある青山学院大学のヒューマン・ライツ教育への示唆に富む。

1　ジャーナリズム改善の手法

　本論で取り上げるピース・ジャーナリズムは、オルタナティブ（傍流／代替）・ジャーナリズムの新しい形の提唱と実践である。そこで本項ではまず、欧米諸国で広く共有されているメインストリーム（主流）・ジャーナリズムと、その補強や改善のために実践されている代表的なオルタナティブについて概説する。

⑴　メインストリーム

　ジャーナリズムは、問題の発生を最速で正確に社会が共有するためのストレートニュース（news）と、その問題の解決に向けた多様な意見の交流（views）という二つの情報群で構成される。その目的は、人々自身が社会問題を自ら解決するために、問題発生の認識を共有することと、問題解決のための幅広い意見交換の場を維持することにある。こういった理念は、ほぼ1世紀前に確立されており、メインストリーム・ジャーナリズムと総称されている。

　権力者に対する批判も含めて自由に意見を表明するためには、法的な言論の自由の保障が必要である。言論の自由がなければ、権力者に対する批判は、不敬罪や名誉棄損で処罰されかねない。言論の自由史を見れば、弾圧を受け、あるいは、処刑されながらも意見を述べ続けた人々の勇気と絶たれた命の積み重ねによって、今日の自由があることを痛切に受け止めざるをえない。

　公権力層以外の人々が公的情報を自由に共有するためには、法制度としての知る権利の裏づけが必要である。冷戦とベトナム戦争の混沌にあった1960年代あたりから、国益や国防のために行政機密特権が巨大化し、言論の自由という

権利概念の実効性が疑問視されるようになった。この動きを受けて、人々が公情報を知る権利、具体的には公文書に関する情報自由法が新たに必要となり制定されていった。

　民主政治を託されるのは、投票によって決められた議員である。何がこの社会の問題であり、それをどの候補者がどのように解決しようとしているのか。これを見聞きして、人々は自らの1票の権利を託す議員を決定する。こういった循環と分業によるデモクラシーの政治体制において、ジャーナリズムは社会問題の解決のために必要不可欠な情報の創出と流通を担う社会装置の役割を果たしている。

　メインストリームの手法は、社会の変化に伴い、テコ入れや軌道修正、新たな手法の追加などが必要となった。ジャーナリズムが機能不全を起こせば、業界内外に批判の声があがり、目的に照らして検証がなされ、手法の微調整を繰り返す。

　例えば、冷戦の亀裂が深刻化する1950年代の米国では、共産党思想に対する政治的弾圧が猛威をふるった。レッドパージと呼ばれる思想狩りと言論の自由の抑圧を経験した人々は、事実と客観的な取材を重視するメインストリームが、その作法にしばられて拾えない社会問題があることに気づく。その弱点を克服する方法として、客観的に裏づけられた情報のみで構成するのではなく、人に焦点を当てる第二次ニュー・ジャーナリズムの手法を、主に長編ルポの中で編み出した。

　この方法はその後のテレビの出現の中で、ノンフィクションやドキュメンタリー作品へとつながっていった。この時期の一連の試みは、19世紀の終わりころにナラティブ・アプローチによる社会改良型のジャーナリズムとして一世を風靡した、第一次ニュー・ジャーナリズムをアレンジした手法である。平易にいえば、何が起こったか、ではなく、その出来事に直面した当事者はどうなり、その渦中で何を思ったかに焦点を当てるものである。

　しかし、こういった表現方法の修正で済まないときは、理念に照らして大幅なテコ入れもする。新たな手法は、メインストリームに対して、オルタナティブと呼ばれ、その担い手はオルタナティブ・ジャーナリストと呼ばれている。オルタナティブはメインストリームにとって代わることはないが、メインスト

リームだけでは足りない機能を補う役割を持っている。以下で認知度の高いオルタナティブの例をいくつか概観してみよう。

(2) 様々なオルタナティブ

1990年代後半あたりに広まったオルタナティブとしては、シビック・ジャーナリズム、あるいは、パブリック・ジャーナリズムと呼ばれる試みがある[1]。その頃、大統領選における誹謗中傷合戦ばかりになった選挙報道に期待しなくなったメディア利用者の、新聞・テレビ離れ、選挙離れが顕著になっていた。研究者・ジャーナリスト・NPO・市民らが「ジャーナリズムを心配する委員会」などを結成し、数年にわたって読者や視聴者が離れた原因を検証していった。その結果を踏まえ、市民目線で知りたいことをメディア側が議題設定し、タウンミーティングなどを開催して候補者に聞き、それを記事にした。メインストリームからは、主観的、あるいは、事実を自らつくり出すことになるのでよくない、と批判されるアプローチだが、地元の人々から好意的に受け止められ、ジャーナリズムに対する信頼の回復と選挙離れに対する効果を示した。

インターネットによって市民自らが発信することが容易になり、また、広く声を届けることができるようになってきた。そこでは、特にNPOなどがホームページやソーシャルメディアを利用して専門の情報を継続的に発信し、意見交換の場を提供することも増えてきた。この一群の動きは、市民ジャーナリズム（シティズン・ジャーナリズム）と呼ばれている。パブリック・ジャーナリズムやシビック・ジャーナリズムは、ジャーナリズムのプロフェッショナルが担うが、市民ジャーナリズムは一般市民の手によるニュース性を持った情報提供の動きを指す。

韓国のネット専門新聞オーマイ・ニュースが、「市民すべてが記者」というスローガンで国政に大きな影響を与えた。このサイトは、プロフェッショナルの記者たちが核におり、事実確認と編集作業をしている。ベテラン記者が、市民記者希望者の教育・訓練もしている。これはシティズン・ジャーナリズムではなく、本格的なオンライン・ジャーナリズムのはしりで、内容的に見れば、パブリック・ジャーナリズムの色彩が強い。

---

1) Theodore Glasser ed., *The Idea of Public Journalism*, New York: Guilford Press, 1999ほか参照。

Ⅲ-4 ピース・ジャーナリズムとヒューマン・ライツ教育 153

インターネットという新たな道具は、1990年代末あたりの経営難の中で敬遠されるようになった旧来の調査報道の息を吹き返させた。特にビッグデータの解析によって、社会問題を発掘する新たな取材方法が確立されてきている。これは新たなオルタナティブというよりは、メインストリームが得意とする調査報道を、新たな技術によって補強するものととらえられる。

ビッグデータ解析による調査報道の強化を牽引したのは、大学ジャーナリスト養成教育である。実務教育において、早い時期からコンピュータ技術の利用開発とブロガー・ジャーナリストの養成が重点化された。このカリキュラム変更は、そのねらいどおり、ジャーナリズム全体の改善と強化という結果につながってきた。

ネット技術がもたらした弊害として、パラシュート・ジャーナリズムがある。難民キャンプや天災による飢餓の現場にヘリで乗り込み、ハイテクを駆使して現場中継を行い、またすぐにヘリで帰っていく。現場で何が起き、人々がどう暮らし、何を思っているのか、何が一番の問題なのか、といったことを観察する間もなく、しかしイメージ映像が世界に流れ、問題の理解は深まらないまま、センセーショナルな画像の数々に「ああまたか」と人々の感覚が麻痺してしまう。問題に関心を寄せる時間がますます短くなり、かえって問題が放置されていくという悪循環を生み出している。これは、オルタナティブではなく、メインストリーム・ジャーナリズムの問題点だが、ピース・ジャーナリズムの発想は、こういった弊害を是正する目的から生まれてきた。

日本の場合、大手企業の会社員が記者や編集者として業務につく企業型ジャーナリズムである。企業は自社防衛のためもあって、メインストリームの作法を全面に押し出す。そのため、オルタナティブの存在感はまことに薄い。実質的には不偏不党と客観報道の方針に沿って、記者クラブで発表された内容をもとに政府の言い分を伝える広報的内容が多くなり、発表ジャーナリズムとの批判を受け続けている。次章で触れるように、この現象はまさにガルトゥングが指摘するメインストリームの弊害、すなわち、エリート支配者層の談話にニュース価値が偏り、不可視化されている社会構造的・文化的問題に光を当てていない、というメインストリーム批判が当てはまる現状にある。別の言い方をすれば、公権力度の高い人ほど、発言にニュースバリューがある、というエ

リート偏向の傾向がとても強い。

　日本マス・コミュニケーション学会などではここ数年、メインストリームの改善のためのオルタナティブとして、ケアの倫理のアプローチが展開されてきている。東日本大震災などを経て、政府や東京電力の言い分が大量に流れた一方で、被災者の声がなかなか届かない報道のあり方に、疑問や批判が寄せられた。ケア・ジャーナリズムは、日本の硬直した報道機関の取材手法とは異なるオルタナティブの提示として試みるに値する[2]。

2　ピース・ジャーナリズムの試み

　ここまで、主に欧州と米国に共通して見られるオルタナティブの傾向について記した。しかし、欧州と米国は、ジャーナリズム規範の構造を比較検討した場合、共通点も多いが大きく異なる点もある。本項では、欧州に特徴的なヒューマン・ライツ重視の考え方と、そこから生まれてきたピース・ジャーナリズムについて述べる。

(1)　相対的言論の自由と欧州のヒューマン・ライツ

　ジャーナリズムの文脈で、米国と欧州のもっとも大きな違いは、言論の自由の考え方の違いに由来するものである。欧州では言論の自由を、他の権利とのバランスをとりながら、相対的・限定的なものと考える。しかし、米国は言論の自由を、修正1条に置き優先順位の最上位群に位置づける。

　欧州の相対的言論の自由は、第二次世界大戦において人種差別意識から大量虐殺を招いたとの反省と教訓が土台となっている。さらに、相互理解と協力関係が望ましい地続きの小さな近隣国同士という欧州の事情と、その欧州から海で隔てられ人口も国土面積も大きな米国の違いともいえる。欧州では、第二次世界大戦も冷戦構造の中での殺し合い、冷戦終結後も東欧やかつての植民地アフリカでの民族紛争における殺戮の応酬、さらに今も宗教対立による紛争が続いている。それらの紛争の背景には、先進国による経済的搾取や、民族間の偏

2）　林香里『〈オンナ・コドモ〉のジャーナリズム——ケアの倫理とともに』岩波書店、2011年、ほか参照。

見や憎悪の増長、宗教や風習の違いによる嫌悪、性差別や貧困差別などの複合的な社会構造がある。国家間の経済力の違いや他宗教への不寛容から生じる憎しみが、やがて身体的暴力を伴う紛争につながることを、人々は身をもって体験している。

　その解決に向けて、国境を越えた枠組みが必要であることは、国際社会全体でも認識されてきた。国連憲章、世界人権宣言のほか、1966年には国際人権規約の署名が開放され、自由権と社会権に対する意識化が図られている。その後も深刻な人権侵害領域として、集団殺害、人種差別、女性差別、拷問などの廃止、子どもの権利保護といった個別事例が国際的にテーマ化されてきている[3]。しかし、欧州はさらに独自に、ヨーロッパ人権条約に1950年に署名し、独自の委員会や裁判所を擁すほか1961年にヨーロッパ社会憲章の署名を始めるなど、積極的に国家の枠を超える地域共通の基準づくりに努めている。

　こういった欧州と米国の社会背景の違いは、例えば、ヘイトスピーチへの対応などに明確に出てくる。

　米国は、言論の自由市場論の立場と修正1条の優位性から、言論の自由に制限をかける法的規制については慎重である。言論の自由市場論の立場から、悪い言論は良い言論によって淘汰できるし、そうするべきと考える。逆に、言論に対する法的規制力を誰かに持たせれば、その権限は必ずや暴走し、権力による検閲などの言論弾圧を生むと考える。暴走し始めた権力を食い止めることは至難であり、起こりうる問題は甚大になることから、いかなる言論に対しても、法的規制には否定的である。その背景には米国の生い立ち、すなわち、欧州で激しい宗教弾圧を受け、信教・思想・言論の自由を求めて米国大陸に生きる場を求めて移動してきた建国の父たちによる体験がある。

　一方、欧州では、憎悪をかきたてるような言動がやがて、現実の大量殺戮にまで行ってしまったという体験から、人種偏見や民族対立を煽る言動のリスクを、早い段階で制御することを重視する。ヘイトスピーチや、ナチによる虐殺はなかったといった嘘については、法的な罰則を伴う規制力を行使して封じることを、言論の自由より優先する。いずれも体験からくる叡智であり、その地

---

3) トーマス・バーゲンソル、小寺初世子訳『国際人権法入門』東信堂、1999年。申惠丰『国際人権法』信山社、2013年、ほか。

域やコミュニテイの特性に応じたバランスが肝要と思われる。

　ピース・ジャーナリズムは、こういった欧州の事情から人権侵害の解消のみならず、人権侵害の‘予防’にも大きな意味を見出してつくられてきたオルタナティブなのである。

(2)　ピース・ジャーナリズム

　ここでは、筆者の欧州調査の結果を踏まえ、ピース・ジャーナリズムについて、提唱者のガルトゥングの紛争／平和理論と、ジャーナリズムのオルタナティブが必要になった背景の観点から、その特徴を述べる。

　ガルトゥングは、周知のようにノルウェーの政治学者で、紛争／平和研究の第一人者である。12歳のときにノルウェーに侵攻したナチに父親を拘束され、成人してからは良心的兵役拒否で6カ月、投獄された経験がある（Galtung, 2013, p. 123）。1959年にオスロ国際平和研究所を創設し、現在はNPO／サイバー大学「TRANSCEND」の共同代表として、理論研究、調査、論評、教育などの活動を展開している。60年あまりにわたる研究は、今日、トランセンド（TRANSCEND）アプローチと総称されている[4]。その著書は、単著だけでも2012年には86冊を超えている。

　ガルトゥングらは、メインストリームの問題を次のように指摘する。既存のジャーナリズムは、勝利志向の政治的軍事的エリートの宣伝的談話を重点的に伝え続けている。紛争の現場での、目に見える身体的暴力や衝撃的な破壊に偏ったニュース構成になっている。偏ったニュースを見聞きし続けた暴力の被害者たちは、相手に憎しみを募らせる。ニュースが結果として、暴力の連鎖を増長する役割を果たしてしまう。被害者たちは、解決の努力がなされていることを知らず、解決の糸口が見えなければ、不信だけがつのり、事態の悪化が恒常的になっていく。この悪循環を断ち切るには、改善に向けた様々な層の人々の試みのほうにより大きなニュース価値を置いて伝えるとともに、身体的暴力以前の、文化的暴力や構造的暴力にニュース価値を置いて光を当てるべき、という論旨である。

4）　Charles Webel and Johan Galtung eds., *Handbook of Peace and Conflict Studies*, outedge, 2007 ほか、多数。

Ⅲ- 4　ピース・ジャーナリズムとヒューマン・ライツ教育　157

　ガルトゥングの分析を実践に取り入れて形を整えて行ったのは、BBC や ABC などに紛争地からレポートを30年近く送ってきたプロフェッショナル・ジャーナリストのジェイク・リンチとアナベル・マックゴールドリックらである。2人は、北アイルランド、インドシナ、ルワンダ、モロッコ、アフガニスタン、イスラエル紛争、イラク戦争、ホワイトハウス、と、様々な紛争に関し、現場や関係する政治的エリートに対する取材を続けてきた。2人は、客観的に事実を述べるメインストリームの方法論では、問題解決に遠く及ばないどころか、紛争の悪化を招くことを体験してきた。そこで、ガルトゥングの指摘を実践に組み入れる研究と教育に取り組み、現在はオーストラリアを拠点として教育と研究を続けている[5]。

　ピース・ジャーナリズムのスタンスをさらにラディカルに拡張したものが、ヒューマン・ライツ・ジャーナリズムである。これは、主にエイブラハム・シーガ・ショウが提唱している。ショウは、現在イギリスのノーザンブラウ大学で研究を進めている。ソルボンヌ大学で博士号を修めた後、26年間にわたり、シエラレオネ、イギリス、フランスなどで、新聞の取材や編集を続けてきた。特に、シエラレオネの新聞 *EXPO TIMES* での仕事は、国際的にも高く評価されている[6]。

　表1は、メインストリームの戦争ジャーナリズム、ガルトゥングらのピース・ジャーナリズム、そのさらに先鋭化されたヒューマン・ライツ・ジャーナリズムについて、それぞれの特徴を整理したものである。表2は、これら3つのジャーナリズムについて、主要取材源と、その取材源が担っている社会的役割や方法論を比較したものである。表1と表2を重ねて見ていくと、ピース・ジャーナリズムの狙いと、メインストリームの偏りが浮かび上がってくる。

3　ヒューマン・ライツ教育とジャーナリスト養成教育

　本章では、構造的に不可視化されている社会問題に、ジャーナリズムが光を

---

5)　Jake Lynch and Annabel McGoldrick, *Peace Journalism*, Hawthorn Press, 2005ほか、多数。

6)　Ibrahim Seaga Shaw, *Human Rights Journalism- Advances in Reporting Distant Humanitarian Interventions*, Palgrave Macmillan, 2012.

158　Ⅲ　ヒューマン・ライツ教育の諸課題

表1　オルタナティブ・ジャーナリズムの比較

戦争／暴力ジャーナリズム	平和／紛争ジャーナリズム	ヒューマン・ライツ・ジャーナリズム
1）戦争／暴力本位 後手／まず暴力ありき ゼロ・サム志向	1）平和／紛争本位 予見：防止 ウィン・ウィン	1）非暴力／構造／文化 暴力本位：予見／直接的暴力の防止 トリプルウィン
2）プロパガンダ本位 何がしかを隠す	2）事実本位 ・すべての事実を掘り起こす	2）人間の悪行本位：すべての人間の悪行をあばく
3）支配者層本位 ・'彼ら'は悪 ・'われら'に注目	3）庶民本位 すべての人々の苦しみに注目し、悪行を働いたすべての人名をあげる。すべての犠牲者の人名をあげる	3）人の顔の見える対応本位／被害を受けやすい 人々を優先しながら、すべての人々を励ます
4）勝利本位	4）解決本位	4）総体的な問題解決：今日／明日、表面／裏に隠された問題

出典：Ibrahim Seaga Shaw, *HUMAN RIGHTS JOURNALISM Advances in Reporting Distant Humanitarian Interventions*, palgrave macmillan, 2012, の p. 45 & p. 47の二つの図をもとに、筆者が整理して表にした。

表2　政府当局の動き、平和機関の動き

1 主体者	政府の活動 外交官・軍人	平和の活動 常設的、急場的
2 基調	現実主義	理想主義
3 認識論	経験論、実用主義	倫理主義
4 理論	武力に基づく安全保障の理論的枠組 悪と対峙する人間	良心の強さをよりどころとする 説得の理論的枠組み
5 方法論Ⅰ	支配者層の会議	庶民の集会
6 方法論Ⅱ	国益に沿った交渉	解決、擁護
7 方法論Ⅲ	威嚇行動 ・外からの刺激の力 ・武力による強迫	示威行動 ・内発的良心の力 ・庶民の力
8 方法論Ⅳ	爆撃のような暴力的行動	不買運動のような非暴力的行動

出典：Johan Galtung & Dietrich Fisher, *Johan Galtung Pioneer of Peace Research*, Springer, 2013, p. 123.

当てるために必要なことを、ヒューマン・ライツ教育とジャーナリズム教育の連関の相互作用の面から述べる。

(1)　問題を不可視化する社会構造

　ガルトゥングは、平和と紛争の状態を、以下のように多層的にとらえることを主張する[7]。まず、平和には、消極的平和と積極的平和があるとする。戦

争や直接的肉体に加えられる暴力のような、目に見えるような暴力行為がない状態を「消極的平和」と呼ぶ。さらに、構造的貧困や文化的差別といった、目に見えるような形ではない暴力もない状態を「積極的平和」と分けて認識する。

メインストリームは、消極的平和論の立場で社会をとらえるために、紛争状態の解決に結びつきにくいだけでなく、憎しみの増長と紛争状態の悪化を結果として手助けする現実があると分析する。ピース・ジャーナリズムはこの認識に立ち、ニュース価値構造を、消極的平和ではなく、積極的平和へシフトさせることを提案しているのである。

ガルトゥングの紛争／平和論は、「ABC 紛争トライアングル」という著名な理論仮説になっている（図1参照）。身体的暴力（B）を防ぐためには、先んじて発生している構造的暴力（C）、および、文化的暴力（A）といった目に見えない暴力をも社会問題として取り上げ、解決していくことがより重要であると考える。既存の、暴力行為があるかないか、の基準だけでは平和状態に対する解釈が狭すぎる。目に見える暴力行為は氷山の一角であり、その手前、および、裾野には、目に見えにくいが恒常的な、構造的・文化的暴力が存在する、というとらえ方である。

ここでいう目に見えやすい（可視化された）身体的暴力（B）とは、直接的な行動、例えば、たたく、殴る、刺す、打つ、爆撃する、強姦する、拷問する、といった行為のことである。不可視化された暴力とは、政治的抑圧構造、経済的搾取の構造などによって引き起こされており、場合によっては、肉体的暴力による直接的な痛みよりも酷い苦しみとなるという。文化的暴力（A）とは、ヘイトスピーチ、被害妄想、戦争の英雄神話や武勇伝、宗教上の聖戦、選民思想、文明の驕りといった類のものである。構造的暴力（C）とは、植民地主義、アパルトヘイト、奴隷制度、軍による占領、汚職や談合、縁故主義、刑事免責、家父長制、経済的不正義といった類のものである。

文化や慣習、社会的に構造化された暴力は、ヒューマン・ライツの専門知識がなければ認識できない。ましてや、そういった環境の中で生まれ育っていれば、問題として認識すること自体がほぼ不可能である。それは記者も同様であ

7）　Johan Galtung, *Peace by peaceful means− peace and conflict, development and civilization*, PRIO, Sage, 1996, p. 32ほか、ガルトゥングの一連の書籍。

図1　ガルトゥングのABC紛争トライアングル

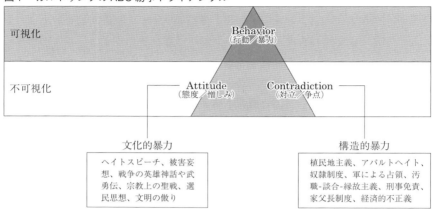

出典：Ibrahim Seaga Shaw, *HUMAN RIGHTS JOURNALISM Advances in Reporting Distant Humanitarian Interventions*, palgrave macmillan, 2012, p. 12 と Jake Lynch & Annabel McGoldrick, *PEACE JOURNALISM*, HAWTHORN PRESS, 2005, p. 60（http://them.polylog.org/5/fgj-en.htm）の図をもとに、筆者が作図した。

る。戦争状態でなくても平和ではない、というとらえ方と、それらの暴力が直接的な身体的暴力と同様に、いやそれ以上に大きな社会問題である、という価値構造の変換をニュース価値に持ち込むためには、記者自身にヒューマン・ライツに対する深い知識と理解が必要である。ピース・ジャーナリズムは、メインストリームとは異なるオルタナティブの一つとして、記者を専門的に訓練することで、解決に近づこうとする試みともいえる。

　メインストリームの手法から見れば、ヒューマン・ライツを基準として問題提起していくピース・ジャーナリズムや、その手法をさらに先鋭化したヒューマン・ライツ・ジャーナリズムは、目に見えてすでに起こっている出来事の記録ではなく、目に見える形ではないが実存する問題として認識して記録することの必要性を主張する。これは、別の言い方をすれば、目に見える問題発生の予防に、一歩前に踏み込むアプローチである。ここには、アフリカや東欧などの紛争取材を続けた記者たちの、メインストリームの方法では、「小さすぎ、遅すぎる」（too little, too late）という痛恨の実感がある（I. S. Shaw, 2012, p. 242）。

　これらの主張と試みは、起こった出来事（過去形）に忠実に、客観性のある取材方法で、正確に記録するというメインストリームの作法から見れば、逸脱ともとれる。方法論として、メインストリームからの批判は予想に難くない。

figure 2 紛争のライフコース

A、B、Cすべて、どの段階でも考慮されなければならない。

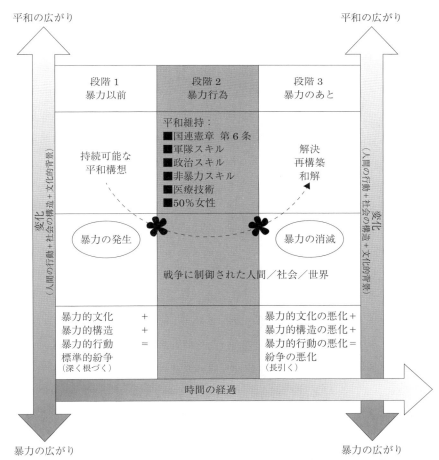

出典：Johan Galtung & Dietrich Fisher, *Johan Galtung Pioneer of Peace Research*, Springer, 2013, p. 62.

しかし、紛争／平和研究の専門知をさらにたどるとき、説得力が増す。

　図2は、ガルトゥングによる紛争のライフコースである。暴力行為（第二段階）、それ以前（第一段階）、それ以後（第三段階）をモデル化したものである。

そこに、前述の行動としての暴力（B）、文化的暴力（A）、構造的暴力（C）という紛争トライアングルと、時間の経過を重ね、解決方向と悪化方向を一つの図にまとめてある。こういった状態であるならば、ジャーナリズムの果たしてきた役割の負の側面や、果たせるであろう役割についての考え方は、メインストリームとはまた異なる軸を持つことが可能であり、必要であることを考えさせる。

　こういったモデルを、例えばルワンダの虐殺事件などを具体的に当てはめて考えると、より分かりやすい。3週間に80万人ともいわれる殺戮が、大量破壊兵器ではなく手斧などで実行された。その後の虐殺の応酬のただ中で、疫病の急激な蔓延によってさらに大量の死が引き起こされていった。きっかけには、フツ族とツチ族の、政治的経済的不均衡の恒常化による不満の蓄積と、それを煽るラジオによる激しいヘイトスピーチがあったといわれている。

(2)　ピース・ジャーナリズムのテキスト

　ピース・ジャーナリズムの開発を続けている前述のリンチとマックゴールドリックらは、2005年に265頁（アメリカンサイズ：A4判とB5判の間のサイズ）に及ぶテキストを出版している。リンチやマックゴールドリックらは、これを手に、世界各地でワークショップを続けている。テキストの序文は、ガーディアン紙の論評を担当するロイ・グリーンスレイドらが寄せている。

　テキストの構成は、ジャーナリスト養成教育やヒューマン・ライツ教育の参考になる。目次を見てみよう。

　はじめに
　1章　ピース・ジャーナリズム・モデル
　2章　紛争分析―ジャーナリストのための拠り所
　3章　暴力を取材し理解する
　4章　戦争プロパガンダ
　5章　シナリオとジレンマ
　6章　ピース・ジャーナリズムの実践
　7章　なぜ、ニュースはそのようになっているのか
　おわりに―課題と好機

テキストは、イラク戦争やユーゴのNATO軍による空爆、ルワンダ虐殺、バリでのアルカイダによる爆弾事件、イスラエル・パレスチナ問題等、具体的な様々な紛争とそれを伝える記事やテレビレポートを事例にとり、検証を重ねる。そこから、ピース・ジャーナリズムにおける5W1Hの基本構造の変換や、コメントの偏りの是正といった、具体的な手法の解説を展開する。ヒューマン・ライツの基本を解説しながら、紛争に対する取材者の視野を大きく広げるものとなっている。

リンチらは、ニュース価値の転換とあわせて、情報の流れの変革についても、その必要性を訴えている。具体的には、エリート層から受け手に一方通行で流れていく現在の情報経路を、人々から人々へのループ型へと変える、という提言である（図3参照）。既存のメディア理論に見られる双方向性の話ではなく、情報の受け手が情報提供者に接点を持つフィードバックの回路の形成によって、エリート層と人々の分断・乖離状態を埋めていく試みの一環と読み替えることも可能である。

公的権力のあるエリートからの発信にニュース価値を置くメインストリームの場合、取材先の選定はさほど難しくない。しかし、広範囲にわたる構造的・文化的問題を対象として、その当事者に取材していく場合、誰に、どのように

図3　フィードバックの回路（出力の一部を入力側に戻すようにした経路）

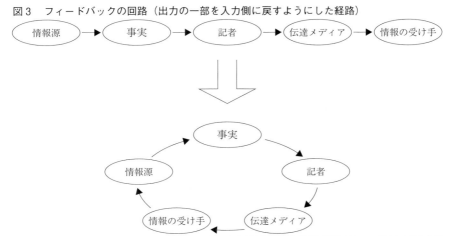

出典：Jake Lynch & Annabel McGoldrick, *PEACE JOURNALISM*, HAWTHORN PRESS, 2005, pp. 216 & 217を参考に筆者が作図した。

取材するのか、その力量が記者に問われる。すなわち、記者自身のヒューマン・ライツの価値基準に照らして、社会問題を分析・抽出する感度が不可欠となる。こうして見てくると、ヒューマン・ライツ教育は、ジャーナリズムが扱うべき社会問題を描き出すレーダーの役割を果たしうるようである。

おわりに——ヒューマン・ライツ教育が促す構造転換

　ここまで、ピース・ジャーナリズムについて、その特徴と考え方の輪郭をたどってきた。紛争／平和に関するこれらのモデルや仮説、アプローチは、戦争に限らず、争点の生じている社会問題全般に応用が可能である。先の図1にあるように、ヘイトピーチや家父長制、植民地主義や軍事支配、経済的不正義などを包括し、現代社会の様々な国の多種多様な国内問題に援用できる。

　こういった構造転換の提言について深く考えるためには、現実社会に埋め込まれている「不可視化された暴力」に気づく力がまず必要とある。その力は、グローバルスタンダードとしてのヒューマン・ライツの思想と実践を学ぶことで養われる。ヒューマン・ライツ教育の裾野を広げることが、改善の第一歩となる。

　ピース・ジャーナリズムの手法は、メインストリームの機能不全をマイナーチェンジで補習するものではなく、ジャーナリズム規範の構造転換を促すオルタナティブである。1で述べてきたオルタナティブ同様、その提言初期には、メインストリームからの批判の声が大きくなるだろう。人権団体や国連の調査レポートとジャーナリズムの線引きの仕方などについても、研究がさらに続けられている。それでも、ジャーナリズムの機能不全の現状と、社会問題の深刻化に目を向けるならば、その可能性について熟慮と実験を重ねる意味があると筆者は考える。

　紛争の悲惨なニュースは憎しみの連鎖を生み、エリート層が戦争に踏み込む口実となってきた。戦争被害者のレポートを担ってきた記者が標的にされ、大量破壊兵器の限りない開発は記者が現地に入れない状況を生み出している。軍部の広報としてパラシュート・ジャーナリズムが使われる一方で、戦場を日常として過ごさざるをえない人々の姿は、ますます見えにくくなってきている。

現実には、記者の良心のみに頼って、この種の社会問題は細々と伝えられているにすぎない。そして、この「戦地」は、私たちのすぐ身近にある「貧困」や「虐待」の場も、同様の構造を持っているのである。

　現在、ヒューマン・ライツ本位のジャーナリズムのアプローチを記者養成教育プログラムに取り入れる試みは、世界各地で見られている。2008年には、ユネスコが東南アジア諸国向けにジャーナリスト・トレーニングマニュアルを作成し、翌年にはベトナムでトレーニング・ワークショップを開催している。そこでは、ヒューマン・ライツの基準を生かすこと、参画すること、説明責任を果たすこと、差別をなくすこと、励ますこと、という五つのキーワードの連関によって、ジャーナリズムを改善することをについて、記者の理解を促すものとなっている[8]。

　同様の試みは、2002年に創設されたカナダのヒューマン・ライツのためのジャーナリスト協会（JHR）、ブリュッセルの国際ジャーナリスト協会（IFJ）、ロンドンのメディア・ダイバーシティ協会（MDI）などでも検討がはじまっている[9]。日本にはこの種の磁場はほとんどないが、さまざまな改善の第一歩は、ジャーナリストに限らず、ジャーナリズムの受け手も取材を受ける側も、広くヒューマン・ライツの考え方を知り、理解することにある。青学モデルが、さらなる学びと研究の磁場を創出していくことに期待したい。

主な参考文献（論文を含む）

Berglez, P. (2008) 'What Is Global Journalism? Theoretical and Empirical Conceptualisations', *Journalism Studies*, Vol.9, pp. 6, 845-858.

Boyd-Barrett, O. (2009) 'Global Crisis Reporting: Journalism on the Global Age', Book Review in *Journalism and Mass Communication Quarterly*.

Deuz, M. (2006) 'Global Journalism Education: A Conceptual Approach', *Journalism Studies*, Vol.7, No.1, pp. 19-34.

Galtung, J. (1996) *Peace by Peaceful Means -Peace and Conflict, Development and Civilization*, PRIO= International Peace Research Institute, Oslo, London: SAGE Publications.

Galtung, J. (2004) Violence, War, and Their Impact: On Visible and Invisible Effects of Violence, Transcend: Peace and Development Network for Conflict Transformation by Peaceful Means. http://them.polylog.org/5/fgj-en.htm.（2014年12月12日に参照した）

　8）　G. Beman and D. Calderbank eds., *The Human Rights-Based Approach to Journalism: Training Manuel Vietnam*, Bangkok: UNESCO, 2008.

　9）　本論文は、平成24年度日本大学学術研究助成金の支援によって可能となった欧州調査の成果を踏まえている。謝して記す。

166   Ⅲ　ヒューマン・ライツ教育の諸課題

Galtung, J. and Fischer, D. eds., (2013) *Johan Galtung- Pioneer of Peace Research*, Springer.

Halsted, P (2008) *Human Rights 2008-2009 Key Facts*, Hodder Education.

Halstead, P (2009) *Human Rights 2009-2010 Key Cases*, Hodder Education.

Lovasan, L. (2008) 'Journalism and Power: The Role of Media in Building Human Rights and Culture of Peace', http://www.humanrightsdefence.org/journalism-and-power-the-role-of-media-in-build. （2014年12月に参照)。

Lynch, J. (2007) Peace Journalism and Its Discontents. Conflict & communication online, Vol.6, No.2, http://www.cco.regener-online.de. 1-13.

Lynch, J. and Galtung, J. (2010) *Reporting Conflict: New Directions in Peace Journalism: New Approaches to Peace and Conflict*, Australia: University of Queensland.

Lynch, J. and McGoldrick, A. (2005) *Peace Journalism*, Stroud: Hawthorn Press.

Papademas, D. ed., (2011) *Human Rights and Media*, Emerald.

Shaw, I. S. (2009) 'The "Us Only" and "Us + Them" Frames in Reporting the Sierra Leone War: Implications for Peace Journalism and Global Justice', *Ethical Space: The International Journal of Communication Ethics*, Vol.6, No.1, pp. 39-47.

Shaw, I. S. (2011) 'Human Rights Journalism: A Critical Conceptual Framework of a Complementary Strand of Peace Journalism', in Ibrahim Seaga Shaw, Robert Hackett and Jake Lynch (eds.), *Expanding Peace Journalism: Critical and Comparative Perspectives*, Sydney: Sydney University Press.

Starkey, G. (2007) *Balance and Bias in Journalism: Representation, Regulation and Democracy*, London: Palgrave Macmillan.

Stone, R. (2012) *Textbook on Civil Liberties and Human Rights*, Oxford University Press.

Ⅳ　諸外国のヒューマン・ライツ教育

Ⅳ-1　ヒューマン・ライツ教育の国際的動向

申　惠丰

　1948年の世界人権宣言は前文で、国連加盟国は世界平和の基礎をなすものとして人権と基本的自由の普遍的な尊重・遵守を促進すると誓約したことを想起し、「これらの権利及び自由に対する共通の理解は、この誓約の完全な実現にとって最も重要であるので」、「社会のすべての個人及びすべての機関が、…これらの権利及び自由の尊重を指導及び教育によって促進」し、またこれら権利・自由の普遍的な遵守に向けて国内的・国際的な取組みを行うために同宣言を公布するとしている。このように、国際社会の人権基準としての世界人権宣言にはすでに、これらの人権を促進し実現していくためには「指導及び教育」が不可欠であるという認識が明確に含まれていた。「**人権についての教育**（education about human rights）」、つまり人権についての理解を深めるための教育という側面である。加えて、世界人権宣言は26条1項で教育を受ける権利について規定し、その2項では、教育は「人格の完成並びに人権及び基本的自由の尊重の強化を指向」し、「すべての国民、人種的集団又は宗教的集団の間の理解、寛容及び友好を促進し、かつ、平和の維持のための国際連合の活動を助長する」ものとすると規定している。この26条1項は、教育を受ける権利すなわち「**人権としての教育**（education as a human right; human right to education）」を定め、また2項は、教育の内容自体も人権尊重を強化するものであることを求めたものである。

　このように、教育と人権の関係は、「人権についての教育」と「人権としての教育」という大きく分けて二つの観点からとらえることができるが、世界人権宣言26条に見られるように、人権としての「教育を受ける権利」は、人権尊重に資するような教育を受ける権利という意味で「人権についての教育」とも密接な関わりを持っている。ユネスコ・国連人権センター共催の「人権と民主

主義のための教育に関する国際会議」（1993年、モントリオール）が採択した世界行動計画が「人権と民主主義のための教育はそれ自体が人権であり、人権、民主主義、社会正義の実現の前提である」[1] としているように、国際的には「『人権についての教育』のあり方をふくんで『人権としての教育』が問題とされてきた」[2] のが実際である。本章では、「人権についての教育」という意味でのヒューマン・ライツ教育について、国際的動向を概観し検討を加えるが、それは根底では「人権としての教育」とも切り離せないものなので、必要に応じて「人権としての教育」の側面にも適宜言及する。

1　国連の人権活動と人権教育

　国連の初期の人権活動は、世界人権宣言に続いて国際社会の「国際人権章典」を作成することに力を注いでいたが（1966年の国際人権規約採択によってそれが実を結ぶ）、一方で、すでに1955年には、人権分野における助言サービス・プログラムが総会で承認され、加盟国政府の要請に応えた専門的助言サービスの提供やセミナーの開催が行われてきた[3]。これは現在も継続されており、地域別に行われる人権研修コース（政府の上級職員、裁判官、検事、警察幹部、その他の法律専門家を主に対象とする）や、地域ごと・国ごとに企画されるセミナーを含め多様な内容のものが展開されているが、このような活動は、国連が創設以降最初に手がけた人権教育活動と見ることができる[4]。

　助言サービス・技術協力を別とすれば、国連が人権教育を本格的に推進するようになるのは、1980年代以降[5]、とりわけ、1993年のウィーン世界人権会

---

1) International Congress on Education for Human Rights and Democracy, World plan of action on education for human rights and democracy, para. 2, http: //unesdoc. unesco. org/images/0016/001610/ 161096eo. pdf (visited on 19 September 2014).

2) 梅田修『人権教育の検証——同和教育からの転換の帰結』部落問題研究所、2003年、70頁。

3) 白石理「人権教育の系譜——人権の実現をめざす国際連合の理論と実践」(財)アジア・太平洋人権情報センター『アジア・太平洋人権レビュー2007』現代人文社、2007年、9頁。

4) 同上、10頁。

5) ユネスコを中心に教育問題に対応してきた国連システム内で、1980年代以降、平和教育、開発教育と並んで人権教育が大きく位置づけられるようになった流れについて、生田周二『人権と教育——人権教育の国際的動向と日本的性格』部落問題研究所、2007年、16-25頁を参照。

議を経てその翌年に「人権教育のための国連10年」（1995年〜2004年）が宣言されてからである。他方で、1976年に発効した国際人権規約をはじめ、国連が採択した諸人権条約の実施過程では、条約上の人権を実現するために求められる国の積極的な施策として、教育の重要性は常に指摘されてきたことも事実である。そこで以下では、人権教育の10年について述べる前に、人権条約の実施においていかに人権教育の必要性が強調されてきたかにも言及しておきたい。

（1）　国際人権基準とその実施

　国際人権章典の完成後も、国際的な人権基準設定の作業は続き、女性差別撤廃条約（女性に対するあらゆる形態の差別の撤廃に関する条約）、拷問等禁止条約（拷問及び他の残虐な、非人道的な又は品位を傷つける取扱い又は刑罰に関する条約）などが次々と採択されていく。国連が採択したこれらの条約は「中核的人権条約（core human rights treaties）」と呼ばれ[6]、今日そのほとんどは、百数十の締約国を数える普遍性の高い条約となっている[7]。

　これらの条約のうち、人種差別撤廃のような差別撤廃の分野においては、差別につながる偏見をなくし人々の間の理解と寛容を広げていくための教育上の取組みは不可欠の措置と考えられており、人種差別撤廃条約は7条で特に教授・教育・文化・情報の分野に関わる措置についての規定を置いている[8]。しかし、そのように教育に明文で言及していなくとも、いずれの人権条約の実施過程でも共通に明らかになっていることは、条約上の人権を実現していくた

6）　国際人権規約（経済的、社会的及び文化的権利に関する国際規約［社会権規約］、市民的及び政治的権利に関する国際規約［自由権規約]）、1965年の人種差別撤廃条約（あらゆる形態の人種差別の撤廃に関する国際条約）、1979年の女性差別撤廃条約、1984年の拷問等禁止条約、1989年の子どもの権利条約、1990年の移住労働者権利条約（すべての移住労働者及びその家族構成員の保護に関する国際条約）、2006年の強制失踪条約（強制失踪からのすべての者の保護に関する国際条約）、障害者権利条約（障害者の権利に関する条約）の、現時点で9つの条約である。国際人権規約が包括的な人権条約であるのに対し、その他の条約は、差別撤廃に焦点を当てたもの、女性・子ども・障害者など主体別に権利保護の強化を図ったもの、あるいは拷問・虐待、強制失踪のように一定の人権侵害の防止・処罰に重点を置いたものになっている。いずれも、人権保障を目的とする多数国間条約であり、締約国が条約の国内実施状況を条約機関（各条約で設置された委員会）に報告する制度を備えている点で共通の特徴を持つ。

7）　中でももっとも普遍性の高いものは、193カ国が締約国となっている子どもの権利条約である。移住労働者権利条約のみは、締約国数が47カ国（2014年9月15日現在）にとどまり、かつ、移住労働者を海外に送り出す側の途上国に偏っているという現状がある。

172　Ⅳ　諸外国のヒューマン・ライツ教育

めには、公務員に対する人権教育・訓練、さらには広く一般市民に対する人権についての周知が、いかに重要な意味を持っているかということである。

　例えば、自由権規約は「拷問及びその他の残虐な、非人道的な又は品位を傷つける取扱い又は刑罰を受けない権利」（7条）を確保することを締約国に義務づけている。しかし、ほとんどの国では憲法や法律で拷問や虐待を禁じているにもかかわらず、現実には多くの国で日常的に発生している。だとすれば締約国は、特に人の身柄取扱いに関わる公務員に対し、人権規範の遵守を周知徹底するための教育・研修を実施することを通して、それらの行為の実効的防止を図らなければならないし、現に発生した場合にはさらなる教育・研修を含めた再発防止策をとらなければならない。加えて、親族による子ども虐待のように私人が人の虐待に関わることもあるから、広く市民社会の中に人権意識を根づかせていくための教育・広報も必要になる。自由権規約の条約機関である自由権規約委員会は、各国の報告審査の際、規約の内容が公務員にどの程度周知徹底されているか、また一般の人々に広報されているかをしばしば当事国への質問事項としている[9]。全締約国に向けた「一般的意見」で委員会は、権利を確保する義務は「締約国が……立法、司法、行政、教育およびその他の適切な措置をとることを要求している」とし、「公務員および国家機関の間だけでなく人々一般の間にも、規約に関する認識度を上げることが重要である」と述べている[10]。また、子どもの権利条約の条約機関である子どもの権利委員会は、国が子どもの権利を促進し尊重していくためには、条約に根ざした包括的な国家戦略を作るべきであり、かつそれを子どもにも分かる表現にして広く普

8）　7条「締約国は、人種差別につながる偏見と闘い、諸国民の間及び人種又は種族の間の理解、寛容及び友好を促進し並びに国際連合憲章、世界人権宣言、……及び特にこの条約の目的及び原則を普及させるため、特に教授、教育、文化及び情報の分野において、迅速かつ効果的な措置を取ることを約束する」。

9）　申『人権条約上の国家の義務』日本評論社、1999年、124-125頁。
　　また、国連の人権条約で提出が求められている政府報告書の形式や内容については一定のガイドラインがあるが、そこでは、すべての条約の報告書に共通する中核文書に関して、「国内レベルで人権が促進される枠組み」として、教育・訓練、広報のためにとった措置についても情報を提供すべきこととされている（国連人権高等弁務官事務所「国際人権条約の締約国が提出する報告書の形式及び内容に関するガイドライン集」UN Doc. HRI/GEN/ 2 /Rev. 6 , para. 43）。

10）　Human Rights Committee, General Comment No. 31, UN Doc. CCPR/C/21/Rev. 1 /Add. 13 (2004), para. 7 .

及する必要があるとして[11]、権利主体たる子ども自身を含む一般公衆が子どもの権利について意識を深める必要性を強調している。

ただし、「人権教育」というとき、公務員と一般の私人とでは、それが国に要求される度合いは当然異なることには注意が必要である。市民が自らの権利を知り、人権侵害から身を守るとともに他人の権利を尊重するための人権教育も大切ではあるが、原理的にいって、市民の人権を実現する責務を負う側、すなわち公権力を有する人々の側に対する人権教育が枢要であることは、市民に対する人権教育の必要性の比ではない。多くの人権条約において締約国は、すべての公的機関が条約上の人権を遵守して行動するよう確保する義務を明文で負っており（例えば、人種差別撤廃条約2条1項(a)、女性差別撤廃条約2条(d)）、公務員に対してしかるべき人権教育・訓練を行うべき義務は、そこにも当然含意されている。また、例えば拷問等禁止条約で禁止される「拷問」のように、公務員その他公的資格で行動する者の関与があることが一つの構成要件になっている人権侵害行為がある（1条。「公務員その他の公的資格で行動する者により又はその扇動によりもしくはその同意もしくは黙認の下に行われるもの」）。同条約10条は、人の身体の取扱いに関与する公務員に対する教育・訓練について特に規定を置き、締約国は「拷問の禁止についての教育及び情報が、逮捕され、抑留され又は拘禁される者の身体の拘束、尋問又は取扱いに関与する法執行職員……、医療職員、公務員その他の者に対する訓練に十分取り入れられることを確保する」ことを義務づけている（1項）。

また、行政機関による人権侵害を防止するための人権教育・研修はもちろん、人権侵害の救済にあたる任を持つ裁判官その他の国家機関が、国際人権法を含む人権規範について知識と意識を持つことも重要である。例えば、自由権規約は、救済を求める者の権利が権限のある国の機関によって決定されることを確保するよう締約国に義務づけ（2条3項(b)）、また女性差別撤廃条約は「権限のある自国の裁判所その他の公の機関を通じて、差別となるいかなる行為からも女性を効果的に保護することを確保する」ことを義務づけているが（2条(c)）、これらを本当に確保するためには、裁判官はじめ権利救済にあたる担当官が条

---

11)　Committee on the Rights of the Child, General Comment No. 5, UN Doc. CRC/GC/2003/5 (2003), paras. 28, 33.

約上の権利について教育・研修を受けている必要がある。日本についていえば、人権侵害を受けたと主張する個人が国内での救済を尽くした後で条約機関に申立てをする制度（個人通報制度。すべての中核的人権条約にオプショナルな制度として設けられている）に参加していないことも手伝って、人権条約上の権利に対する裁判官の認識は十分ではなく、当事者が援用している条約の規定にまったく言及せずに主張を片づけてしまうケースも多いのが現実である。この点で日本はすでに1998年、自由権規約委員会から、規約上の権利について裁判官、検察官、行政官に研修を行うべきであるとの勧告を受けている[12]。

(2) ポスト冷戦期の人権と「人権教育のための国連10年」

上に見たように、人権の実現における教育・研修の必要性は、諸人権条約の規定やその実施過程ですでに認識されてきたが、人権教育そのものが重要課題として国際社会で急速な広がりを見せるようになるのは1990年代以降である。冷戦期の国連では、自由権と社会権のどちらを重視するかといった事柄に絡んで東西間の激しいイデオロギー対立があったが（国際人権規約の二分化もその一つの現れである）、ポスト冷戦期を迎え、人権は「各国のイデオロギー対立の象徴ではなく、自国の民主主義を点検する枠組み」[13]として各国の民主化運動を下支えするようになり、人権教育も民主化の進展とともに進んでいくことになる。1987年、新憲法の中に、人権教育を実施する国家としての義務を盛り込んだフィリピンなどは、その意味で先駆的な国の一つであった[14]。

世界人権宣言45周年を画して国連が1993年にウィーンで開催した世界人権会議が採択した「ウィーン宣言及び行動計画」は、国連を分断していた東西冷戦

---

12) Concluding observations of the Human Rights Committee: Japan, UN Doc. CCPR/C/79/Add. 102, para. 32. 法曹への国際人権法研修は、裁判官への特別セミナーなどごく限られた範囲で導入されてはいる。しかし、国際人権法は、本来、憲法上の人権保障を補完するものとして憲法と併せて学ばれるべきところ、司法試験の受験科目としては、選択科目「国際法」の枠に含まれてしまっており、法曹になる者が広く学ぶものとはほど遠いのが実態である（国際法の選択者数は、例年、選択科目の中で最少である）。

13) 阿久澤麻理子「日本における人権教育の『制度化』をめぐる新たな課題」（財）アジア・太平洋人権情報センター編『アジア・太平洋人権レビュー2007』現代人文社、2007年、33頁。

14) フィリピンにおける人権教育とその背景、国際人権法制との関わりについては、阿久澤麻理子『フィリピンの人権教育——ポスト冷戦期における国家・市民社会・国際人権レジームの役割と関係性の変化を軸として』解放出版社、2006年が詳しい。

が終結し、また国連加盟国が世界人権宣言採択時の51カ国から171カ国（1993年当時）へと飛躍的に増加した段階で、人権の普遍性を再確認するとともに、国連の人権活動を総括し今後の課題を掲げた重要な文書である。その33項は、国は教育が人権尊重の強化を目的とするよう確保する義務があることを再確認し、人権のテーマを教育プログラムに組み込むことを各国に呼びかけた。教育は諸国民またすべての人種・宗教集団間の理解と寛容を助長すべきであり、よって「理論的および実践的な人権教育ならびに適切な情報の普及は、……いかなる差別もなしに、すべての人に関する人権の助長および促進において重要な役割を果たすものであり、これらは国家レベルおよび国際レベルにおける教育政策に組み込まれるべきである」[15]。ここでは、「人権についての教育」としての「人権教育」が要請されているが、人権を強化するような教育を確保すべきであるという、世界人権宣言26条2項が掲げた「人権としての教育」の追求も、同時に織り込まれていることが読み取れる。

　「ウィーン宣言及び行動計画」を契機に、国連総会は翌年、1995年から2004年までを「人権教育のための国連10年」とする決議[16]を採択する。このために採択された「人権教育のための国連10年の行動計画」は、世界人権宣言や諸人権条約を基礎として、国連文書として初めて「**人権教育**（human rights education）」を定義している[17]。それによると、人権教育とは、「知識とスキルを伝え、人権を尊ぶ姿勢を育むことによって**普遍的な人権文化**（universal human rights culture）[18]を築くために行われる訓練、普及、広報の取組みであって、次のことを目指すものと定義される。①人権と基本的自由の尊重を強化すること。②人間の人格と、人間の尊厳についての感受性を十分に発展させること。

---

15) Vienna Declaration and Programme of Action, A/CONF. 157/23 (1993), para. 33.

16) UN GA Res. 49/183, 23 December 1994.

17) "Human Rights Education: Duty and Definition", Asia-Pacific Human Rights Information Center, *Human Rights Education in the Northeast Asian School Systems, Resource Material*, 2013, p. 29.

18) 「人権文化（human rights culture）」とは、人権侵害をなくし人権が守られる社会をつくるためには人権がその社会の文化の一部として根づくことが求められるという文脈で、近年用いられるようになっている概念である。人権侵害の防止は人権文化の醸成を必要とすること、また人権文化の醸成において人権教育が果たす役割については、特に、G. de Beco, *Non-Judicial Mechanisms for the Implementation of Human Rights in European States*, Bruxelles: Bruylant, 2010, pp. 48-49を参照。

③すべての国民、先住民、ならびに人種、種族、宗教、言語集団間の理解と寛容、ジェンダー平等、友好関係を促進すること。④すべての人が自由な社会で社会参加できるようにすること。⑤平和維持のための国連の活動を推し進めること」である[19]（強調筆者、以下同じ）。

　同行動計画は、人権教育に関わる主なアクターとして、各国政府が人権教育のための国内行動計画策定や学校教育制度における人権カリキュラムの強化などを通して積極的な役割を果たすべきことに加え、各国の人権委員会・オンブズマンのような**国内人権機関**[20]が人権教育プログラムの開発・調整・実施において中心的役割を担うべきことをあげる[21]。人権教育活動はできる限り多くの人々に上記の目標実現をもたらすことを目指すが、警察官、刑務官、弁護士、裁判官、教師、軍隊構成員、国際公務員、平和維持部隊の構成員、メディア、政府の上級職員、国会議員など、人権の実現に特に大きな影響を持つ人々に対する教育・訓練には特に注意が払われなければならない、とされる[22]。学校や大学は幼児期から初等・中等・高等教育さらに成人教育までの学校教育に人権のカリキュラムを取り入れること、また NGO や労組、メディア、その

19)　Plan of Action for the United Nations Decade for Human Rights Education, 1995-2004: Human Rights Education – Lessons for Life, UN Doc. A/51/506/Add. 1 (1996), Appendix, para. 2.

20)　「国内人権機関（national human rights institution, NHRI）」とは、国が国家機関として国内に設置するものであって、政府から独立した立場で人権基準の遵守促進のために一定の任務を与えられて活動する機関の総称である。国連人権委員会は1992年、「国内人権機関の地位に関する原則」（いわゆるパリ原則）を採択（人権委員会決議1992/54）、翌年には国連総会もこの原則を採択して（総会決議48/134）、独立性や権限などの面で同原則に定める指針に合致した国内人権機関の設置を国連加盟国に奨励している。このように国内人権機関は、当該国の憲法上の人権はもとより、とりわけ国際人権法の国内的・国際的実施において、政府から独立した立場から独自の役割を認められているものである。

　各国の国内人権機関がパリ原則に準拠しているかどうかを認証する制度を運用している「国内人権機関国際調整委員会（ICC）」のデータによると、2014年5月23日現在で、国内人権機関の数は世界に106あり、そのうち、A ランク（パリ原則に合致したもの）は71、B ランク（完全には合致していないもの）は25、C ランク（合致していないもの）は10となっている。A ランクの認証を受けた、すなわち政府から独立した国内人権機関として国際的に認知された国内人権機関は、アジア・太平洋では15、アフリカでは18、米州では16、ヨーロッパでは22である（Chart of the Status of national Institutions, http://nhri. ohchr. org/EN/Documents/Chart%20of%20the%20Status%20of%20NHRIs%20(23%20May%202014). pdf (visited 5 October 2014)。日本にはまだ国内人権機関が存在しない。

21)　Plan of Action for the United Nations Decade for Human Rights Education, 1995-2004, supra note 15, paras. 11-12.

22)　Ibid., paras. 20, 24.

他の市民社会組織は学校教育以外の場に人権教育を取り入れることが奨励されている[23]。その上で同行動計画は、国際的・地域的・国内的な人権教育プログラムの強化、人権教育教材の開発など、取り組むべき八つの分野（コンポーネント）を立てて、考慮に入れるべき諸要素について述べている[24]。国連人権高等弁務官及び同事務所は、ユネスコや他の国連専門機関とも協力しつつ各国や地域の取組みを支援しまた、進捗状況について報告を受けフォローアップすることとされる。

　この後2011年には、国連総会は「人権教育・研修に関する国連宣言」を採択しているが、同宣言は、先の行動計画にいう人権教育の定義をおおむね踏襲しつつ、**人権教育・研修**（human rights education and training）とは①人権規範や、人権保護制度を支えている価値についての知識や理解を提供することを含む、「人権についての教育（education about human rights）」、②教育者と学習者双方の権利を尊重するような形で学び教えることを含む、「人権を通しての教育（education through human rights）」、③自らの権利を享受し行使すること、また他人の権利を尊重し支持することができるようにすること（エンパワーメント）を含む、「人権のための教育（education for human rights）」を含むとされている[25]。この定義では、「人権としての教育」はむしろ当然の前提とされた上で、人権について学び伝えることで人々の相互理解や寛容、平等、友好を促進し人権の文化を築くための取組みが広く念頭に置かれている。加えてここでは、学び教えるときにも互いの人権を尊重しつつそれが進められるべき点、また、人権について学ぶことは自分の権利を行使できかつ他人の権利を尊重できるようになることにつながる点も明確に意識されていることが分かる。

(3) 「人権教育のための国連10年」行動計画の実施と日本

　行動計画の実施状況については、国連が何度か短い報告書を出し[26]、最終

---

23)　Ibid., paras. 25-26.

24)　Ibid., paras. 30-92.

25)　UN GA Res. 66/137, United Nations Declaration on Human Rights Education and Training, 19 December 2011, para. 2 .

26)　United Nations Dacade for Human Rights Education (1995-2004), Note by the Secretary-General, UN Doc. A/57/323 (2002); Implementation of the Plan of Action of the United Nations Dacade for Human Rights Education, 1995-2004, UN Doc. E/CN. 4 /2003/100 (2003).

年の2004年には10年の成果と欠点についての報告書を取りまとめている[27]。

国連がこの報告書作成のために各国の取組みについて回答を求めた質問状を返送した国は28カ国にすぎなかったが、このうち、ほぼすべての国が学校教育制度上行った取組み（教育法の制定や政策の策定、カリキュラムの開発や改訂、教科書の改訂、課外活動の実施、教師への教育など）について回答しているほか、いくつかの国は、大学や大学院での人権コースの設置を含む高等教育レベルでの取組みについて報告している[28]。警察官、法務官など司法行政に携わる公務員に対する人権教育・研修を行った国、軍隊構成員に対する教育・研修を行った国もあった[29]。また、人権行動計画を採択してその中に人権教育を盛り込んだ国、人権教育についての具体的な行動計画を採択した国もあり[30]、こうした行動計画を通して人権教育を政策的に推進する国が現れていることも分かる[31]。

さらに、注目されるのは、人権教育に関する国内の中心的な調整業務を担う機関として、そのための特別な部局をつくった国がいくつかあるほか、多くの国は国内人権機関にその任務を与え、NGOとの協力を含めて活動を行わせていることである[32]。アジア地域では例えば、2001年に設置された韓国の国家人権委員会の人権教育チームは、国が定めたカリキュラムと教科書を国際人権法と憲法の観点から分析して教育担当省庁に改訂案を勧告したり、小学生用・中学生用・高校生用の人権教材を編集して学校に配布したりする活動を活発に行っている[33]。日本でも近い将来、パリ原則に合致した国内人権機関が設置され、こうした諸外国の試みに学びながら、人権教育活動を展開することが期

---

27) United Nations Dacade for Human Rights Education (1995-2004): Report on achievements and shortcomings of the Decade and on future United Nations activities in this area, Report of the High Commissioner, UN Doc. E/CN. 4 /2004/93.

28) Ibid., paras. 14-15.

29) Ibid., para. 16.

30) Ibid., para. 13.

31) 日本は回答した28カ国には含まれていないが、後述するように日本も、国連10年を受けた国内行動計画を策定している。

32) Ibid., para. 12.

33) イ・スンミ（朴君愛訳）「韓国国家人権委員会——学校の人権教育の最前線を行く」（財）アジア・太平洋人権情報センター編『アジア・太平洋人権レビュー2007』現代人文社、2007年、65-67頁。なお、韓国の国家人権委員会は、パリ原則に合致した国内人権機関としてAランクの認証を保持している。

待される。

　国連による人権教育への取組みは2004年で終わったわけではなく、国連総会は同年12月10日（世界人権宣言が採択された「人権デー」）、「人権教育のための国連10年」の成果を踏まえて2005年以降を「人権教育のための世界プログラム」と宣言し（総会決議59/113）、様々なレベルの教育において人権教育の発展・推進を図ることを決定している。

　日本でも、「人権教育のための国連10年」に呼応する形で、1998年には「『人権教育のための国連10年』に関する国内行動計画」が策定されるとともに、1997年に設置された人権擁護施策推進審議会によって人権政策の検討がなされ、2000年には「人権教育及び啓発の推進に関する法律」が成立している。ただ、日本における人権教育は、国際社会の流れから影響を受けながらも、国内的事情として、同和対策事業特別措置法が期限切れを迎えることを受け、いわゆる同和教育（部落差別をなくすための教育・啓発の取組み）を発展的に解消する目的で進められることとなった背景がある[34]。この経緯についてはすでに検証研究があるが[35]、そこで批判されているように、問題は、上記の審議会が人権教育施策について政府から受けていた諮問事項が、公権力と国民の関係という縦の関係ではなく、国民相互間で教育・啓発を図るという横の関係の問題に限定されていたことである[36]。その結果、制定された人権教育・啓発推進法では、「人権教育とは、人権尊重の精神の涵養を目的とする教育活動をいい、人権啓発とは国民の間に人権尊重の理念を普及させ、及びそれに対する国民の理解を深めることを目的とする広報その他の啓発活動（人権教育を除く。）」という定義づけがなされ（2条）、人権教育・啓発ともに、もっぱら国民の間に人権意識を高めることが内容とされている。先に触れたように、国際社会における人権教育とは「市民を対象とする人権教育」と、これを実現する「責務の保持者の研修」の双方を含む概念であるところ、前者のみを強調し、公権力を適切

---

34)　われわれの「ヒューマン・ライツ教育研究会」および「ヒューマン・ライツコース」があえて「ヒューマン・ライツ」としているのも、日本における「人権教育」の推進がこのようにいわゆる同和対策事業の延長線上で行われてきた背景にかんがみ、部落差別の問題に限らず広く国際社会における人権（human rights）の問題を意識していることを示すためである。

35)　梅田修『人権教育の検証──同和教育からの転換の帰結』前掲注（2）。

36)　同上、48頁。

に行使し人権を実現する責務を持つ側の人権教育・研修を含めないことは、大きな欠落といわざるをえない[37]。

他方で、上に触れた国内行動計画では、「人権にかかわりの深い特定の職業に従事する者」として、検察職員、矯正施設・更生保護関係職員等、入国管理関係職員、教員・社会教育関係職員、医療関係者、福祉関係職員、海上保安官、労働行政関係職員、消防職員、警察職員、自衛官、公務員、マスメディア関係者[38]の13の業種に従事する者を掲げ、これらの者に対する研修等における人権教育・啓発の充実に努めるとしており、2012年に策定された「人権教育・開発に関する基本計画」でも、同様の文言が盛り込まれている。これを受けて、入国管理関係職員に対する人権研修など、限定的ながら研修が実際に実施されていることは評価される。

2 ヒューマン・ライツ教育研究会による国外調査

(1) 中国および北欧諸国における国外調査

筆者は、ヒューマン・ライツコースの設置に向けて、人権教育に関わる先駆的な活動を行っている世界の諸機関や大学の経験から示唆を得るため、2010年度から2012年度にかけて、中国・北京大学の人権・人道法センター、デンマークの国内人権機関でもあるデンマーク人権研究所（The Danish Institute for Human Rights）、スウェーデン・ルンド大学のラウル・ウォレンベルク人権・人道法研

---

37) 阿久澤麻理子「人権教育再考―権利を学ぶこと・共同性を回復すること」石埼学・遠藤比呂通編『沈黙する人権』法律文化社、2012年、39-42頁。

38) メディア関係者は公務員ではないため、人権研修に関する国の役割は公務員に対するものとは一線を画してとらえなければならない。しかし、マスメディアの社会的影響力の大きさからすれば、メディア関係者が人権について見識を有していることはわれわれの社会においてきわめて重要な意味を持つ事柄である（例えば、1994年のルワンダでのジェノサイドでは、新聞やラジオが繰り返し流した「ツチ族はゴキブリだ」「殺される前に殺せ、立ち上がれ」といったヘイトスピーチが実際に大虐殺を助長したことが知られている。ルワンダ国際刑事法廷は、これらの新聞社やラジオ局の責任者に対して、ジェノサイドを直接かつ公然と扇動した罪で有罪を認定している〈*The Prosecutor v. Ferdinand Nahimana, Jean-Bosco Barayagwiza, Hassan Ngeze*, Case No. ICTR-99-52-T, 3 December 2003, paras. 86-101〉）。上に触れた国連10年の行動計画でもメディアによる人権教育に言及されているが、メディアはこの点で自主的に積極的な取組みを行うことが要請される。他民族への差別や憎しみを煽るような煽情的な記事を毎日のように垂れ流している新聞や週刊誌をはじめ、日本のメディア界はこの点で特に意識を深める必要があろう。

究所（Raoul Wallenberg Institute of Human Rights and Humanitarian Law）、ノルウェー・オスロ大学のノルウェー人権センター（Norwegian Centre for Human Rights）などを訪問して関係者の方々からお話を伺った。いずれの訪問でもそれぞれ貴重なお話を伺うことができ、とりわけ、デンマーク人権研究所でアジア地域の人権教育支援に長年携わっているローネ・リントホルトさんからは、その後も、青山のヒューマン・ライツコースや「ヒューマン・ライツの現場」の授業の構想などについて懇切な助言をいただいている。北京大学を訪問した際には、信念を持った数名の教員が中心となって人権・人道法

スウェーデン・ラウル・ウォレンベルク研究所。ルンド大学構内の、歴史を感じさせる静謐な建物。

センターを立ち上げ着実に運営していること、また、ラウル・ウォレンベルク人権・人道法研究所がスウェーデン国際開発協力庁（SIDA）の資金により北京に常駐事務所を置いて中国の大

ノルウェー人権センター内。スタッフがいつでもお茶を飲みながら談笑できるスペースが複数設けられている。

デンマーク人権研究所図書室。規模はそれほど大きくないが、人権に関する国内外の良書を揃えている。

学の人権教育カリキュラムへの支援、中国での国内人権機関の設置支援などの活動をしていることに感銘を受けた。日本は、経済的には先進国であるためこうした国際的な人権協力の直接の対象になりにくいのが残念なところだが、人権教育を含め人権伸長に向けた北欧諸国のこのような粘り強い国際的支援、そして中国の大学における人権教育の展開状況からは、日本の大学人として大きな刺激を与えられた。

(2) 第3回人権教育国際会議

また、国際的には、オーストラリア人権教育会議 (Australian Human Rights Council) の提唱によって大規模な「人権教育国際会議」が数年前から連続で開催されており、人権教育をめぐって多角的な議論がなされているので、筆者は、2012年12月にポーランド・クラクフで開催された第3回目の年次会議[39]に参加した。この会議にはオーストラリア政府やクラクフ市などがスポンサーと

---

39) Human Rights Education: Promoting Changes in Time of Transition and Crisis, The 3rd International Conference on Human Rights Education, Kraków, 6-10th December, 2012.

Ⅳ-1　ヒューマン・ライツ教育の国際的動向　183

なって援助しており、旅費や宿泊費の援助によってアフリカ諸国からの参加者も多数参加していたのが印象的であった。12月9日には、エクスカーションとしてアウシュヴィッツ収容所見学も行われた。この国際会議では全体会・分科会を含め非常に多数の報告が行われたが、誌幅の関係で以下では、筆者が参加した中でもっとも印象深かった報告「教育に対する人権、カリキュラムの倫理的責任、そして『安全な空間』のアイロニー」（南アフリカ・ノースウェスト大学、ペトロ・デュプレーズ教授）[40]に絞って概要を記しておきたい。

第3回人権教育国際会議の様子。

〈私（デュプレーズ）は授業で、ホモセクシュアリティのような性的指向性の問題を取り上げたことがあるが、学生の中に、そんな話題はしたくないから教室を出たいという者がいた。そのとき、他の学生がその学生を引き留めて、「私の知り合いにホモセクシュアルの家庭の子がいる。だから、このテーマについて話し合い、互いの考えから学び合いたい。それが私たちにとって社会的現実なのだから。」と言った。私はこのとき、複雑な社会問題と人権について語り合う「安全な空間」は、学ぶ側が、自分自身の信条にかかわらず、他者の存在と権利を尊重する倫理的な責任を理解したときに生まれるのだということを悟った。

40）　報告の際には、報告の基となっている論文 Petro du Preez, "The *Human* Right to Education, the Ethical Responsibility of Curriculum, and the Irony in 'Safe Spaces'", Cornelia Roux ed., *Safe Spaces: Human Rights Education in Diverse Contexts*, Sense Publishers, 2012, pp. 51-62 も配布された。

184　Ⅳ　諸外国のヒューマン・ライツ教育

　「教育に対する権利（the right to education）」とは何か。それを、単に教育への
アクセスを提供することと見れば、教育の価値をもっぱら道具的に見ることに
なる。これに対し、「有意義な参加を含む、教育に対する**人権**（*human* right to
education）」と理解すれば、人間と人間の間の関係における倫理に基礎を置い
た、教育そのものの内在的価値を認めることにつながる。そのように考えると、
教師は、単に題材を選ぶだけでなく、学ぶ者が他者に対する倫理的責任を意識
するような方向で、対話を促していかなければならない。
　人権教育とは、単に人権の内容を教え学ぶことではなく、人権の考えを当て
はめる必要がある複雑な社会的問題によって異議申立てを受ける過程を伴う。
教育者は、まず自分自身の世界や信条体系について自省する責任があるし、モ
ノローグにならないようつねに対話的アプローチをとることが有益である。教
育に対する人権はまた、学ぶ側が、私生活と公的生活が交差する教室という場
での学びに携われるよう、人権文化に根ざしたカリキュラムを必要とする。
「安全な空間」は、人々の私生活と公的生活が交差し、「教育に対する人権」の
土台の上で、ある程度のリスクをとりつつも対話を試みることができる空間で
ある。〉

　以上のようなデュプレーズ報告は、上述した「人権教育・研修に関する国連
宣言」にあるような人権教育の様々な側面に触れる実践的考察を含み非常に参
考になる。すなわち、人権教育とは、単に人権についての知識を学ぶこと（人
権についての教育）ではなく、学ぶ過程においても、互いの存在と権利を尊重す
る倫理的責任を伴うものでなければならない（人権を通しての教育）し、教師は
そのような方向で対話を促していく必要がある。教育に対する権利がそれ自体
「人権」であるとすれば、どのような教育内容でもよいのではなくそのような
教育こそが、人間関係における倫理に基礎を置いた、内在的価値を有する教育
だということができる（人権のための教育）。人権について語り、他者と意見を
交換しつつ考えを深める授業では、教師が一方的に知識や自分の見解を学生に
語る講義とは異なって、教師自身も自省を込めて対話のプロセスに参加しつつ、
学生同士の対話を促すことが求められる。大学の教室という、教育に対する
「人権」を土台にした貴重な「安全空間」。その可能性をいかに広げられるか、

試行錯誤しながら今後もチャレンジしていきたい。

Ⅳ-2 中国におけるヒューマン・ライツ教育

楊 林凱

はじめに

　中国におけるヒューマン・ライツ教育は、1990年代後半から導入され、試行錯誤を経ながらシステムの構築や人材の育成や教育・研究などにおいて一定の成果をあげることができている。しかし、普遍性を堅持しつつ[1]、中国の国情をも踏まえたヒューマン・ライツ教育を実現するには、解決しなければならない課題が山積みである。

　本稿では、これまで3年間の調査研究の成果として、中国におけるヒューマン・ライツ教育の現状を、その先行事例である北京大学の例を中心に紹介するとともに、残されたヒューマン・ライツ教育の課題を検討し、提言を述べていくこととする[2]。

1　中国におけるヒューマン・ライツ教育の現状

　中国におけるヒューマン・ライツ教育は、2004年の「人権入憲」（憲法33条）および「国家人権行動計画」の公布に伴って重視されてきたが、ヒューマン・ライツの歴史が浅いため、ヒューマン・ライツ教育プランが全面的に実施でき

1）　Upendra Baxi, "Human Rights Education. The Promise of the Third Millennium?" in George J. Andreopoulos and Richard Pierre Claude eds., *Human rights education for the twenty-first century*, Philadelphia, University of Pennsylvania Press, 1997, pp. 153-154.

2）　ヒューマン・ライツ教育について、中国の学界では公表された研究成果は少ないが、例えば、齊延平『人権与法治』山東人民出版社、2003年；李歩雲編著『人権法学』高等教育出版社、2005年；王孔祥『国際人権法視野下的人権教育』時事出版社、2008年；堪衛清『人権与教育』北京師範出版集団、2009年；張雪蓮『中国人権教育研究』東南大学出版社、2012年などの著書と研究論文がある。本稿はこれらの先行研究に理論的に多くを負っている。

たとはいえないのが現状である。

(1) 中国におけるヒューマン・ライツ教育の端緒

中国のヒューマン・ライツ教育は、1990年代後半からスタートした。当初はヒューマン・ライツ教育の策定者から社会一般に至るまで、人権を外交政策上の手段として位置づけ、ある意味ではヒューマン・ライツ教育の実施目的は非常に明確であった。すなわちそれは、西側による人権外交に対応するための道具として利用されていたのである[3]。しかし、このような国際闘争の道具としてのもの、という間違った認識のもとでは、ヒューマン・ライツ教育は国内教育システムの中で適切に位置づけられることがなかった。その後、国内問題としてヒューマン・ライツが注目され、民主と法治の実現プロセスにおいて徐々に重要視されることになっていく。とりわけ、2004年憲法改正において人権の遵守および擁護が初めて規定されることになり、人権の価値や理念についての人々の関心度は一気に高まった。これを契機に、中国のヒューマン・ライツ教育は新しい進展を見せるようになった。

(2) 大学教育におけるヒューマン・ライツ教育の導入

まず、中国の大学法学部において開設される人権法学科目を見てみよう。2004年4月現時点で、中国全国には1,607校の大学・短期大学があり、法学部または法学科が設置された大学は約300校あった。しかし人権法科目を開講した法学部は少なく、15校にとどまり、法学部・法学科設置の大学の5％を占めるにすぎなかった[4]。これに対して、2006年に入ると、中国の大学において人権法科目を開講した法学部・学科は30校にのぼり、10％を占めることになった。そしてそこでは、大学院科目として設置された人権法プログラムが学部生向けの科目数より多く見られる[5]。例えば、山東大学は1997年に中国最初の大学院修士課程ヒューマン・ライツプログラムを開講し、中国政法大学は2004年に最初の大学院博士課程ヒューマン・ライツプログラムを設置した。また、

---

3) 余庸「加強対青年学生馬克思主義人権教育」『河南電大』1996年6号、46頁。

4) 孫世彦「大学法律教育中人権法教学的現状与思考」『人権』2005年6号、27頁。

5) 孫世彦「中国大学法律院系中的人権法教学：現状、問題与思考」孫世彦編集代表『中国大学的人権法教学——現状与展望』科学出版社、2009年、107頁。

一部の大学は国際法学または法理学などの専攻において人権法修士プログラムや人権法博士プログラムを設置した。また、中国社会科学院法学研究所は2004年に国際人権法の博士課程を設け、北京大学法学部はスウェーデンの Raoul Wallenberg Institute of Human Rights and Humanitarian Law（以下 RWI）と提携してヒューマン・ライツ修士プログラム[6]を開設し、北京大学などに所属する修士課程の大学院生がこれに応募できるものとされた[7]。またここでは、人権法をはじめとするヒューマン・ライツ関連教材の開発も進められてきた。2002年前までは、中国では人権法関連教材は存在しなかったが、2002年に中国教育省は第10回の５カ年計画の教材編集プランに「人権法教材の開発」を初めて取り入れた。中国において最初の人権法教材は、北欧関係機関と中国のヒューマン・ライツ専門家との共同作業で出版された『国際人権法教程』（中国政法出版社、2002年）である。その後、徐顕明編集代表『国際人権法』（法律出版社、2004年）、楊成銘編集代表『人権法学』（中国方正出版社、2004年）、南京大学法学院人権法学教材編集委員会『人権法学』（科学出版社、2006年）、および李歩雲編集代表『人権法学』（高等教育出版社、2005年）などヒューマン・ライツ関連教材がぞくぞくと刊行された。

(3)　政府関係者に対するヒューマン・ライツ教育の開始

　大学教育レベルで学部生や院生に対してヒューマン・ライツ教育を実施するほか、政府関係者に対してもヒューマン・ライツ教育が行われるようになった。第一に、大学は政府関係者向けのヒューマン・ライツ教育講座を設けている。例えば、北京大学附置女性法律研究・サービスセンターは、2005年に裁判官向けの国際人権条約教育講座を設けており、これは先端的なプロジェクトとしてヒューマン・ライツの理念から裁判実務における性差別の問題といった具体的課題までもを意識した教育プログラムになっている[8]。また、湖南大学人権

6）　当事例については中国におけるヒューマン・ライツ教育の先行事例として２で紹介・分析する。

7）　Jessica I. Yeh. : Promoting Human Rights in China through Education; an Empirical Impact Evaluation of the Swedish Approach from a Student Perspective, *Asian-Pacific Law & Policy Journal*, 2008.

8）　李萍「我国法官的人権教育雛議」『法学雑誌』2009年１号。

190　Ⅳ　諸外国のヒューマン・ライツ教育

研究センターはデンマーク人権研究所と提携して「人権理論および実践」研修
を 4 回ほど実施し、第 1 回は85名の警察、検察、裁判関係者が参加し、第 2 回
は79名の検察、法務行政関係者、弁護士が参加し、第 3 回は54名の身体障がい
者連合会および政府関係者が参加し、第 4 回は53名の人民代表大会関係者が参
加した。そのほかにも、160名の警察幹部向けに「警察の法執行と人権保障」
特別講義が行われた[9]。広州大学附置人権研究センターもヒューマン・ライ
ツ研修を 2 回ほど実施し、広東省地域の26の刑務所長に対して人権擁護の知識
を伝えた[10]。第二に、中央党校は中上級のリーダー幹部向けのヒューマン・
ライツ教育を実施している。2000年に中央党校は研修部受講生（幹部）向け
ヒューマン・ライツ関連科目を必修科目として開講し、ヒューマン・ライツ関
連科目としては「人権理念の歴史」、「現代世界人権保障制度研究」、「国際人権
保障研究」、「人権保障の理論と実践」、「中国における人権保障の難点問題研
究」、「刑事法と人権」、「人権と社会主義」などがおかれている。2003年には司
法幹部向けの修士課程ヒューマン・ライツ演習が設けられた。さらに2005年に
は全国党校系統主幹教員研修課程においてヒューマン・ライツ科目が導入され
た[11]。第三に、前述のように、大学において公職者向けのヒューマン・ライ
ツ教育を実施するほか、政府も関係者に対してヒューマン・ライツ教育を行う
ようになった。例えば、2007年に中国国務院メディア局は江西省政府メディア
局の協力を得て「中央官庁幹部人権知識研修班」を行った。

(4)　ヒューマン・ライツ教育の担当教員の育成

　ヒューマン・ライツ教育を担いうる人材を育てることの重要性は当初から認
識され、学生への教育とともに力を入れて行われてきた。例えば、湖南大学人
権研究センターは、デンマーク、スウェーデンおよびノルウェーなどの国々の
関係機関と協力して2002年に 1 週間にわたり「人権法教員サマースクール」を
開催し、北京大学、中国人民大学などの大学から52名の教員が研修に参加した。

---

9)　劉士平「高校人権教育的探索与反思——以湖南大学人権教育為例」『第 2 届中国高校人権教
　　　育年会論文』2009年。
10)　李歩雲・王演兵「人権保障的新近発展及其完善」『広州大学学報（社会科学版）』2006年 1
　　　号。
11)　張暁玲「人権教育在中央党校」『人権』2007年 6 号。

また、北京大学人権・人道法センターは教育支援事業として、毎年中国内陸の大学教員に対して研修プログラムを提供している[12]。

(5) 社会一般に対するヒューマン・ライツ教育

　市民に対するヒューマン・ライツの啓蒙活動において、NGOやマスメディアは重要な役割を果たしてきた。中国人権研究会[13]は2003年に人民画報社と共同で中国のヒューマン・ライツの歴史を描く書物「中国人権」を出版した。これはヒューマン・ライツの普及活動に非常に貴重な資料を提供するものである。また、中国人権研究会は「中国人権展」を開催し、写真、ビデオ、実物など資料を通じてビジュアルによって社会一般にヒューマン・ライツとは何かを示した。そして、中国社会科学院人権研究センターは「中国人権百科全書」、「国際人権条約と国際人権機関」など大型ヒューマン・ライツ基礎文献を編集・出版し、ヒューマン・ライツ教育に必要な基本資料を提供した。さらに、中国人権研究会[14]、中国社会科学院人権研究センター[15]、北京大学の人権・人道法センター[16]、中国政法大学人権研究院[17]、広州大学人権研究と教育センター[18]などの教育・研究機関[19]は、ウェブサイトを立ち上げてネットユーザーに電子資料（講義資料を含む）をタイムリーに提供している。

　以上のヒューマン・ライツに関する啓蒙・教育活動のほかに、ヒューマン・ライツに関する学術研究も重視されつつあり、一部のハイレベルな研究書や学術論文は、ヒューマン・ライツ教育理論に関する研究のみならず、さまざまな対象者に対して実際にヒューマン・ライツ教育をいかに行うべきかについて提

---

12)　劉士平、前掲注（6）。

13)　中国人権研究会はヒューマン・ライツに関する中国最大の学術団体であり，国連経済社会理事会および国連NGOの認定組織である。また，当研究会は『人権』（年に6回）という学術誌を編集・発刊し，研究報告書として『中国人権在行動』と『中国人権年鑑』を発行している。

14)　http://www.humanrights.cn/cn/index.htm

15)　http://www.iolaw.org.cn/web/organ/org_renquan.asp

16)　http://www.hrol.org/

17)　http://web.cupl.edu.cn/ihr/

18)　http://www.humanrights.org.cn/

19)　そのほかに、全国ヒューマン・ライツ教育認定拠点として、中国人民大学人権センター、復旦大学人権研究センター、武漢大学人権研究院、山東大学人権研究センター、西南政法大学人権教育と研究センター、南開大学人権研究センターがある。

案している。このように様々な努力を積み重ねてきた結果として、ヒューマン・ライツは中国でより一般的な存在となり、ヒューマン・ライツはかつてのように斬新な概念ではなくなった。中国の人々は自分や他者の人権状況について気にするようになっている[20]。

2 北京大学におけるヒューマン・ライツ教育の先駆的取組み

　北京大学法学院は1997年4月25日に同学院附置として人権・人道法センター（以下同センター）を設置し、国際法学、刑事訴訟法学、行政法学、比較法学などの分野の学者が同センターのプロジェクトとしてヒューマン・ライツに関する共同研究を行っている。また、2004年にスウェーデン国際開発協力庁（Swedish Development Cooperation）の支援を受け、同センターはRWIと共同で北京大学法学院にヒューマン・ライツ修士プログラム（以下同プログラム）を開設した。これは正規の授業としては中国において初めてのヒューマン・ライツ修士プログラムであり、画期的な教育実践である。当該プログラムには毎年度25ないし30名の修士課程在籍者（北京大学大学院生のほかに他校大学院生や法曹関係者、マスメディア関係者など実務家も含まれる）が採用され、1年間にわたり所定の科目から6科目を履修し、北京大学法学部とRWIが共同で履修生に修了証書を授与する。

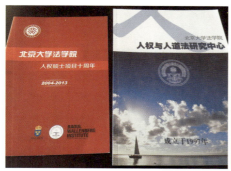

20）　張雪蓮『中国人権教育研究』東南大学出版社、2012年、75頁。

(1) 履修者

2013年までに同プログラムは213名の修了生を輩出し、2013年現在は27名の大学院生が在学している。同プログラムは毎年募集を行う際に、同センターとRWIが100名ほどの応募者について書類審査および面接を実施し、最終決定を行う。採用される学生のバックグラウンドはまちまちであるが、50％程度は法学専攻の大学院生であり、残り半分弱はマスメディア、国際関係、経営、経済、政府マネジメント、工学、情報管理学、生命科学、医学などを専攻している大学院生や実務家である。応募者は全員、ヒューマン・ライツを研究する意欲が強く、また優れた英語の能力の持ち主である。また、一部の応募者はヒューマン・ライツ領域でキャリアやボランティアの経験を持っている。

2013年度在籍者について見ると男女割合は女性57％、男性43％であり、専攻分野の背景は人文と社会科学86.6％、エンジニアリング科学3.0％、自然科学2.6％、医学0.4％、その他7.3％となっている[21]。したがって、同プログラムにおいては、それぞれ異なる分野背景を有している大学院生が、一緒に学習や研究会に参加し、議論においてはぶつかり合うことになる。特に、課題研究を行うときに、異なるアプローチや方法で問題を立体的・複眼的に分析するため、相乗効果を図ることができると思われる。

(2) 履修科目

同センターは長年の教学経験を踏まえて、同プログラム在籍者向けに8科目を開講し、そのうち4科目は必修科目であり、4科目は選択履修科目である。次に掲げるヒューマン・ライツ修士プログラム開講科目配置表のとおり、これらの開講科目は国際人権保護に関わる主な領域をカバーしており、一部の科目は英語で実施される。同プログラムを修了するには、在籍者は四つの必修科目と二つの選択履修科目に合格することが求められる。各科目の講義の方式については、基本的に一方通行的な大教室授業ではなくソクラテス方式で実施する。講義のほかに、事例・判例研究や演習やフィールドワークも実施し、ヒューマン・ライツの理論と実践との懸け橋をかけるという工夫がされている。

---

21) 同センター・RWI編集『北京大学法学院ヒューマン・ライツ修士プログラム十周年 (2004—2013)』3頁。

科目名	開講学期	コマ数/週	週間数	単位数	担当教員
人権と法治 The Rule of Law and Human Rights	春学期	2	18	2	龔刃韌 教授
国際人権保障メカニズム International Mechanisms for Human Rights Protection	春学期	2	18	2	白桂梅 教授
国際人道法 International Humanitarian Law	秋学期	2	18	2	李紅雲 准教授
人権保護特別講義（オムニバス形式） Series of Lectures in Human Rights Protection	秋学期	2	18	2	陳瑞華 教授ほか
国際人権憲章（英語による講義） Civil and Political Rights; Economic, Social and Cultural Rights	春学期	2	18	2	招聘教授
地域人権保護メカニズム（英語による講義） Regional Systems for Human Rights Protection	秋学期	2	18	2	招聘教授
少数者の権利（英語による講義） Minority Rights	秋学期	2	18	2	招聘教授
ビジネスとヒューマン・ライツ（英語による講義） Business and Human Rights	春学期	2	18	2	招聘教授

（このヒューマン・ライツ修士プログラム開講科目配置表は、北京大学法学部ヒューマン・ライツ修士プログラム2013年度シラバスを参考して作成したものである。）

(3) 研修・交流プロジェクト

同センターは毎年同プログラム在籍者に多様な実務研修や交流のチャンスを提供している。例えば、研修プロジェクトとして、在籍者は香港にあるアジア・リーガル・リソース・センターにて1カ月間の研修、またはアイルランドのNGOのFront Lineにて半年の研修に参加する。

交流プロジェクトとしては、国連関係機関、国際赤十字社、フランスやオランダなどの在中国大使館、中国紡織工業協会などの民間組織において短期間の調査交流のプロジェクトが設けられている。

(4) 進路

同プログラムの修了生に対するアンケート調査によると、修了後の進路は多様化している。2013年度修了生の進路は、学術研究職（博士課程進学も含む）25％、政府機関（裁判所および検察院も含む）22％、国際機関・国際および国内のNGO12％、法律事務所11％、国有企業8％、民間企業8％、学業継続（博

士課程進学を除く）6％、マスメディア5％、その他3％、となっており、バランスのとれた形になっていると思われる。

　同プログラムは10年間の経験・教訓を積み重ねて、次の新しい10年を迎えようとしている。中国におけるヒューマン・ライツ教育の重要拠点として、前述のように学生への教育のほかに、ヒューマン・ライツ教育の担い手である若手教員の育成も確実に業績をあげている。また、同プログラムの次の目標は、ヒューマン・ライツ教育に興味のある他の大学など機関に対して指導や支援を提供していくことである。同プログラムのやり方を参考にして、中国でより多くのヒューマン・ライツ教育プログラムが実施されることが期待される。

3　中国におけるヒューマン・ライツ教育の課題

　中国におけるヒューマン・ライツ教育は、20年間にわたり努力を積み重ねてきたが、実施範囲や内容などにかんがみればいまだに初期段階にあると思われる。とりわけ、ヒューマン・ライツ教育を受ける受講者が限られ、教育の内容もレベルが低く、教育資料がまだ少ないことなどが課題としてあげられる。

(1)　ヒューマン・ライツ教育の実施範囲の問題

　前述のように、中国におけるヒューマン・ライツ教育は、主に高等教育の法学専攻において実施されてきた。法学専攻においてヒューマン・ライツ教育を展開することは、諸国の状況を見ても一般的なやり方であるが、本来ヒューマン・ライツ教育は、これに限定すべきではない。国連「ヒューマン・ライツ教育のための世界計画」（United Nations World Program for Human Rights Education）によると、ヒューマン・ライツ教育は、「すべての者が他者の尊厳に対する寛容および尊重ならびに、すべての社会においてその尊重を確保する手段および方法を学ぶ、長期的かつ生涯にわたるプロセスにあることを確信し」た、全国民向けの教育であり、「すべての者が平等に学校の正規教育および職業や専門訓練を受け、市民社会の組織、家庭およびマスメディアを通じて非正規の学習に参加する」こともできるものでなければならない。しかし、目下、中国のヒューマン・ライツ教育は、本当の意味での全国民教育になっておらず、

ヒューマン・ライツの知識や観念の射程範囲が狭く、ヒューマン・ライツが普及するには程遠い。

① **中小学校教育におけるヒューマン・ライツ講義の未整備**

中小学校教育の内容においてはヒューマン・ライツ教育は皆無である。たとえ学校教育の中の歴史、政治学、行政学、人類学、国際関係論、法律学、外国語、ビジネスおよび哲学などの課程において、ヒューマン・ライツについて触れることがあるにしても、ヒューマン・ライツの知識自体が教学の目的になっていないため、ほかの科目内容と関連性がある部分について紹介されるだけであり、専門的なヒューマン・ライツ教育が実施されていない。

② **大学教育におけるヒューマン・ライツ教育の問題点**

大学は中国ではヒューマン・ライツ教育がもっとも活発に行われる場所であるが、人権法科目を開講する法学部はまだまだ少ない。また、人権科目の履修対象者は、法学専攻に限定され、主に法理学、憲法、行政法および国際法を専門とする学部生や大学院生であるので、ヒューマン・ライツ教育を受ける学生の人数は非常に限られている。しかも、法学以外の専攻においてヒューマン・ライツ関連科目を開講している大学はほとんど存在していない。もちろん、「ヒューマン・ライツ教養科目」は設けられているが……[22]。大学において行われてきたヒューマン・ライツ教育は、法学部生向けの人権法科目およびほかの学部生向けの人権教養科目に分けることができ、バックグラウンドの異なる人材を育成するモデルとなっている。前者は専門教育であり、後者は教養教育である。専門教育の目的は、学生に特定専門分野の基本知識や技能を取得させて、当該分野の専門人材を育成することである。法学部において人権法科目を開講することは、受講生に人権法の知識を理解させることを目的としている[23]。しかし、これはヒューマン・ライツ教育のすべてではないので、人権に関する教養教育も大学のヒューマン・ライツ教育において重要な役割を担っている。専門性を強調することは大学教育の顕著な特徴であるが、専門性やプロフェッショナル性の重視は知識や視野の狭さという問題をもたらすおそれが

---

22) 黎爾平「中国大陸高校人権教育回顧与展望」第二回中国高校人権教育年度大会論文、2009年。

23) 周偉高ほか「学校人権教育与開設人権法課程」『法商研究』2001年5号。

ある。教養教育の実施目的は専門性の行き過ぎによる欠点を克服することにあり、これにより社会に必要な人材を育成することができる。また、教養教育の特色としては、第一に知識に普遍性と全体性を与えること、第二にそれが専門教育に相応するものになっていること、と分析されている[24]。こうしたヒューマン・ライツ教育を通じて、自己の尊厳を自覚し、他人への尊重を理解し、人権尊重の価値観および人間の尊厳の尊重の価値体系を形成し、責任感・正義感のある健全な人間を育成していくことができるのである。

中国の大学におけるヒューマン・ライツ教育のもう一つのやり方は、「思想道徳修養と法律基礎」という科目にヒューマン・ライツに関する内容を取り入れることである。中国では新しい大学の思想政治理論教育プログラムが2006年に始まった。これによって、大学におけるヒューマン・ライツ教育に必要なプラットフォームが提供されることになったが、これは当初想定した役割を果たすことができなった。その理由は、コマ数の制約からヒューマン・ライツに関する内容が占める割合が非常に低く、指定教材においても「法律制度」という一つの章の中で憲法上の公民基本権利規定が列挙されるだけである。これらの内容は憲法上の権利の理解には役に立つかもしれないが、ヒューマン・ライツ教育の目的達成には効果がないと思われる[25]。

③ 法務専門職に対するヒューマン・ライツ教育の未整備

具体的にいえば、裁判官、検察官、警察官など特定の法務職に対する専門的なヒューマン・ライツ教育は欠如している。司法や法執行の法務職は人権保障に関する重要な担い手であるので、これらの者に対するヒューマン・ライツ教育は優先されるべき事業である。しかし、現状は不十分である。例えば、裁判官に対するヒューマン・ライツ教育は、前述した研修プロジェクトを通じて行われるにすぎず、制度化するまでには時間がかかるだろう。また、検察官や警察官に対するヒューマン・ライツ教育にも同様の問題が存在している。

④ 社会一般に対するヒューマン・ライツ教育の未整備

中国では、国民に対するヒューマン・ライツ教育は、法律普及キャンペーンと同時に行うケースが多いとみられる。法律普及キャンペーンは1985年11月に

---

24) 海芳『通識教育：困境与希望』北京理工大学出版社、2009年、24-25頁。

25) 張雪蓮、前掲注（17）、77頁。

全国人民代表大会第13回全体会議によって審議・採択された「公民に対する法律常識の普及に関する決議」を皮切りに、今日まで、5回ほど実施されてきた。しかし、法律普及教育はやはりヒューマン・ライツ教育ではない。中国の法律普及教育は、憲法を中心とする法律知識の宣伝教育に着眼しており、人権の価値と人権の知識を体系的に計画的に教えるものではないのである。例えば法律普及キャンペーンを通じて人権の理念を浸透していくのであれば、内容を見直してヒューマン・ライツ教育を意識し、ヒューマン・ライツに関する内容を加える必要があると思われる。

(2) ヒューマン・ライツ教育に関する教材などの課題

　中国のヒューマン・ライツ教育に関するもう一つの問題は、必要な教材などが不十分なことである。ヒューマン・ライツ教材などの資料は人権知識の媒体であり、ヒューマン・ライツ教育の担当者と学習者にとって必要不可欠な資源でもある。また、ヒューマン・ライツ教育関係教材・情報の質や量は、ヒューマン・ライツ教育のレベルを判断する重要な指標でもある。

　① ヒューマン・ライツ教材の内容の問題

　これまで20年あまり、中国の学界ではヒューマン・ライツ教育に関する学術研究は展開してきたが、研究成果は理論的・アカデミックなものが多く、一部の高等教育を受けた者しか理解できないため、それらはヒューマン・ライツ教材として必ずしもふさわしいものではない。社会一般向けのわかりやすいヒューマン・ライツ冊子や資料の開発は非常に重要であるが、中国ではこの種の冊子は皆無に近い状況といっても過言ではない。また、公務員など政府関係者に対するヒューマン・ライツ教育は重要視されているが、指定教材としては『人権知識幹部読本』（人民出版社＝党建読物出版社、2006年）1種類しかなく、内容は網羅的ではあるが、内容に課題がないわけではない。ヒューマン・ライツ教育はさまざま対象者に応じた個別の教材を用いる必要があると思う。

　② ヒューマン・ライツ教材のレベルの問題

　人権法教材を例として説明すると、限られた現在の教材は主に人権の基本理論、国内人権、国際人権などよって構成され、人権法科目を開講している大学法学部はほとんどこれらの教材を採用している。しかし、これらの教材は共通

の特色として理論性が突出しており、受講生の立場に立って、人権の面白さを伝えていないのではないかと思われる[26]。そして、そのほかのヒューマン・ライツ資料は主に小中大学校の思想政治教材であり憲法上の公民の権利と義務を紹介するにすぎない。しかも、憲法の条文をあげて人権を紹介する方式が多く、学生生活と無縁な内容ばかりで、受講生の興味を引くことが難しい。例えば、学生と関係するキャンパス内の人権問題について、現在の教材は取り上げていない。さらに、憲法条文だけで人権を紹介する方式を採用すると、憲法の人権規定の本質的意義を無視してしまうだけでなく、憲法に明文規定がないもの、例えば、農民の人権、勾留者の人権といった人権問題については漏れてしまう。それから、一部の教材ではヒューマン・ライツの概念などが不正確であり、受講生を不適切な方向に誘導するおそれも否めない[27]。

(3) ヒューマン・ライツ教育内容の土着化の課題

　中国におけるヒューマン・ライツ教育は国情からかけ離れ、人権理論の伝授を重視しすぎて人権の現状を無視している。中国の学者によるヒューマン・ライツに関する研究は、人権の定義、分類、性質、特徴、哲学基礎および歴史などの理論的研究（理論的人権）が大半を占めているが、具体的な人権論や人権の実施・保障メカニズムに関する研究（実質的人権）が相対的に欠けているといえよう。このような「実質より理論」というヒューマン・ライツ研究方法はヒューマン・ライツ教材の内容などに反映され、ヒューマン・ライツ教育にマイナス影響を与える。原因は三つあると思われる[28]。第一に、長い間、中国では人権問題は政治的問題としてとらえられてきたため、イデオロギー的色彩を帯びることを強いられた。中国と西側との人権闘争が人権問題の象徴となったことで、ヒューマン・ライツ教育・研究は人権「理論」の範囲に限られてしまった。第二に、人権法の条項などに集中して、現実における人権のことを無視していた。学校教育におけるヒューマン・ライツ教育は主に憲法上の人権条

---

26) 何志鵬「人権教育、人権教学和人権教材」孫世彦・畢小青編集『中国人権年刊』第4巻、中国社会科学出版社、2006年、189頁。

27) 例えば、『思想道徳修養与法律基礎』高等教育出版社、2006年、146頁は人権について「人権とは人の享受する人身の自由と各種の民主権利〔政治的権利〕を指す」と定義している。

28) 張雪蓮、前掲注（17）、79頁。

項を中心に学習し、ヒューマン・ライツに関する法律上の権利を理解すること
になっているが、人権保障の現状を知り、理解することに資するものではない。
第三に、ヒューマン・ライツ教育においては、外国の人権学説に頼りすぎて、
国内の人権思想を十分に重視していない。例えば、人権の歴史を語るときに、
多くの場合は欧米の話を展開するばかりか、国際人権の内容が大半の割合を占
めており、中国における人権の歴史についてはわざと語らない。また、具体的
な人権問題について検討するときに、国際人権保障枠組みの中でどうなるかに
ついて議論されるが、中国の国情を踏まえた場合はどうなるかについて現実味
を帯びる紹介がなされていない。そうすると、人権理論や他国の人権に関する
議論は国内の学習者にとって空論の如き、共鳴することができないものになる
だけでなく、ヒューマン・ライツ教育の趣旨に反する場合さえある。これは
ヒューマン・ライツ教育の展開やヒューマン・ライツの理念の浸透にマイナス
の影響を与える。

(4) ヒューマン・ライツ教育における人権知識の伝授の問題点

　中国におけるヒューマン・ライツ教育は、現在、人権の知識とりわけ国際・
国内人権関係法の条文の伝授を中心として実施されているため、人権の価値や
人権の認識の形成の面で不十分である。つまり、多くの場合、ヒューマン・ラ
イツ教育は人権法律教育として行われる。むろん、人権関係法知識がヒューマ
ン・ライツ教育の入口として位置づけられることは自然であり、その意味では、
これは人権の実現に必要不可欠な構成ではある。しかし、ヒューマン・ライツ
教育は知識だけを伝授すれば済むものではないと思われる。ヒューマン・ライ
ツ教育の目的は、人権関係法など基礎知識を習得するほかに、学習者の思考力
や批判力の形成に寄与し、人権を尊重し保障することを人々の考え方・行動の
前提として定着させることである。したがって、ヒューマン・ライツ教育は人
権の実践と合わせて行う必要があり、学習者に日常生活・仕事を通じて実践し
てもらうことが何より重要である。つまり、人権知識の伝授を強調しすぎると、
「学習者は世界人権宣言を暗記できているからといって、人権の理念を必ずし
も信じているわけでないので、ヒューマン・ライツ教育は失敗で終わってしま
う」可能性がある[29]。

(5) ヒューマン・ライツ教育の担い手の不足

目下、中国におけるヒューマン・ライツ教育は主に学校教育の中で実施されており、NGO、マスメディアおよびコミュニティはヒューマン・ライツ教育において影響が弱く、共同して教育を推進しえていない。学校がヒューマン・ライツ教育の「主戦場」であることはいうまでもないが、社会一般向けのより広範なヒューマン・ライツ教育を考えると、ほかの組織を動員して学校教育の不足を補う必要があると思われる。しかし、今のところは、ヒューマン・ライツ教育の潜在的担い手は積極的に行動をすることができておらず、広範なヒューマン・ライツ教育を行うのに必要な環境づくりはこれからだと思われる[30]。

(6) ヒューマン・ライツ教育について学習者の認識の問題

最後に残されたもう一つの課題は非常に重要な問題である。すなわち、主役である学習者がヒューマン・ライツ教育についてあまり認識していないということである。理由としては、ヒューマン・ライツ教育が新しい領域であるため、正確に理解している者が少なく、また、中国国内で発生する人権問題もヒューマン・ライツ問題の認識にマイナス影響を与えていることが挙げられる。

① 社会一般のヒューマン・ライツ教育についての自信のなさ

前述のように、ヒューマン・ライツ教育の目的は知識や技能の伝授だけではなく、人権を社会および政治の現実的存在や方法に対する認識に転換させ[31]、実際の行動において人権の実現を促していくことである。社会一般とりわけ人権侵害を受けて人権保護を求めたい人々にとっては、権利救済ができればヒューマン・ライツ教育の効果があったという最大の証明になると思う。しかし、中国における現行の人権保護制度は被害者に十分な保護を提供できていないのが現状である[32]。原因としては以下の2点があるように思う。

第一に、人権保障に関する立法が相対的に遅れている。現行法体系において、

---

29) 許育典『教育憲法与教育改革』台北五南山出版社、2005年、110頁。

30) 張雪蓮、前掲注（17）、80-81頁。

31) UNESCO. SS-78/CONF. 401/33. International Congress on Teaching Human Rights, Final Document, Vienna, 1978.

32) 張雪蓮、前掲注（17）、90頁。

人権に関する法規はもっとも憲法に集中している。中国憲法は、「国家は人権を尊重し、保障する」（同法33条）としたうえ、第二章で平等権、人身の自由、政治的権利と自由など基本人権を定めている。憲法上の抽象的人権規定は具体化する必要があるので、通常は関係法を整備してそれを実現していくわけである。しかし、400強もある中国現行法の中に、憲法の人権規定に関わる特別法規は少なく、それらは主に女性、児童、老人、障がい者など特定者の権利についてのものである[33]。また、関係法規自体には人権の保障に支障をきたす内容すら存在している。例えば、集会デモ法（1989年）は憲法上の集会・デモの権利を過度に制限する恐れがある。

　第二に、人権救済の手続きや手段が不十分であり、人権の侵害を被ったときに、効果のある救済を求めることが困難である。いまだに、中国では憲法訴訟制度が導入されていない。つまり、憲法上の人権規定について特別法規がなければ人権救済を求めることができなくなる[34]。また、行政訴訟における人権保障の問題も無視できない。現行行政訴訟制度は、従来の人権に関して十分に整備されておらず、新しい人権は行政訴訟を通じて救済されることが難しい。

　②　法執行者のヒューマン・ライツ教育についての消極さ

　中国人民警察法（1995年）は、「人民警察の任務は国家の安全を守り、社会治安秩序を維持し、公民の身の安全、身の自由および合法的な財産を保護し、公共の財産を保護しならびに違法行為または犯罪行為を予防し、制止および処罰すること」と規定している（同法2条1項）。すなわち、中国法上の警察の任務は人権擁護と治安維持を行うことである。しかし、実際は両者の間に緊張関係が生じる場合が存在する。また、人権擁護については、時に行政行為の対象者または被疑者の人権保護も含まれる。例えば、現代の交通管理システムには監視カメラが多数利用されている。しかし、モニタリング機器の利用はときに国民の肖像権、名誉権およびプライバシー権など権利を侵害することがある。し

---

33)　王広輝「新中国人権立法的回顧与前瞻」『鄭州大学学報（哲学社会科学版）』2007年6号。

34)　最近、不審検問などによるいわゆる冤罪事件について、刑事再審制度を利用して人権救済を図る動きがある。例えば、佘祥林事件、趙作海事件、羅開友事件、聶樹斌事件、念斌事件、呼格吉勒図事件などが注目を浴びている。『新京報』（電子版）A18：http://epaper.bj news. com. cn/html/2014-12/18/content_552662. htm? div=-1 （2015年1月12日最終アクセス）。

たがって、権利侵害を発生させないため、モニタリング機器の数を減らし、また、電子証拠の使用について厳格化することが求められることになる。ところが、現場の法執行者にとっては、違法行為や犯罪行為を抑えて社会の秩序を維持することが最大の目的であり、当該目的の達成に影響を与えそうな人権基準について抵抗する心理を有する。そこで通常、警察はヒューマン・ライツ教育について消極的である。

③ 大学生のヒューマン・ライツ教育についての共通認識の低さ

大学におけるヒューマン・ライツ教育の成否は、主に学校の方針と学生のニーズの2点にかかっている。ヒューマン・ライツ科目が導入される場合、同科目についての学生の認識度はその科目の成否を左右するといってよい。実際は、中国の大学生のヒューマン・ライツ科目についての関心はそれほど高くない。また、知識の学習の観点から興味があっても、今後の職業にどのように影響するかを心配し、さらに、就職活動のときにあまり役に立たず、むしろ逆効果となってしまうのではないかとの懸念の声もあがっている[35]。孫世彦教授が実施したアンケート調査によると、大学生がヒューマン・ライツ科目に対してどのように取り組むかの決め手は就職だという。中国では民主や法治のプロセスにおいて人権が強調されているものの、ヒューマン・ライツ教育を受けて卒業する学生がより多くの就職のチャンスに恵まれるわけではない。これがある意味でジレンマである。まず、人権派弁護士に対する需要が非常に少ない。憲法訴訟が導入されない限り、この方面の改善は難しいだろう。近い将来も、大量の人権派弁護士が求められる可能性は少ないだろう。そして、政府関係機関においてもヒューマン・ライツ知識のある人材に対する需要は少ない。実際の政策の策定過程において、ヒューマン・ライツは重要なファクターとしてとらえられていない。また、中国ではNGO組織が発達していないため、人権活動家になりたい大学生にとっては選択の幅が非常に限られている。

以上のように、関係者のヒューマン・ライツ教育に対する共通認識が低いため、それが中国のヒューマン・ライツ発展の大きな制約要因となっている。これを改善しない限り、ヒューマン・ライツ教育の推進もなかなか難しいだろう。

---

35) 孫世彦、前掲注（2）、25頁。

4 中国におけるヒューマン・ライツ教育の刷新

中国ではヒューマン・ライツ教育は主に学校教育の中で実施されてきた。しかし、前述のようにヒューマン・ライツ教育は想定どおりの目標が達成できたとはいえない。そのため、学校教育以外の領域でのヒューマン・ライツ教育をより活性化し、推進していく必要性があり、様々な新しい試みを行うことが求められる。

(1) マスメディアの活用によるヒューマン・ライツ教育

『中国国家人権行動計画（2009—2010)』においては、マスメディアを活かして人権知識の普及を図ることが明確に提示された。今までも、政府や NGO はマスメディアを利用してヒューマン・ライツ教育活動を行ってきた。まず、新聞紙、ラジオおよびテレビのコラムや特集番組でヒューマン・ライツを紹介している。中国人権研究会は中央人民ラジオ局と協力して1998年に「人権を語ろう」という番組を放送し、人民日報と協力して「人権知識の百問」というコラムを設けた。次に、中国人権研究会は関係組織と協力してドキュメンタリー番組「中国人権訪談録」を制作し放送した。そして、ウェブサイトを立ち上げ、オンラインでヒューマン・ライツ情報を提供する。最後に、近時の人権事件を宣伝することによって社会一般にヒューマン・ライツに興味をもってもらう。例えば、孫志剛事件を受けて、人権分野の専門家を招いて討論会を行った。また最近、ソーシャルネットワークサービス（SNS）の微博（weibo）および微信（wechat）を通じてヒューマン・ライツ関係の情報が数多くリリースされている。しかし、中国政府はマスメディアやインターネットについて監督・監視する立場をとっているので、それを緩和しない限り、マスメディアなどによるヒューマン・ライツ教育の効果は限定的であると思われる[36]。

---

36) 張雪蓮、前掲注（19）、208-211頁は中国の言論規制について深圳市を例として詳細に分析している。

(2) コミュニティにおけるヒューマン・ライツ教育

　中国の「コミュニティ形成」問題は1920年代にさかのぼることができる[37]。現在はコミュニティの形成の重要性は強く認識され、実際に展開されているが、そのプロセスにおいてヒューマン・ライツ教育が重視されてこなかった。新しい試みとしては、第一に、コミュニティにおけるヒューマン・ライツ教育について政策や特別法を制定し、それを支援していく。第二に、コミュニティの有する人的・物的リソースを活用してヒューマン・ライツ教育を実施する。具体的には、専門家によるヒューマン・ライツ講座やヒューマン・ライツ関連図書の増加などが考えられる。第三に、大学のヒューマン・ライツ教育担当教員を動員してコミュニティでヒューマン・ライツ教育を行うことも望まれる。

(3) ケーススタディによるヒューマン・ライツ教育

　ヒューマン・ライツ教育の一つ重要な方法はケーススタディである。中国では、ヒューマン・ライツ関連のケース（事例・判例）は少なくないので、このリソースを活かしてより効果のあるヒューマン・ライツ教育ができるだろう。しかし、ケーススタディを行うときには、いくつかの問題を解決する必要がある。まず、適切なケースを選択すること。例えば、言論の自由については彭水詩事件、王帥誹謗事件、財産権については重慶立ち退き事件、人身の自由については孫志剛事件、平等権については四川蒋謅事件、B型肝炎差別事件、などがふさわしい。次に、議論のテーマの設定も重要である。例えば、当該事件において、被害者は誰か、どのような権利が侵害されたか。第三に、担当教員の受講生に対する態度も重要である。現地調査によると、北京大学のヒューマン・ライツ修士課程においては、ケーススタディの手法を取り入れ、受講者の参加によるヒューマン・ライツ教育が進められている。これは、望ましいやり方であると思われる。

---

37)　当時一部の儒教学者が広州、河南および山東省で教育・研究組織を設立し、コミュニティの建設を探る試みを行った（張祥浩『復興民族文化的探索—現代新儒家与伝統文化』江蘇人民出版社、2003年、26-28頁）。

おわりに

　中国では、ヒューマン・ライツ（人権）という概念は長い間に理論界や法学界においてタブーとされてきた[38]。1990年代初頭に入り、ようやくヒューマン・ライツ（人権）のタブーを破ることが可能になった。1991年に中国政府より発表された初の『中国人権白書』は、初めて「十分な人権を享受することは、長期にわたり人類が追求する理想である」と認め、また、2004年には中国憲法が改正され、初めて「国家が人権を尊重し保障する」（憲法33条）と条文化された。1980年代以来、中国は人権擁護において一定の進歩を見せたが、国際人権条約の人権基準との距離は相当大きいといわざるをえない。しかし、中国においてもヒューマン・ライツ教育の発展によって、政治・行政・関係者・社会一般の人権意識が高まり、人権のレベルの向上が期待できるのではないだろうか。

---

38)　張雪蓮、前掲注（19）、8頁。

Ⅳ-3　英国エセックス大学における
　　　ヒューマン・ライツ教育プログラム

藤田　早苗

　本稿では英国エセックス大学のヒューマン・ライツ教育プログラムを紹介する。筆者は日本の大学院の博士課程に在学していたが、1999年から最初の1年間はエセックス大学の国際人権法修士課程で学び（英国の修士課程は通常1年間である）、それから博士課程で国際人権法に関わる研究を続け、2008年に博士号取得後は研究員かつ学内非常勤講師としてロースクールとヒューマン・ライツセンターに勤務し、2014年秋からはフェローとして同センターに所属している。本稿では同大学における筆者の15年間の経験も踏まえて、ヒューマン・ライツ教育プログラムを紹介したい。

1　ヒューマン・ライツセンターについて

　エセックス大学は毎年130カ国以上からの留学生が来る、イギリスでももっとも多様性のある大学の一つであり、ヒューマン・ライツセンターは1982年に設立された世界でももっとも歴史のあるヒューマン・ライツセンターの一つである[1]。学内における当センターの組織的な位置づけは何度か小さな変更があったが、ロースクールの教授が中心となって設立したことから、つねにロースクールと密接な関係にあり、現在は機構的にもロースクールに所属する。

　ヒューマン・ライツプログラムの卒業生はすでに2,000人を超え、世界各国で国連や地域人権機関、人権NGOなどで人権の保護と促進のために活躍している。日本人の卒業生もすでに70人を超え、国連機関、国際NGO、国内NGO、政府機関などで活躍する卒業生も多く、また研究者や弁護士として国

1）　"About our Centre" http://www.essex.ac.uk/hrc/about/default.aspx

際人権法を教え、活用して活動する卒業生もいる[2]。

　どこに行っても人権分野には必ずといっていいほどエセックスの卒業生がいるため、俗に「エセックス・マフィア」と呼ばれる「名声」を国際人権コミュニティで得ている。例えば、国連人権理事会に参加している国連職員やNGOスタッフの中には必ずといっていいほどエセックスの卒業生が数人おり、筆者も旧友との思いがけない再会を会議場で何度も経験した。また、2014年7月に行われた市民的・政治的権利に関する国際規約（自由権規約）の第6回日本報告書審査では、エセックス大学のナイジェル・ロドリー教授が委員会の議長であり、そのほか筆者も含め5人の卒業生と現役生が市民団体またはインターンとして参加していた。

　エセックス大学は1983年に英国で最初の国際人権法の修士課程をロースクールに創設し、今世紀の初めにはロースクールのコースとは別にセンター所属の学部と博士課程も設立した。また、センターは2010年2月には法とさらに広い分野での国際人権における活動が評価され、人権分野で初めて英国クィーンズ・アニバーサリー・プライズを受賞した。

2　アカデミックスタッフ

　国際人権分野の教育、研究は「法」に偏りがちであるが、当センターは法学、政治学、社会学、言語学、哲学、経済学、歴史学など大学内の11の学部から80人以上のアカデミックスタッフをメンバーに持ち、ヒューマン・ライツに関する学際的な研究、活動、教育を行ってきた。これらのメンバーは研究だけでなく、政府、NGO、国内と地域人権機関そして国連のような国際機関に助言したり、それらの機関で個人資格の委員として活躍したりしている。

　例えば、筆者の博士論文の指導教官であったポール・ハント教授は2002年まで経済的・社会的・文化的権利に関する国際規約（社会権規約）の締約国の実

---

[2]　2010年1月には当時の人権センターの所長であるジョン・パッカー教授と筆者が東京で卒業生数人との会合を持ち、卒業生も互いに交流を深めた。Human Right Centre News "Prof. John Packer, Director of Human Rights Centre (HRC), and Dr. Sanae Fujita, Associate at the HRC, completed a week-long visit to Japan (8-14 January 2010)" (8 January 2010) https://www.essex.ac.uk/hrc/news_and_seminars/newsEvent.aspx?e_id=1297

施を監視する条約機関である社会権規約委員会の委員を務めた。また、国連人権理事会はテーマ別または国別の「特別報告者」を任命するが、ハント教授は2002年から2008年まで「健康への権利に関する国連特別報告者」を務めた[3]。学生・院生たちは教授自身の国連での経験、特に条約機関と政府との対話についての話や特別報告者として行ったミッションでの様々な経験などを基に、教科書や論文からだけでは得られない国際人権の現場の話や最前線の議論を学ぶことができる。

　またハント教授は国連の人権会議や政府機関などとの会議にアシスタントとして参加する機会を一部の大学院生に提供してくれたため、筆者はそれらの機会を通して国連人権機関などに関する知識、経験、人脈などを深め、広めることができた。その経験が、その後の筆者の講義や講演そして研究にたいへん有益なものとなっていることはいうまでもない。

　アカデミックスタッフにはほかにもフランソワーズ・ハンプソン教授や故ケビン・ボイル教授のように欧州人権裁判所で人権侵害の被害者の弁護人として様々な事件を扱ってきた教授もいる。例えば1999年4月23日、ベオグラードの「セルビア・テレビ・ラジオ放送」の建物がNATO軍の飛行機から発射されたミサイルによって破壊され、6人が死亡、16人が重傷を負ったが、これに対してNATO加盟国でかつ欧州人権条約の締約国であるベルギーその他16カ国を相手どって、欧州人権条約2条（生命に対する権利）、10条（表現の自由）、13条（効果的救済に対する権利）に基づく権利の侵害を欧州人権裁判所に申し立てたBankovic事件という判例がある[4]。これは、国際機関の加盟国による領域外での行為に対する人権条約の適用という新しくかつ難解な論点を含み、裁判所が裁判所長以下17名による大法廷まで開いた事件であり、日本でも多くの国際法学者が論文等で引用してきたものであるが、この事件の原告側の弁護団のメンバーであったのがハンプソン教授とボイル教授であった。

3）　特別報告者としてのハント教授の活動・研究については、拙稿「健康への権利に関する国連の活動の一端──初代特別報告者ポール・ハント氏の活動と研究」『法律時報』2009年5月号、117-122頁を参照されたい。

4）　Belgrade Centre for Human Rights "Hearing before the European Court of Human Rights concerning the bombing of the RTS building in 1999" (September 4, 2001) http://www.bgcentar. org. rs/bgcentar/eng-lat/hearing-european-court-human-rights-concerning-bombing-rts-building-1999/

210　Ⅳ　諸外国のヒューマン・ライツ教育

　日本の大学院では国際人権法は「研究の対象」として扱うことがほとんどだと思われるが、筆者は両教授の話を聞いて、国際人権法というのは使うものである、ということを実感させられ、また彼らの大きな関心はそれを使って裁判所のより漸進的な判決を引き出し、国際人権基準を発展させることであるということもよく理解できた。教官たちがいうように、国際人権法はつねに発展している。そしてその発展に貢献し活躍している専門家から直接学べるというのは、エセックス大学ヒューマン・ライツコースの最大の強みの一つであろう。

3　ヒューマン・ライツコース

　エセックス大学のヒューマン・ライツ教育は修士課程が最初に設立され、その約20年後に学部や博士課程が設立された。修士課程のヒューマン・ライツコースの豊富な歴史や経験は世界的な高い評価を得て、毎年世界中から留学生が入学してくる。

　修士課程のヒューマン・ライツコースは法律を中心にした LLM（法学修士）コースと、学際的に人権問題を学ぶ MA（学術修士）コースに分かれる。前者は経済法や EU 法など、人権法以外の LLM コースとともにロースクールが事務的な管理をしており、コース主任もロースクールの教員である。一方後者はロースクールの中のヒューマン・ライツセンターに属し、コース主任もセンター直属の教員が担当している。機構的にはこのような分割があるが、コースの必須授業以外の選択科目では同じ授業に LLM の院生も MA の院生も同じように登録して出席し、ヒューマン・ライツセンターが企画、支援する様々な活動も一緒に行うので、実際の大学生活にあまり大きな違いはない。

　人権法に関わる LLM コースには国際人権法修士（LLM International Human Rights Law）、国際人権人道法修士（LLM International Human Rights and Humanitarian Law）、 経済的、社会的、文化的権利法学修士（LLM Economic, Social and Cultural Rights）があり、MA コースには人権の理論と実践学術修士（MA Theory and Practice of Human Rights）、人権と文化的多様性学術修士（MA Human Rights and Cultural Diversity）、人権と研究手法理学修士（MSc Human Rights and Research Methods）がある。

新学年は10月に始まり、秋学期（10-12月）と春学期（1-3月）がそれぞれ10週間ずつ、そして夏学期は4月の末から試験期間前までの3週間ほどが授業にあてられ、授業の一コマは2時間である。

4　教授法

筆者がLLMの院生として留学して、エセックス大学の講義でまず驚いたことは、どんな大講義室でも、たとえ受講生が100人以上いようとも、授業中に必ず教師は受講生から質問を受け付け、「対話」が行われることであった。これは学部でも大学院でも同様である。日本の大学でよく見かけるような、教師が一方的に話して終わるだけの授業はここではほとんど見られない。そのような教え方をすると学生の授業評価で厳しい指摘を受けることになる。

筆者も試行錯誤をしながら、受講生との対話のある授業をするように心がけてきた。どんな質問が出てくるかわからないので、教える側にとってある種の「スリル」があるといえるだろう。生徒の意見や疑問からほかの受講生も学ぶところがあるし、教師としても、何が理解されていないのか、受講生の関心は何かがわかり、参考になる。逆に日本で講義を依頼されたとき、イギリスでいつも行っている方法で教えると、日本の学生にはかなりの戸惑いが見られるのも事実である。

エセックス大学に限らず、イギリスの大学では日本に比べて教授法はずいぶん重視されている。イギリスでも博士課程の院生がいわゆるTA（Teaching Assistant）を行うことは多いが、これは単に教授の事務的な手伝いをするものではなく、学部や修士課程のディスカッションのクラスなどで本当にTeachingを行うものである。したがって、TAの「職」を得た院生は、新学期が始まる1、2週間前に全学向けに開かれる講習に連日出席しなければならない。これは新米教師も同じであり、学期が始まっても定期的に行われるセミナーに参加し、既定の時間数の出席と課題をこなす必要がある。

大学には教授法などを専門に担当するユニットがあって訓練を受けた専任のスタッフが数人おり、彼らがその講習や定期的なセミナー等を開いている。セミナーで取り上げられた内容としては、授業やセミナーで教えるときの心構え、

どのような質問が効果的か、どのように受講生の議論への参加を改善できるか、シラバスや課題の準備で心がけること、障害を持つ学生への対応、など多岐に渡る。筆者も新米教師としてこれらのセミナーを何度か受講したが、学部や専門を越えてまだ経験の浅い教師たちが共通に抱える様々なチャレンジについて、一緒に議論して専任スタッフからアドバイスをもらえたのは、たいへん貴重な経験であった。

5　学部の授業とチュートリアル

　学部レベルではいわゆる講義のほかにチュートリアル（tutorial）があり、各授業の内容を実際の事例などを用いて少人数のグループで議論する時間が設けられている。筆者は博士課程を終えて間もなく、学部1年生約100人が受講する春学期開講の国際人権法の基礎クラスで講義とチュートリアルの両方を担当した。これは政治学、哲学、法学の教師が担当する通年の科目の後期部分で、秋学期の部分では政治学、哲学などのヒューマン・ライツの思想に関する講義が行われている。法学部以外にも政治学や言語学、地域文化研究などの学生も受講しており、春学期の部分で初めて「法学」に触れる学生もかなり多い。条文などを初めて見る学生に、たった10週間でどこまで基礎的なことからじっくり説明するべきなのかいつも頭を悩ましたが、とにかく目的は「ヒューマン・ライツ」に関心を持って学ぶ学生たちが、その国際的な保護について少しでも親しみを持ち、理解を深めることであるので、講義では細かい法的な説明よりは、実際の人権問題や事例と、それに関する条文や判例を紹介することを中心にした。そしてチュートリアルでは新聞の関連記事について議論したり、事例問題を話し合ったりした。

　その科目は、経験の多い専任講師が新米であった私のアドバイザーとなってくれ、シラバスは年々担当者が更新してきたものを受け継ぎ、いくつか自分で変更を加えたものを使った。講義は9回で、取り上げたのが「1.　国際法の紹介」、「2.　世界人権宣言」、「3.　国連と国連人権条約機関」、「4.　地域人権保障機関」、「5.　差別の禁止」、「6.　表現の自由」、「7.　思想・信条の自由」、「8.　拷問の禁止」、「9.　経済的、社会的、文化的権利」である。

普段は黙っている学生も意見を述べてかなり盛り上がったテーマは「思想、信条の自由と表現の自由」の問題であった。世界各国から留学生が来る大学院のヒューマン・ライツコースに比べて、学部ではイギリス人の学生が多く、留学生もせいぜいヨーロッパ各国からが中心であるが、思想、信条に関しては多様な価値観が見られた。

授業では、デンマークの新聞ユランズ・ポステンが、偶像崇拝が禁じられているイスラム教徒からの反発への恐れに基づく自己検閲をめぐる問題を提起しようとして2005年にムハンマドの風刺漫画を掲載した事例と判例を紹介した。この事例に関して、イギリスや北欧の学生たちは「表現の自由」を重視し、新聞社の立場を支持するものが多かったが、旧東欧やイスラム教徒の学生たちには、信条の自由を重視し、漫画掲載は冒涜であるとする意見があった。大学院ではさらに多くの国から留学生が集まるが、このように多様な価値観や考え方に触れながら学ぶことは、世界の人権問題に対する理解を深めるためにも有益である。

この科目では学期中に一度レポートを提出させ、春休みの間に持ち帰り試験としてエッセイを課した。質問には「人権の実施と監視のためには国際的なシステムのみがふさわしいか、それとも欧州、米州、アフリカなどの地域人権機関もあったほうがいいか。それぞれの利点と欠点を比較しながら論ぜよ。」というものや「経済的、社会的、文化的権利は、市民的、政治的権利とは性質が違うので、後者と同じようには実施できないという意見があるが、それについて論ぜよ。」というものを出題した。

長さは2問の合計が2,500から3,000ワード（その内容を日本語にすると5,000から6,000字に相当する）が学部レベルの一般的な字数制限である。これらの質問はアドバイザーの承認を得て採点もアドバイザーに相談し、助言をもらいながら行った。質問にきちんと答えているか、という点だけでなく、資料の引用の仕方、脚注の付け方なども評価の対象とし、問題のある答案には厳しく指導する。剽窃の防止のために、1年生の段階でしっかり指導しておく必要があるのである。

6 大学院の授業とセミナー──必須科目と選択科目

　人権法に関わる前述の3つのLLMコースの院生は共通で通年の必須科目である「国際人権法：法、機構、実施」を受講するが、この科目は毎週1コマ、または2コマ続けて行われる。1年間で30以上のテーマに分けて、かなり広い範囲の人権問題をカバーする。そしてこれは15人ほどの教員がそれぞれ実務や研究などで特に従事してきた分野のテーマを講義するので、内容も専門性が高い。秋学期は主に国際人権法の発展や国際人権機関の発展とその活動について学び、春学期以降は具体的なヒューマン・ライツの中身を考察する。

　2013-2014年度に各週に講義された内容は次の通りである。「1.　国際法の関連部門」、「2.　国際人権法の発展」、「3.　人権理論の紹介」、「4.　国際人権法の国内的実施」、「5.　国際人権条約機関」、「6.　デロゲーションと緊急事態」、「7.　国連憲章に基づく国連人権機関」、「8.　非国家アクターのアカウンタビリティ」、「9.　国家責任条文と国際組織責任条文」、「10.　国連と国際組織法」、「11.　差別の禁止と平等」、「12.　欧州の人権保障制度」、「13.　米州人権保障制度」、「14.　女性の権利とジェンダー」、「15.　少数民族と先住民」、「16.　難民」、「17.　拷問と非人道的扱いの禁止」、「18.　アフリカ人権保障制度」、「19.　生命への権利」、「20.　思想・信条の自由」、「21.　表現の自由」、「22.　恣意的拘禁と強制失踪」、「23.　イスラム社会での人権の保護」、「24.　公正な裁判を受ける権利」、「25.　テロ対策と人権」、「26.　武力紛争法」、「27.　健康への権利」、「28.　相当な生活水準に対する権利」、「29.　集会結社の自由」、「30.　開発と人権」「31.　アジアと人権」、「32.　救済」。

　毎年LLMの院生は合計70人弱で、それなりの広さの講義室で行われるが、前述のように大講義室でも質疑応答や議論は必ず行われる。この必須科目には講義のほかに、クラスを約20人ずつのグループに分けてセミナールームで行われるディスカッショングループが隔週で行われる。これは講義の内容の理解を深めるために具体的な判例などを用いて議論する時間である。例えば、ある問題について模擬裁判のように、国連の人権条約機関、締約国政府、NGOのグループに分かれてあらかじめ議論を準備しロールプレイを行ったりする。

この必須科目は3時間の試験で成績が付けられる。1問目は必須の事例問題で、あとは論述問題を選択肢から2問選んで回答する。解答用紙はノートのような冊子が配られる。条約集や辞書は持ち込み可能であるが、英語を母国語にしない留学生にはハンデは小さくない。それでも筆者がこの試験に臨んでいるとき、なかなか自分の回答が進まないのに、2冊目の解答用紙を要求しているクラスメートが何人もいて、かなり焦ったものであった。

LLMの院生たちはこの必須科目以外に各学期2科目ずつの選択科目を受講するが、選択の幅はきわめて広いといえよう。欧州人権裁判所や米州人権裁判所などの地域人権裁判所の判例を学ぶ科目や「難民」、「子ども」、「女性」、「少数民族」、「先住民」などのカテゴリーごとの科目がある。また、「社会権」、「開発と人権」、「貿易と人権」、「ビジネスと人権」といった比較的新しい分野で、日本では授業としてはもちろん、研究もまだあまりされていない分野の科目もあり、毎年多くの院生が受講している。2013年度に開講された主な選択科目は「欧州人権条約」、「難民の保護」、「緊急の危機と移動」、「国際刑事法」、「国際公法」、「武力紛争法」、「子どもの権利条約」、「経済的、社会的、文化的権利（社会権）」、「開発と人権」、「少数民族の国際法上の保護」、「ビジネスと人権」、「国際貿易・投資と人権」、「国際法と平和維持」、「移行期の正義」、「米州人権保障システム」、「アフリカにおける人権の保護と促進」、「女性の人権」、「イスラムと人権」である。

選択科目の成績は持ち帰り試験（エッセイ）を課すものがほとんどである。設問は2問でそれぞれに3,000から4,000ワード（日本語では6,000から8,000字に相当）の回答を要求するのが一般的である。ここでも内容だけでなく、注の付け方や剽窃は厳しくチェックする。修士課程の院生にはコースが始まって間もなく3,000ワード程度の「ファンデーション・エッセイ」が与えられるが、これはエッセイの書き方の練習のための課題である。ここで院生たちは議論の展開や注の付け方などを厳しく指導される。

授業以外にヒューマン・ライツセンターは、ほぼ毎週ランチタイム・スピーカーズシリーズを企画しており、院生たちは国連などの国際機関またはNGOのスタッフや他大学の専門家から様々な人権問題の報告を聞くことができる。例えば、2014年の秋学期には、アムネスティ・インターナショナル国際部のス

タッフによる「メキシコの麻薬カルテルによる人権侵害」、ジャスティス・フォー・イランのスタッフから「イランの人権」、ビジネス・人権資料センターのスタッフによる「ビジネスと人権」、他大学の研究者による「人権条約と英国における庇護申請者」などの報告がされている。またセンターの「移行期の正義」研究プロジェクトチームや、学生が運営するヒューマンライツ・ソサエティーによる人権に関するドキュメンタリー映画の上映も定期的に行われている。

7　経済的、社会的、文化的権利（社会権）の選択科目

　筆者が LLM に留学を考えていた当時、イギリスで人権法のコースを設けていたのはエセックス大学のほかにノッティンガム大学の法学部であった。筆者は両方に出願し入学許可を得たのだが、選択科目の幅がエセックスのほうが断然広く、特に自分の関心事であり、まだ新しい分野であった「社会権」と「開発と人権」の選択科目があることで、エセックス大学を選んだ（入学してみると筆者と同じように両大学からオファーをもらいながら、エセックスを選んだ日本人留学生が他にも 2 人いた）。

　筆者は LLM の卒業後もほとんど毎年「社会権」と「開発と人権」のクラスに参加し、自分の研究分野に関するテーマに関しては講義も担当してきた。日本では国際人権法のゼミや研究は自由権が中心で、社会権はまだまだ取り上げられることは少ないといえよう。しかしエセックス大学では、「社会権」は毎年受講生の多い人気科目の一つである。各週のテーマは「社会権の紹介」、「健康に対する権利」、「国連社会権規約委員会と社会権規約選択議定書」、「社会権に関する地域人権メカニズム」、「司法判断適合性と国内実施」、「教育への権利」、「ジェンダーと社会権」、「貧困と社会権—国際協力」などである。

　長年、国連人権システムでも軽視されてきた社会権が、冷戦後の20年ほどの間に大きな発展を遂げ、世界の多くの国内裁判所でも画期的な判例が見られるようになった。日本でも実際の裁判に影響を与えた例がある。筆者はハント教授が委員を務めていた社会権規約委員会に行く機会が何度かあったが、日本の報告書審査を数カ月後に控えていた2001年の春の会期で、日本から見学に来て

いた数人のグループに会った。彼らは電力会社などの職場における思想・信条に基づく差別に対して、会社を相手に裁判で戦っていた労働組合の人たちだった。そしてハント教授からの助言が欲しいといわれ、通訳をするために昼食をともにしたのである。

それから約8年後の2009年の1月、ハント教授が日本に招聘されたとき筆者も同行して講演やセミナーを企画したのだが、東京でのセミナーにあのときのグループの人が1人参加されていた。そして教授の講演のあと発言し、教授と筆者に「8年前のジュネーブでの昼食での助言に感謝を言いに来た」のだということだった。あの時、社会権規約の話を詳しく聞き、これを裁判で使えば勝てる、と感じた。そして実際に和解に到達できたのだ、ということだった。これは教授にとっても筆者にとってもうれしい報告であった。

日本の国際人権法の教科書や授業では社会権はまだまだ取り上げられることは少ないし、研究も自由権に関するものが圧倒的に多いのだが、東日本大震災や福島原発事故などの影響で、日本でも居住の権利、健康への権利、食糧への権利など、社会権の問題が大きくなっている。ハント教授の後任者であるアナンド・グローバー特別報告者が福島の状態を調査し、健康への権利に関して厳しい報告書[5]を発表したのは記憶に新しい。加えて、近年日本でも貧困問題が深刻化しており、社会権規約の締約国としての日本政府の義務の確実な実施が求められる。大学教育の場で、社会権規約に対する理解を深め、広めることは重要であり、エセックス大学の当選択科目から学ぶことは少なくないであろう。

8　セミナーのスタイル

選択科目のクラスのスタイルは教師によって違うが、セミナーなので議論が中心になることが多い。人数も議論できる25人くらいを上限とし、「社会権」のクラスなどは毎年受講生が多くなるので、受講生を2つに分けて同じクラス

5） Report of the Special Rapporteur on the right of everyone to the enjoyment of the highest attainable standard of physical and mental health, Anand Grover , Mission to Japan (15-26 November 2012) UN Doc. A/HRC/23/41/Add. 3 (2 May 2013).

を２回繰り返している。

　必須科目も選択科目も事前に長い「リーディングリスト」が与えられ、受講生は少なくともその中の最重要文献には目を通してくる必要がある。授業もセミナーもそのような予習をしてきたことを前提に進められる。このリーディングがかなりたいへんで、筆者が LLM の院生の時、受講している授業の参考文献や判例をすべて読めば１週間で500頁になるとわかって呆然としたことがあった。とても毎日の予習では追いつかないが、結局試験の準備で読むことになる。なお、シラバスにはリンクが張ってあり、受講生が資料や文献を入手しやすいようにしてある。教える側は、電子情報の形で入手できる文献を優先してリーディングリストに使うように勧められる。英語の文献は論文でも書籍でも電子化が進んでいるので決して難しいことではないが、日本語ではこの点は同じようにはいかないのかもしれない。

　議論が多いセミナーのスタイルは、日本の大学を卒業してきた日本人留学生にはあまりなじみのないものであろう。筆者も最初かなり戸惑い、また英語の理解不足もあり非常に困惑した。特に一番難しかったのが、ジェフ・ギルバート教授の「難民の保護」に関する選択科目であった。読んでくるべき判例の量の多さがまずたいへんであった。各週のリーディングリストに短い事例問題があげられており、受講生はリーディングを通してその問題を考えてくる。セミナーでは教授は一切講義はせず、質問を投げかけて互いに議論をさせながら、受講生から答えを引き出し理解をさせていくという手法で進められた。自分たちで考え、意見をいいながら「なるほど」「そうか」と気づきながら授業が進んでいくので理解も深まる。当時の筆者には一番苦手な科目の一つだったが、最近久しぶりに聴講させてもらい、その教授法の効果を再認識することができた。セミナーでこのような方法をとる教師はほかにも多く、学生たちは事前の準備が欠かせない。

　セミナーでは受講生に短い報告をさせるものもある。前述のハント教授は「社会権」と「開発と人権」の授業の担当で、受講生がその日のテーマに関わる自分の国の判例や事例を紹介する時間を毎回設けている。その時間は10分程度であるが、発表がセミナーの内容に沿うように発表内容についてその発表者に事前に確認をしアドバイスを与えている。専門家として自国での様々な経験

を持つ受講生も多く、彼らの報告は貴重な情報である。ハント教授はじめ、そのような院生たちの報告や意見を尊重してくれる教官たちを見て、筆者は留学したばかりのころよく感銘を受けたものである。

9　アジアの人権カンファレンス

選択肢の幅が広いエセックス大学のヒューマン・ライツコースの選択科目であるが、大きな問題が一つある。それはエセックスに限らず、イギリスそしてヨーロッパでのヒューマン・ライツコースに共通の問題であるが、アジアが軽視されているということである[6]。エセックスの場合、地域人権機関については欧州、米州、アフリカについてそれぞれロースクールの選択科目がある。これらは主に各地域の人権条約の解釈と人権裁判所の判例をテーマごとに見ていく科目である。人権条約と人権機関と判例があればロースクールとしての選択科目は成り立つといえる。しかし、アジアには地域人権機関も人権条約もない。したがって、国際人権法の科目にはできない、というのがロースクールの考えである。しかし、人権機関や条約がなくても、いや、ないからこそ、アジアには人権問題が山積しており、ヒューマン・ライツ教育プログラムでまったくアジアが取り上げられないのは非常に大きな問題である。ヒューマン・ライツ教育を法的側面からのみ考えるのでは不十分なのだといえる。

アジアからの留学生にとっても、1年のカリキュラムの間で自分たちの地域の問題がほとんど取り上げられることがないというのはきわめて残念なことであるが、2009年、LLM と MA のコースに在学中のアジアからの留学生数人がそのような思いから声を上げた。授業ができないなら、せめてカンファレンスを企画してアジアの人権について議論する場を持とう、というのである。

このイニシアティブを先述の故ケビン・ボイル教授が聞き入れ、筆者のほかに数人のアジアからの博士課程の院生がサポートした。そして半日の「アジアの人権カンファレンス」が開催されたのである。三つのパネルが準備され、話

6）　例えばロンドン大学の The School of Oriental and African Studies（SOAS）は、アジアに関する研究や授業は多いが、アジアのジェンダーの授業はあっても「アジアの人権」一般を対象にしたものはない。

者も聴衆も大学内部の院生、教官であった。まず「アジア的人権観」について政治学のマイケル・フリーマン教授が基調講演を行い、インドからの客員研究員とのパネルディスカッションと質疑応答が行われた。そのあとは自国の人権問題を研究しているアジアの博士課程の院生が報告をし、最後のパネルではカンファレンスを企画をした LLM と MA の院生たちが、自国の問題やこれまでアジアで関わってきた人権に関する仕事での経験を分かち合った。これらの院生たちには以前アジアの NGO や国連機関で働いたことのある欧米出身者もいた。こじんまりした会であったが、初めてこのようにアジアに焦点を当てた企画を行ったことは、エセックスのヒューマン・ライツプログラムにとってきわめて画期的なことであった。そしてそれが院生たちのイニシアティブから始まったこともきわめて重要である。

　この企画はその翌年もボイル教授と筆者が新しく入学してきたアジア出身の院生に声をかけ、引き継がれた。2年目は少し拡大して丸1日をあて、話者には英国外務省や国際 NGO に勤めるエセックスヒューマン・ライツコースの卒業生などにも依頼した。広報はロンドンの大学にも行い、他大学からも参加者が得られた。

　しかし、残念ながらボイル教授はその年の暮れに病のために亡くなった。教授は表現の自由で世界的に著名な国際人権 NGO の ARTICLE19の初代事務局長を務め、エセックス大学では長年ヒューマン・ライツセンター長としてその発展に努めた。特に、当初は法学に偏重していたセンターを、学部間を越えてより学際的なものにしたのはボイル教授であった。欧州人権裁判所で前述のハンプソン教授とともにトルコのクルド人に対する重大な人権侵害に関する多くの事件を扱い、その功績が評価されて1998年にはロイヤーオブザイヤーに選ばれ、また2001年から1年間はメアリー・ロビンソン人権高等弁務官（当時）のシニア・アドバイザー兼スピーチ・ライターとして活躍した[7]。日本にも何度か訪問し、講演もされている。このように国際的にも著名な人権専門家であるが、つねに学生、院生との交流を大切にしておられた。このアジアの企画もボイル教授による院生たちのイニチアチブへのサポートがなければ成立しな

---

7) Nigel Rodley "Kevin Boyle obituary: Internationally respected human rights lawyer and academic", *the Guardian*, 2 January 2011.

かったであろう。

その後も筆者はセンター長などと協力して、この企画のアドバイザーを続けてきた。3年目以降は財団などへの資金申請も行い、会場も大学だけでなくロンドンでも開催するようになった。3年目は話者にアセアン人権委員会の議長なども招待した。4年目は東日本大震災の後でもあったので、テーマを「アジアの自然災害と人権」として JICA ロンドン事務所の所長にもお話をしていただいた。5年目はアウンサン・スーチー氏が拘禁から解放されるなど、ミャンマーに民主的な動きが見られて、国際的にも様々な変化が起きつつあったときであり、このカンファレンスも「ミャンマーの人権」に焦点を当てた。ロンドン在住の NGO などのミャンマー専門家とミャンマー出身の研究者を多数招待して、レベルの高いパネルを準備できた。そして6年目の2014年は南アジアに焦点を絞って企画した。

毎年、話者として専門家を招待するだけでなく、院生が自国の問題を紹介するパネルも設けている。これまで、日本人留学生は「福島原発事故と健康への権利の問題」や「日本のハンセン病患者について」などを報告した。

このカンファレンスは大学のプログラムで欠けているアジアの側面の補充という目的のほかに、院生たちがアカデミックカンファレンスの企画を通して学ぶという目的がある。テーマの選択、プログラムの作成、資金調達、広報など、ほとんどの院生にとっては初めての経験であり、卒業後どのような職種についても必要になるようなスキルをここで学ぶ。アドバイザーとしていつも強調するのは、これは「院生主導の企画」であるということである。毎年いろんなチャレンジに直面しながらも、カンファレンス当日、正装で参加者を迎え、しっかり役割をこなしていく院生たちを見るとき、この企画の準備を通して彼らが多くを習得していることを実感する[8]。

---

8) カンファレンスの各年の最終レポートは http://www.essex.ac.uk/hrc/news_and_seminars/human-rights-asia.aspx 参照。なお、この企画によりアジアの重要性は学内で認識されるようなり、2011年に人権センターは学際的なアプローチをした「アジア太平洋の人権」という選択科目を設定した。筆者はその新科目の準備を行い、2年間この科目をディレクターとして担当をし、数人の教官とチームをつくって教えた。しかし登録者数が科目を開講するのに要求される12人に満たなかったため、2013年からは開講を見合わせることになった。また必須科目では2013年度で初めて「アジアと人権」のセッションが1コマ設けられ、筆者が担当した。

10　日弁連との協定

　エセックスのヒューマン・ライツセンターやプログラムとアジアとの公式な関係を強め、かつアジアのヒューマン・ライツ教育などに貢献するために、2009年、筆者は当時のヒューマン・ライツセンターのジョン・パッカー所長と話し合い、まず日本に目を向けることにした。毎年エセックスに留学してくる日本人の話を聞いていて、日本にはヒューマン・ライツを学びたい学生はいても、当時の日本にはヒューマン・ライツコースは皆無であり、国際人権法の授業もない大学が多く、ニーズが満たされていないという感じがした。実際筆者も同じような理由で1999年に留学したのであるが、その後も状況があまり改善されていない印象を受けた。そこで、ヒューマン・ライツ教育に関心のありそうな研究者の方や大学などに連絡した。筆者がこの青山学院大学のヒューマン・ライツ研究会にも参加する運びとなったのも、その結果である。

　この日本との連携強化の活動の一環で筆者が関与したのが、日本弁護士連合会（日弁連）との協定である。日弁連には「弁護士派遣制度」があり、当時アメリカの3大学（イリノイ、バークレー、ニューヨーク）のロースクールに毎年弁護士を客員研究員として派遣していた。これらはトップクラスのロースクールではあるが、特に人権教育やプログラムに秀でているとはいいがたい。国際人権基準を使える弁護士が日本でももっと増えてほしいが、そのためにもエセックス大学のヒューマン・ライツプログラムで学んでもらいたい、と考えた。現役の弁護士として個人でLLMに留学して帰国されていた芝池弁護士の協力を得て、日弁連国際室と会合をもち、当大学のヒューマン・ライツプログラムを紹介したところ、たいへん強い関心を示され、とんとん拍子で話が進み、協定締結に至ったのである[9]。そしてこの協定のもと2012年から毎年、LLMに1人、客員研究員として1人、計2人の現役の弁護士がエセックス大学に留学し、ヒューマン・ライツプログラムで学んでいる。

9）　Human Right Centre News "First candidates selected from agreement with Japan Federation Bar Association" (2 April 2012) http://www. essex. ac. uk/law/news_and_seminars/newsEvent. aspx?e_id=4100

1年目に研究員としてこられた弁護士の人は日本でいじめ問題に取り組んでおられたが、エセックスでの研究の成果を日本のいじめ対策に活用している。また今年（2014年）来られた弁護士の人は、日本が昨年末に批准した「障害者の権利条約」の国内実施の問題を取り上げ、日本の後見人制度の改善に取り組んでおられる。

11　実践を重んじる

エセックス大学のヒューマン・ライツ教育は理論や法解釈だけでなく、実践を重んじる点が特徴の一つである。これまでにも触れたが、教官の多くは研究者としてのみならず、国連機関や地域人権機関などで実際に国際人権法を使って活躍している人たちである。筆者がLLMの院生のとき、コースの概要説明には「夏季休暇にはインターンシップをすることを強く勧める」と強調してあり、現場で経験をすることの大切さを教官たちも繰り返した。実際筆者もLLM在学中の2000年の夏にジュネーブの国連欧州本部で、当時の人権小委員会で日本の横田洋三委員のアシスタントとしてインターンシップをする機会があった。それまで紙面で見てきた決議が、どのような形で、どのような議論を経て、最終的に採決されるのか、政府同士の駆け引きや、NGOの働きやパフォーマンス、そして専門機関の発言と委員の反応など、論文やテキストだけではわからない多くのことを学ぶ機会となった。

人権機関の現場を見ることは重要であるが、エセックスのヒューマン・ライツプログラムでは夏季にジュネーブの国連人権関連機関やハーグの国際刑事裁判所と司法裁判所、そしてストラスブールの欧州人権裁判所などを訪問し見学する「ユーロ・トリップ」という約1週間の企画がある。院生たちはそれらの機関を見学し、スタッフと会合を持ち詳しく話を聞くことができる。また院生たちにとってこのトリップは、それぞれの機関で働くエセックスの卒業生との交流の機会ともなっている。

実践力を身につけるために、ヒューマン・ライツセンターでは2014年に新しい選択科目「人権専門家のためのライツ・スキル」[10]を開設した。これは数年前に始まった課外活動の一つであるヒューマン・ライツセンタークリニッ

ク[11]の活動を選択科目の一つに構成し直したものであり、受講生は授業と並行してクリニックのチームで人権活動の実践を行う。

授業では「人権理事会、特に普遍的・定期レビュー（UPR）との従事の仕方」、「国連特別手続き」、「条約機関：効果的な関与の仕方とカウンターレポート」、「個人通報制度：被害者の面接と人権侵害の実証」、「個人通報制度：人権侵害の訴訟」、「国連人権メカニズムの評価と人権戦略の発展」、「人権活動のインパクトの評価」といった内容が講義される。

そして、受講生はクリニックの活動に参加する。「ビジネスと人権」、「拘留」、「人身売買」、「麻薬と人権」などのテーマごとに数人がチームをつくり、国際NGO などのパートナーと協力して実際の人権問題に対して人権条約機関や人権理事会などの国連人権システムを使って働きかける。そこにはある国の問題に関して条約機関の報告書審査に向けてのカウンターレポートの作成や、特別手続きを用いて国連特別報告者に「通報」する、などということが含まれる。まだ実際に人権機関への訪問やそれらを活用した経験のない院生にとっては、特にたいへん有益な科目となるであろう。

実践を重んじるエセックス大学に長年所属してきた筆者にも、ここで得た知識、スキルそして人脈を用いて実際に日本の人権問題に国連を活用し影響を与える機会があった。筆者は2013年の10月に閣議決定された日本の秘密保護法案が人々の「情報にアクセスする権利」に与えうる負の影響に強い憂いを感じ、ハント教授はじめ特に国連人権機関に通じている数人の教官や、エセックスヒューマン・ライツコースの卒業生で国連職員の経験のある友人に相談した。

その結果、卒業生の友人と法案を英訳して国連特別手続きを用いて表現の自由に関する国連特別報告者に手紙とともに「通報」したのだが、その訴えが取り上げられ、表現の自由と健康への権利に関する特別報告者 2 人の共同声明が日本政府に対して発表されたのである[12]。これは全国で日に日に秘密保護法への反対が強まっていった11月21日のことで、日本のメディアでも広く報道され、国会答弁でも取り上げられ、日本の市民運動グループにも大きな喜びを

---

10) Module Details "Right Skills for Human Rights Professionals" http://www. essex. ac. uk/modules/default. aspx?coursecode=HU902&level= 7 &period=SP

11) "About the Human Rights Centre Clinic" http://www. essex. ac. uk/hrc/careers/clinic/

持って迎えられた。エセックスの先生方もこの成果を大変喜んでくれたが、それまで彼らから学んできた「国際人権法や人権機関は使うものである」ということを筆者自らが実感した経験であった。

結びにかえて

エセックス大学のヒューマン・ライツ教育プログラムは世界でも最も歴史のあるヒューマン・ライツプログラムの一つであり、豊富な経験の蓄積がある。カリキュラムの範囲や内容も年々拡大、改善されてきた。本稿ではそのプログラムを筆者の当大学での経験も踏まえて紹介した。個人的な回顧録のような側面もあったが、それらの例を通して少しでも当大学のヒューマン・ライツ教育プログラムを具体的に理解していただければ幸いである。

近年、日本の人権状況は思わしくない方向に進んでいることは否めない。日本政府は国連人権機関からの勧告を一貫して無視し続けている。そのような政府の態度について、2014年7月の自由権規約委員会による日本政府報告書審査では、ロドリー議長が「日本は国際社会に対して反抗しているように見える」とコメントした。一方、国内のメディアはこのような国際社会からの厳しい評価について十分に報じているとはいいがたく、一般の人々には十分理解されていないのが現実である。よって大学におけるヒューマン・ライツ教育はきわめて重要であり、これからますます重要性を増していくであろう。

そんな中、2013年に青山学院大学がヒューマン・ライツコースを開設したことは非常に画期的なことであり、今後の発展が期待される。加えて、このようなヒューマン・ライツ教育カリキュラムが他大学でも取り入れられ、広まることが望まれる。そして、これからの日本でのヒューマン・ライツ教育の発展のために、エセックス大学のカリキュラムや豊富な経験から学ぶことは少なくな

---

12) "Independent UN experts seriously concerned about Japan's special secrets bill" http://www.ohchr.org/EN/NewsEvents/Pages/DisplayNews.aspx?NewsID=14017&LangID=E 和訳は http://freedexjapan.wordpress.com/ または http://www.unic.or.jp/news_press/info/5737/ 参照。また拙稿「国際人権法の定める『情報にアクセスする権利』と秘密保護法」『法学セミナー』2014年6月号、1-5頁；拙稿「国連人権条約から見た秘密保護法の問題性」海渡雄一・清水勉・田島康彦編『検証秘密保護法 何が問題か――検証と批判』岩波書店、2014年、163-175頁も参照されたい。

いであろう。本稿がその一助となれば幸いである。

227

資料1　ヒューマン・ライツコースシラバス

講義内容詳細：ヒューマン・ライツの現場A

年度/Academic Year　　2014
授業科目名/Course Title (Japanese)　ヒューマン・ライツの現場A
英文科目名/Course Title (English)　Human Rights A
学期/Semester　前期　単位/Credits　2
教員名/Instructor (Japanese)　大石 泰彦／野中 章弘
英文氏名/Instructor (English)　OISHI, Yasuhiko/NONAKA, Akihiro

講義概要/Course description
1)　「ヒューマン・ライツ」を学ぶことは、これまで学生諸君がなじんできた「勉強」とは全く異なっている。それは、単語や用語を暗記したり、参考書や問題集を一冊あげたりするようなものではない。頭でっかちにならず、まずは「現場」を見つめること、そして、それを他人事として簡単に割り切ったり、安易に理論化したりしないことが必要になる。
2)　ここで展開されるのは、高校までのいわゆる「人権学習」「平和学習」の延長線上にある啓発的な授業ではない。そこには簡単な「答え」はない（「答え」は大学4年間の学びの中で探究してほしい）。そんな学びに関心を持つ学生諸君の受講を期待する。

達成目標/Course objectives
　法学部はもちろん「法」を学ぶ場所であるが、そこは同時に「ヒューマン・ライツ」を学ぶ場所でもある。両者は表裏一体のものである。この講義の目標は、法学部4年間のヒューマン・ライツ学習の基盤を形成することである。

履修条件（事前に履修しておくことが望ましい科目など）/Prerequisite
　第2セメスター（1年次後期）から「ヒューマンライツ・コース」に所属することを検討している学生は、第1セメスター（1年次前期）にこの授業を履修すること。

授業計画/Lecture plan
講義回
1　ガイダンス
2　孤立に向き合う（その1）
3　孤立に向き合う（その2）
4　グループ・ディスカッション（第1回）
5　私たちは「自由」か（その1）
6　私たちは「自由」か（その2）

7　グループ・ディスカッション（第2回）
8　戦争を知っているか（その1）
9　戦争を知っているか（その2）
10　グループ・ディスカッション（第3回）
11　「命の重さ」に差別はないか（その1）
12　「命の重さ」に差別はないか（その2）
13　グループ・ディスカッション（第4回）
14　特別授業（講演等）
15　まとめ

授業方法/Method of instruction

1)　担当者のうち1名は「人権」を研究テーマとする大学教員、1名は日本とアジアの社会と人間の現実をテーマに取材を続けるインディペンデントのジャーナリストである。各回、この2人がともに教壇に立つ。また、現場をよく知るジャーナリストなどをゲストとして招くこともある。

2)　授業は原則として3回をワンセットにして、すなわち、ひとつのテーマに270分の時間をかけて行われる。

　各セットは、第1回：簡単なイントロダクション（約10分）のあと、ヒューマン・ライツにかかわる映像を視聴。授業終了後、映像への感想、意見、質問などをA4版1枚程度の用紙にまとめて提出。

　第2回：寄せられた感想等をふまえて、担当者2名が講義を行う（約40分）。ゲストが話をする場合もある。そのあと、質疑応答やグループ・ディスカッション（第3回の説明参照）の準備を行う。

　第3回：受講者が、だいたい10名ずつのグループに分かれて、グループ・ディスカッションを行う。ディスカッション終了後、再度、ディスカッション報告と感想（A4版1枚程度）の提出が求められる。

3)　テーマが変更される場合もある。

成績評価方法/Evaluation

　受講者が発する言葉（文章、発言）によって採点する。その内容が高度であるかどうかではなく、熱意と真摯さを求める。このほかにレポートを課す場合もあるが、期末試験は行わない。

教科書/Textbooks

　以上に記したような授業であるので、教科書を指定することはない。本でもよい、ドキュメンタリー映像でもよい、自ら「現場」を知り、発見する努力をしてほしい。ただし、担当者やゲストが書籍や映像作品を紹介することもある。

資料1　ヒューマン・ライツコースシラバス　　229

その他/Others

　ヒューマン・ライツの学びは、この授業ののち、「ヒューマン・ライツの現場 B」「人権調査論」「人権法特論 A〜D」「国際人権法」「環境法 A・B」「言論法 A・B」をはじめとするさまざまな授業に連結されていく。

　この講義は、その出発点である。

キーワード/Keywords　　ヒューマン・ライツ　自由　差別　戦争　孤立　貧困　ジャーナリズム

講義内容詳細：ヒューマン・ライツの現場 B

年度/Academic Year　　2014
授業科目名/Course Title (Japanese)　　ヒューマン・ライツの現場 B
英文科目名/Course Title (English)　　Human Rights B
学期/Semester　　後期　単位/Credits　2
教員名/Instructor (Japanese)　　申 惠丰／野中 章弘
英文氏名/Instructor (English)　　SHIN Hae Bong/NONAKA, Akihiro

講義概要/Course description

　人権は、人間社会の歴史において、人間の実存的な苦しみの経験の中から生まれ、一人一人がもっている人間としての尊厳を確保するための拠りどころとして、道徳的、法的に用いられるようになった理念である。人権保障は、近代立憲主義の中核をなす理念として、日本国憲法を含む多くの国の憲法に盛り込まれ、かつ第二次大戦後の国際社会では、各国が国連と協力して取り組むべき共通の重要な課題として認められている。しかし、人権問題に身近にふれたことがほとんどない学生にとっては、憲法や条約の人権規定をいきなり読み、その解釈に関する学説などを聞かされても、その権利の意味や重要性を本当に理解することは難しい。

　この授業は、「ヒューマン・ライツの現場 A」と並び、ヒューマンライツ・コースの導入授業として、様々な人権問題を、映像資料によって「可視化」された形でまず見つめ、かつそれについて他の学生と意見交換することを通して、人権の意義やその意味内容について考えていこうとするものである。なお、「ヒューマン・ライツの現場 A」「同 B」は、それぞれ、「日本」「世界」を概ね対象としているが、日本ももちろん世界の一部であり、厳密な区分ではない。この「ヒューマン・ライツの現場 B」の授業でも、日本で起きている人権問題について扱うことがある。

達成目標/Course objectives

とりわけ世界各地の人権問題にふれることを通して、それらが、自分と同じくかけがえのない人生を生きている人たちの問題だということ（人権の普遍性）を感じること、そのような意味での人間的な共感能力（人権感覚）を養うことがまず一つの目標である。また、この授業を通して現実の人権問題について意識を持った上で、憲法や条約の人権規定にふれてその意義について考えること、さらに、なぜ法学部で法や政治を学ぶのかについて各自が思いを致し、2年次以降の勉強に向けて目的意識を持つことも、重要な目標である。

授業計画/Lecture plan
講義回
1　オリエンテーション
2　＜少女・女性の人権(1)＞人身売買（カンボジア）／教育は未来への鍵（ベトナム）
3　＜少女・女性の人権(2)＞ディスカッション
4　＜戦争被害者の人権救済(1)＞アジアの戦争被害者
5　＜戦争被害者の人権救済(2)＞ディスカッション
6　＜基地と軍隊＞世界各地の米軍基地
7　＜軍隊と武力行使＞イラク戦争と米兵
8　＜基地・軍隊と武力行使＞ディスカッション
9　＜原子力発電と人間(1)＞原発再処理工場・原発事故
10　＜原子力発電と人間(2)＞ディスカッション
11　＜企業と人権(1)＞労働者の権利
12　＜企業と人権(2)＞ディスカッション
13　＜砂漠化と難民・テロ(1)＞水と人間生活
14　＜砂漠化と難民・テロ(2)＞ディスカッション
15　全体のまとめ

授業方法/Method of instruction
　担当者のうち1名は国際人権法を専門とする教員（申）、1名は世界各地の戦場を含む現場の取材を続けてきたインディペンデントのジャーナリスト（野中）である。毎回、この2名が共に授業を担当する。
　各テーマについて原則2回の授業をあてる。1回目は、担当者によるイントロダクションの後、ドキュメンタリー映像を視聴し、感想や考えたことをコミュニケーション・ペーパーに書いて期日までに提出する。2回目の授業は、1回目の授業の最後に担当教員が提示したいくつかの論点に沿って行うディスカッションである。コミュニケーション・ペーパーで出された内容を担当教員が紹介し、追加資料があればそれらも読んだ後、グループに分かれてディスカッションを行う。2回目の授業後、A4用紙2枚程度の小レポートを期日までに提出する。
　なお、上記の授業計画及び方法は、ヒューマンライツ・コースが発足した初年度である2013年度のものを基にしており、授業の進行やテーマについては変更がありうる。1つの

テーマについて3回の授業を割き、映像→担当教員による補足説明→ディスカッションというサイクルで行う方法も検討している。

成績評価方法/Evaluation

　成績の基本（70％）は、コミュニケーション・ペーパー及び小レポートの形で提出された文章から、テーマに対して真摯に向き合い自分なりに考えを深めようとしていることがどれだけ示されているかによって評価する。

　コミュニケーション・ペーパーは、ドキュメンタリー映像視聴直後の感想・考えを記したものでよいが、小レポートは、ディスカッションで他人の意見を聴きまた、自分で本などを読み調べた内容も反映させたものであることが期待されている。

　加えて、授業でカバーできる人権問題には限りがあること、及び授業で観る映像資料等だけでは問題の背景や現状について知り考えるには不十分であることに鑑み、オリエンテーション時に配布する「参考文献リスト」の中から2冊を「課題図書」として指定し、それを読んだ上で自分の考えをまとめたものをレポートとして提出することを課す（枚数等の詳細についてはオリエンテーション時に説明する）。このレポートも成績評価の対象とし（30％）、基本点とレポート点を合わせた成績で総合的に評価を行う。

教科書/Textbooks

　教科書は特に使用しないが、オリエンテーション時に参考文献リストを配布する。

その他/Others　毎回の授業への出席を前提とする。

講義内容詳細：**人権調査論**

年度/Academic Year　2014
授業科目名/Course Title (Japanese)　人権調査論
英文科目名/Course Title (English)　Human Rights Research
学期/Semester　夏休集中　単位/Credits 2
教員名/Instructor (Japanese)　別府 三奈子／坂上　香
英文氏名/Instructor (English)　BEPPU, Minako/ SAKAGAMI, Kaori

達成目標/Course objectives

　当事者のまなざしを辿りながら、差別や偏見の由来について深く考察することで、不可視化されている問題に気づき、自立して問いをたてる力を養う。ヒューマンライツの必要性について、理解を深める。

履修条件（事前に履修しておくことが望ましい科目など）/Prerequisite

　2日目の学外授業を含め、集中講義（4コマ、4コマ、4コマ、3コマで合計4日間）のすべてに出席すること。

授業計画/Lecture plan

講義回

1　抑圧の社会構造(1)：イントロダクション。映像資料（薬物依存による収監やHIV陽性といった体験を持つ人びとが、演劇を通して自らの声を取り戻していくプロセスの記録）の視聴、観察、考察。
2　抑圧の社会構造(2)：映像製作者との対話。
3　抑圧の社会構造(3)：テーマ・ディスカッション「沈黙を強いる力」。
4　抑圧の社会構造(4)：フィールド・スタディの準備。
5　暴力をめぐる諸相(1)：フィールド・スタディ：認定NPO法人サバイバルネット・ライフ訪問（栃木県小山市役所ほか）。
6　暴力をめぐる諸相(2)：家庭内暴力のシェルターを運営するNPO担当者との対話。
7　暴力をめぐる諸相(3)：暴力の連鎖「現場からの声」の聞き取り。
8　暴力をめぐる諸相(4)：テーマ・ディスカッション「不可視化の構造」。
9　抑圧の多層化(1)：ゲスト・スピーカー「事例としての少数者」。
10　抑圧の多層化(2)：グループワーク。
11　抑圧の多層化(3)：ゲスト・スピーカー「事例としての厳罰」。
12　抑圧の多層化(4)：グループワーク。
13　グループワークの発表「問いを立てる」。
14　テーマ・ディスカッション「ヒューマンライツの役割」。
15　まとめ

成績評価方法/Evaluation

　期末のレポート60％、発表内容40％

教科書/Textbooks

　特に指定しません。参考文献については、初回の講義で紹介します。

メッセージ/Message

　中講義による学外でのフィールド・スタディ、ゲスト・スピーカーや学生同士の対話を重視する参加型の授業形態になります。皆さんの自由な発想と積極的な対話に期待します。

資料1　ヒューマン・ライツコースシラバス　　233

講義内容詳細：**人権法特論 A**

年度/Academic Year　2014
授業科目名/Course Title (Japanese)　人権法特論 A（戦争・紛争と人権）
英文科目名/Course Title (English)
学期/Semester　夏休集中　単位/Credits　2 / 4
教員名/Instructor (Japanese)　森本 麻衣子
英文氏名/Instructor (English)　MORIMOTO, Maiko

講義概要/Course description

　「人権（human rights）」という言葉は定義上、人間が普遍的に持っているとされる権利を指しますが、他のあらゆる言葉と同様、その言葉を用いる社会によって、言葉としての、またその言葉が体現する現実としての生命を与えられています。言い換えると、誰もが、いつでも、人間に固有のものとして「人権（human rights）」を持っているのだ、というこの考え方自体、いつでも自然にそこにあったわけでなくて、人間社会がそのときどきの経験と実践を通じて、この考え方にこのような普遍的な意味・意義を与えてきたといえます。アメリカのある歴史学者は最近、歴史的にみて human rights は人間の「最後のユートピア」であると論じました（Moyn, Samuel. *The Last Utopia: Human Rights in History*, Cambridge, MA: Belknap Press of Harvard University Press, 2010）が、この主張の是非はともかく、今日、「人権（human rights）」という概念が、不完全かつ問題を抱えながらも、さまざまな実践をともないつつ、現実を動かす力のある世界的な言語をかたちづくっているとすれば、どのような歴史的条件のもとにそうなっているのか、ということを考えてみることは重要なことだと思います。それは、単に知識の問題ではなく、人間であるあなたと、人間である私が、いまという時間をどのような歴史的条件のもとで生きているのか、と考えることにつながるからです。この講義は、「人権（human rights）」の概念と実践の今日までの歩みを、「戦争の世紀」と呼ばれることもある二十世紀の歴史のなかに位置づけてみることによって、私たちの立ち位置を確認してみよう、という試みです。

達成目標/Course objectives

　21世紀の前半を生きている私たちが「人権」という視点から戦争・紛争を考え、行動することの歴史的意義・可能性を、現時点での限界・課題とともに議論し、考察を深める。

履修条件（事前に履修しておくことが望ましい科目など）/Prerequisite

　「ヒューマン・ライツの現場 A、B」を受講していることが望ましいですが、真摯に課題と取り組む姿勢があればこれまでの履修状況は問いません。

授業計画/Lecture plan

講義回

1　（1日目）オリエンテーション

2　（1日目）「人権」概念と戦争犯罪

3　（1日目）第二次世界大戦／アジア太平洋戦争と「人権」

4　（2日目）ベトナム戦争・枯葉剤と「人権」1―ドキュメンタリー鑑賞

5　（2日目）ベトナム戦争・枯葉剤と「人権」2―ドキュメンタリー感想交換

6　（2日目）生物・化学兵器と「人権」

7　（3日目）中間試験

8　（3日目）冷戦終結・民族紛争の多発と「人権」

9　（3日目）普遍の価値か、介入の口実か

10　（4日目）戦時性暴力と「人権」

11　（4日目）女性を位置づける

12　（4日目）日本の戦後補償問題

13　（5日目）人間の生きる権利と戦争・紛争（総括議論）

14　（5日目）期末試験

15　（5日目）講評

授業方法/Method of instruction

　暗記すべき知識を与えたり、問題に対する解法を教えたりする授業ではありません。授業内で資料や課題に取り組んでもらって、そこから考えたことを講師のガイダンスのもとで互いに報告しあい、議論するという形式でできるだけ進めたいと思っています。

成績評価方法/Evaluation

　議論への参画（40％）、中間・期末試験（それぞれ30％の計60％）により評価します。中間・期末試験は各自が授業を通じてどのように自分の考えを深めたかを問う問題を出しますので、本・資料・ノートなどすべて持ち込み可とします。

教科書/Textbooks

　教材は適宜配布します。日暮吉延『東京裁判』（2008年、講談社現代新書）を課題図書とします。遅くとも開講日までに手に入れ、できれば早目に目を通してもらうことが望ましいです。中間試験の一問はこの課題図書から出題する予定です。「その他」欄に出題のおおよそのアウトラインを書いておきますので、参考にしてください。

参考書/Reference books

　もし Universal Declaration of Human Rights（人権に関する世界宣言）にまだ目を通したことがなければ、以下のウェブサイト等で確認しておいてください。

　英文 http://www.un.org/en/documents/udhr/index. shtml#a30

日本語訳 http://www. ohchr. org/EN/UDHR/Pages/Language. aspx?LangID=jpn

メッセージ/Message
　開講前に課題図書などに関して質問のある履修者は、講師（森本）宛てにメールを送ってください。

その他/Others
　課題図書より出題する中間試験の課題はおおよそ以下のようなものになります。
課題（出題予定）：日暮吉延『東京裁判』（2008年、講談社現代新書）では東京裁判の開廷前からＡ級審判釈放までの経緯が詳しく報告されています。本を読み、東京裁判の審理過程における「人権」概念の所在と不在について、つまり、あなたが今日「人権」という言葉で理解している問題意識が、どのような争点・配慮として審理のなかにあらわれたか、そしてあらわれなかったか、またその背景は何か、という観点から（特に「平和に対する罪Crimes against Peace」「通例の戦争犯罪 Conventional War Crimes」「人道に対する罪 Crimes against Humanity」の用いられ方の違いに注意して）、考えたことを作文にまとめてください。正解・不正解はありませんので、本を読んで自分なりに考えたことを伝える作文を書いて下さい。〔なお、筆者は東京裁判についての「事実」をまず確認することがこの本の目的であると冒頭（32頁）で述べていますが、作文の中でそうした国際司法・政治上の「事実」の数々を羅列する必要はありません。本そのものは「人権」という視点とは離れたところから書かれていますから、この本を筆者の視点・主張にそっていったん読む姿勢とは別に、課題を踏まえて自分なりに読み直し、自分の議論を展開するうえで必要な事例をとりだしてくる作業が必要になると思います。〕

キーワード/Keywords　　ヒューマン・ライツ　人権　戦争　紛争

資料2　ヒューマン・ライツの現場 A

レジュメ：**孤立に向き合う**

2012年12月 1 日・実験授業
ヒューマン・ライツの現場 A

1　「孤立」に目を向ける

「『急な病気ならともかく、自分の体調管理ができなくて死んでしまうなんて、それは個人の問題ではないか』『具合が悪くなれば、普通は病院に行って治療するだろう』。世間一般では、そう考える人も多い。私たち〔常盤平を取材した〕取材班も当初はそうだった。だから、こんなに多くの人が一人で亡くなっている。しかも高齢者だけではなく、働き盛りの年代までもが孤独死しているという現実が理解できず、戸惑っていたというのが正直なところだった。」（NHK スペシャル取材班＆佐々木とく子『ひとり誰にも看取られず──激増する孤独死とその予防策』阪急コミュニケーションズ、2007年、71頁）

「〔孤独死した〕T さんと同じ棟に住んでいた女性からも話を聞くことができた。彼女によると、T さんは亡くなる数か月前から、ほとんど家から出ない状態だったようだ。棟の入り口にある集合ポストからは、手つかずの郵便物があふれて下に落ちていたという。たまたま見かけたとき、体調が悪そうだったので、『どうしたのですか？』と尋ねたが、『何もやる気がしないんです』と答えただけで、それ以上は何も言わなかった。鬱のような感じがしたという。」（同書76頁）

「『生まれてくるときはきっとみんなに祝福されて生まれてきただろうに、どうしてこんな若さで一人寂しく亡くならなきゃいけないんだろうね……』」（同書84頁）

2　「孤立」にかかわるできごと──新聞報道などから

●2007年 4 月　首都圏青年ユニオンなどの労働組合・民間団体が「ネットカフェ難民」の実態調査。調査した34店舗のうち 4 分の 3 に長期滞在者。

「家がない。正社員になれず、職を転々として当座のお金を稼いでいる。」（愛知県・40代男性）

●2007年 7 月　北九州市小倉北区で52歳の男性が生活保護の辞退届を提出した後に餓死。

「せっかく頑張ろうと思った矢先切りやがった。生活困窮者は、はよ死ねってことか。」

「小倉北〔福祉事務所〕の職員、これで満足か。人を信じることを知っているのか。三月、家で聞いた言葉、忘れんど。市民のために仕事せんか。法律はかざりか。書かされ、印まで押させ、自立指どうしたんか。」

「オニギリ食いたーい。25日米食ってない。」

●2008年 3 月ごろから　プロレタリア文学の代表作、小林多喜二の「蟹工船」がブームに。

例年5万部ほどの売り上げだったのが、この時期だけで35万部以上増刷。

●2008年6月　東京・秋葉原の路上で、25歳の派遣社員A（男性）が7名を殺害。

　「300人規模のリストラだそうです。やっぱり私は要らない人です。」

　「夢も希望もなく、力尽きて……寂しい老後を独りぼっちで、部屋の片隅でひざを抱え……」

　「このまま死んでしまえば幸せなのに　そう思うことが多々あります。」（Aの携帯電話サイトサイトへの書き込みから）

●2008年11月　ホームレスの男性が、テント暮らしをしている公園を「住所地」として住民登録するように行政に求めた訴訟で敗訴（最高裁）。

　「〔住所がないと〕自分を証明するすべが失われてしまう。」

　「住所があってはじめて人として認めてもらえる。」

●2008年11月　東京渋谷・宮下公園のホームレスから警察が指紋と顔写真を採取。支援団体などが、ナイキ公園への改装のための「嫌がらせ」だとして抗議。

●2008年11月　大手ディベロッパー・日本綜合地所、53名の就職内定大学生すべてについて「内定取り消し」。「手切れ金」42万円。

　「見たこともない笑顔を」（同社ホームページ）

●2008年12月　日比谷野外音楽堂に2000人の非正規社員などが集まり、相次ぐ「派遣切り」に抗議する集会（派遣法の抜本改正をめざす集会）を開催。

　「年末年始をしのぐため必死で仕事を探しているが、みつからない。こんな切り方をされるとは思ってもみなかった。」

　「僕たちにも2009年を迎えさせてください。」

　「寮から追い出さないでください。ホームレスにしないで。」

　「派遣社員はモノじゃない。」

●2008年12月～2009年1月　自立生活サポートセンター・もやい、全国コミュニティーユニオン連合会などによって組織された「実行委員会」が、東京・日比谷公園に「年越し派遣村」を開設。スローガンは「日比谷で年末年始を生き抜く。」

　「求人はたくさんあると言うんですよね。だけど『あれがいい、これがいい』と言っている」（某テレビ司会者）

　「このまま行くと、言い訳だけの人生になってしまうんじゃないですか？」（別のテレビ司会者）

●2009年3月　群馬県渋川市の無届高齢者施設「たまゆら」の火災で入居者ら10名が死亡。うち6名が東京都墨田区の生活保護受給者。

●2010年3月　東京都議会に、ネットカフェでの本人確認を義務付ける条例案が提案される（「インターネット端末利用営業の規制条例（仮称）」案）。13日には新宿で反対デモ。デモ参加者とほぼ同人数の警察官が警備。

　「身分証をもっていない人がどんどん追いつめられる。」

　「バイト先を失ったとき、頼れる情報手段はネットカフェ。宿を失うだけでなく、就職情報や人とのつながりも奪われる。」

●2011年２月　厚生労働省などの調査で、2009年度の生活保護不正受給件数が１万9,700件にのぼることが判明。1999度の4665件から毎年増加。公費負担100億円。

●2011年３月　11日、東日本大震災。

●2011年５月　常盤平団地の自治会の調査で、2010年の松戸市内の孤独死が前年比1.5倍に増加していたことが判明。猛暑の影響か？

●2011年６月　厚生労働省の調査で、2011年３月末時点の生活保護受給者が59年ぶりに200万人を突破したことが判明。

●2012年１月　札幌市白石区のアパートで、42歳と40歳の姉妹が遺体で発見。妹に知的障害。まず姉が栄養障害による脳内出血で死亡し、続いて妹が電気もガスも止められた部屋で凍死。姉は福祉事務所に３度も相談に足を運んでいたが、「懸命なる求職活動」を求められ生活保護を受けられず。この年はじめより、全国で「孤立死」の事例が相次ぐ。

●2012年３月　厚生労働省、生活保護の不正受給を減らすために、社会福祉事務所に警察官OBを配置することを各自治体に要請。

　「不正受給対策の一つとして有効な取り組み。全国に広げていきたい。」（厚生労働省保護課担当者）

　「まずはケースワーカーが現状では少なすぎる。きめ細かく対応できるよう適正な人数を配置すべき。厚労省の現在の動きと、不正受給の現状には開きがある。」（戸舘圭之弁護士）

●2012年４月　週刊誌『女性セブン』が「年収5000万円（推定）超人気芸人母の生活保護」と題して、匿名で「お笑いタレント」を告発。その後ネット上で「次長課長」の河本準一さんの実名が挙げられバッシングに。自民党の片山さつき参院議員は「不正受給では」と厚生労働省に調査を依頼。河本さん謝罪会見。

●2012年６月　大阪ミナミで通り魔事件。２人死亡。36歳男性の犯行。

　「自殺しようと包丁を買ったが死にきれなかった。人を刺して殺せば死刑になると思ってやった。」

　「ミナミにはたまたまたどりついた。家も仕事もなく、通帳に残った20万円を下ろし『もうこれしかないのか。生きていくにはどうしたらよいのか』と思い、自殺しようと考えた。」

●2012年８月　社会保障改革推進法施行。「国民が自立した生活を営むことができるよう家族相互、国民相互の助け合いの仕組みを通じて実現を支援する」として、自助・共助を強調。

　「国の責任を個人の自立支援に矮小化するもので、国による生存権保障、社会保障制度の理念そのものを否定するに等しく、憲法に抵触するおそれがある。」（山岸憲司日弁連会長）

●2012年10月　大阪で相次いで、ホームレス襲撃事件が発生。14日未明には５人が襲われ、１人死亡、１人重傷（脳挫傷）。同一グループによる犯行か。

3　「孤立」へと至る道行

(1)　孤立は「自己責任」？――奥谷禮子氏（人材派遣会社ザ・アール社長）発言（2007）

　「経営者は、過労死するまで働けなんて誰も言いませんからね。ある部分、過労死も含めて、これも自己管理だと私は思います。」

「基本的に、個人的に弱い人が増えてきている。弱い人が増えています。まさに自己管理の問題。自分で辛ければ辛い、休みたいと、ちゃんと自己主張すればいいんだけども、そういうことは言っちゃいけないんだ、そういったことは言えないものだというような変な自己規制を働かせてしまう。周りに言ってもらわなければ休みも取れないみたいな。自分が休みたければ、大変だったら休めばいいわけですよ。人にすべて任せて、結果、会社が悪い、上司が悪い、何が悪いと他人のせいにしてしまう。」

　「下流社会だの何だの、言葉遊びですよ。社会が甘やかしている。自分が努力するとか、自分がチャレンジするとか、自分が失敗するとかいうことを、そうした言葉でごまかしてしまっている。」

(2)　「すべり台」社会（cf.湯浅誠『反貧困――すべり台社会からの脱却』岩波新書、2008年）

ア．正規雇用の減少、非正規雇用の増大〜正規・非正規の比率は、1990年には約4：1、2007年には約2：1；派遣労働者の賃金は全労働者平均の約2分の1（ワーキング・プア）

イ．雇用保険受給率の低下〜1980年には56％、1990年には36％、2006年には21％

ウ．正規労働者の切り崩し〜「成果主義」「みなし残業」「名ばかり管理職」

エ．低い「生活保護」捕捉率〜おおむね15〜20％；「水際作戦」「生活保護バッシング」；濫給事例もあるが、漏給事例が圧倒的に多いのが現実（障害年金等も同様）

(3)　上る階段のない「すべり台」

ア．正社員に戻れない〜正社員（⇒期間工）⇒派遣⇒日雇い

イ．家がなくなる〜住所がない、携帯電話がない、貧困ビジネス、期限付きの「自立支援センター」、公園などからの排除

ウ．中高年の孤立〜病気による離職、離婚による孤立化、「職場」以外の人間関係の希薄さ

エ．見落とされる「障害」〜知的障害、人格障害等

オ．追いつめられて〜抑うつ・自殺、「自己破壊」「刑務所に入りたい」が動機の犯罪、児童虐待　etc.

(4)　「孤立」は単なる「貧困」問題か――NHKクローズアップ現代「"助けて"と言えない〜いま30代に何が〜」から

　「『ホームレス支援をしているボランティアの人に声をかけられること自体が恥ずかしいことと思っているんじゃないかな。なんか、自分が恥ずかしい状態になっていると思っている人は、それを認めることにもなるし、自分の弱い面をさらけ出すことになるかもしれないから〔支援を拒否する。〕』奥田さん〔注・NPO法人「北九州ホームレス支援機構」代表・奥田知志氏（47歳）〕は、私たちにそう語った。どうして、助けを求めないのか。私たちに、新たな疑問が生まれてきた。」（NHKクローズアップ現代取材班『助けてといえない――いま30代に何が』〈文藝春秋、2010年〉p. 71.）

「においや見た目、髪の毛がぼさぼさだったら、人からホームレスと見られるのもしょうがないけど、なるべく人と距離を置いてそう思われないようにしている。コンビニエンスストアに入るときも、人がいるかいないか遠くから見て、人が多いときには入らないようにしてり。たとえば昼間は入らなくて、夜中の二時とか三時とか。」（ホームレス状態にある32歳男性：同書105頁）

「自分がこういう風になっているって現状を、母親に言いにいく自信がないです。」（同：同書96頁）

「〔友達とは〕持ちつ持たれつの関係というのでしょうか。いまだと、自分が一方的に頼っているだけで、友達が困っていても自分は助けてあげることができません。……一方的に助けてくださいというのは……やってはいけないと思うんです。」（同：同書98頁）

「……やっぱり、自分がしでかしたことの結果なんで、すべてですね。派遣切りにあったからって、ホームレスになる理由にはならないと思うんですね。」（同：同書116頁）

「身震いと涙が止まりませんでした。自分は仕事をし、収入を得ることができていますが、世の中何一つ確実なものはありません。明日は我が身かもしれないし、自分の場合も『助けて』とは言えない。今、仕事をし、家族と生活していても孤独を感じています。妻に何を聞かれても、『問題ない。うまくいっている』とだけ答えています」（視聴者男性30代：同書125頁）

「誰かを蹴落とさないと、自分が蹴落とされる社会、病気の家族、それに対応するストレス。目の前のことに追い込まれて、心を開くなんて思いつきもしなかった」（視聴者女性：同書141頁）

4 「孤立」を考える

(1) さまざまな孤立対策
・「見守り協定」、「お手伝い」サービス、「テレフォン」サービス、団地カフェ　etc.

(2) 「孤立」をどう考えるか
・「孤立」に対する想像力（孤立に関心を向けてきたか？：偏見はないか？）
・「自己責任」か「社会問題」か？
・「行政」「ビジネス」による解決はどこまで可能か？
・どのようにしてコミュニケーションを回復するか？
・ジャーナリストやメディアの役割は？

◇参考文献◇
・生田武志『ルポ最底辺──不安定就労と野宿』ちくま新書、2007年。
・NHKスペシャル取材班・佐々木とく子『ひとり誰にも看取られず──激増する孤独死とその防止策』阪急コミュニケーションズ、2007年。
・湯浅誠『反貧困──「すべり台」社会からの脱出』岩波新書、2008年。

資料2　ヒューマン・ライツの現場A　　241

・産経新聞大阪社会部『生活保護が危ない──「最後のセーフティーネット」はいま』扶桑
　社新書、2008年。
・中沢卓実・淑徳大学孤独死研究会『団地と孤独死』中央法規出版、2008年。
・NHKクローズアップ現代取材班『助けてと言えない──いま30代に何が』文藝春秋、
　2010年。
・飯島裕子・ビッグイシュー基金『ルポ若者ホームレス』ちくま新書、2011年。
・全国「餓死」「孤立死」問題調査団編『徹底調査「餓死・孤立死」の頻発を見よ！』あけ
　び書房、2012年。
・寺久保光良『また、福祉が人を殺した』あけび書房、2012年。

レジュメ：**戦争を知っているか**──「戦争のできる国」に向かう日本

2014年度・ヒューマン・ライツの現場A

1　「戦争のできる国」への歩み？──イラク戦争と日本の近時の動向

●2003年2月　アメリカ、イラクの大量破壊兵器開発の「証拠」写真を提示。同時にアルカ
イダとイラクの関係にも言及。
●2003年3月17日　米・ブッシュ大統領、イラク・フセイン大統領の48時間以内の国外退去
を求める「最後通牒」。
●同日　「最後通牒」演説の3時間後、小泉首相がイラク攻撃支持を表明。

　※福田康夫官房長官（当時）へのインタビュー（朝日新聞2013年3月20日朝刊「イラク
平和が遠い：開戦から10年」）
「Q：開戦支持の理由は。　A：日本が反対しても米国はやる。日本が食い止められなかった
のかと問われると非力さを感じるが、そんなことはできない。小泉首相には日米同盟と首脳
間の信頼関係を崩してはいけないとの信念があった。北朝鮮問題もあった。米国の抑止力に
期待しないわけにはいかない。　Q：米国は開戦前にイラクの大量破壊兵器保有を公表しま
した。　A：日本が開戦支持を表明したのは大量破壊兵器があると聞かされたから。その前
提で物を考えていた。米国や国連以外の情報がない。情報操作があったかもしれない。（結
果的に）うその情報に塗り固められた。（大量破壊兵器情報が虚偽なら）米国の開戦理由が
なくなる。そういう心配があるから、一生懸命情報集めをした。だが、外務省に聞いても
「わからない」と。日本は本当にだるまさんみたいで、（情報収集の）手も足もないという感
じがした。」

●2003年3月20日　米軍など、イラク侵攻。「イラクの自由作戦」（英・豪参加、日本支持、仏・独・露・中は反対）
●2003年4月9日　米軍、バグダッド入城。
●2003年5月　米・ブッシュ大統領「大規模戦闘終結宣言」
●2003年7月　イラク復興支援特別措置法成立。
●2004年2月〜2006年7月　陸上自衛隊、サマワに駐留。
●2004年3月〜2008年12月　航空自衛隊、多国籍軍の兵員や物資の輸送を実施。
●2004年10月　アメリカの調査団が「大量破壊兵器はなかった」とする報告書を提出。
●2006年12月　イラク新政府、フセイン元大統領を処刑。
——・——
●2006年12月　防衛庁が「防衛省」に昇格。海外活動が「付随的任務」から「本来任務」に。
●2007年6月　自衛隊からの情報漏えいを監視することを任務とする「情報保全隊」が、イラク戦争に反対する集会に出席していた市民・ジャーナリストのリストを作って監視している事実が発覚。
●2008年4月　名古屋高裁で航空自衛隊のイラク派遣を「憲法9条違反」とする判決。田母神・航空幕僚長が「そんなの関係ねぇ」と発言。
●2008年7月　陸上自衛隊のサマワ宿営地に、駐留中22発の迫撃弾・ロケット弾が着弾していたとの統合幕僚本部情報を東京新聞が入手、報道。
●2008年12月　日本など90か国が「クラスター禁止条約」に署名。
●2009年3月　安全保障会議の決定を受けて、防衛大臣が北朝鮮のミサイルに「破壊措置命令」。全国数か所にパトリオットミサイル配備。政府内で集団的自衛権行使容認論が浮上。中川財務大臣は「核武装必要論」を主張。
●2009年3月　海賊対処法に基づいて、自衛官約400名と護衛艦2隻などがソマリア沖に向けて出発。「日本はついに、〔世界益ではなく〕国益を掲げて自衛隊を海外に出すようになってしまった」（伊勢崎憲治・東京外大教授〈朝日新聞2009・5・2朝刊「憲法9条は日本人にはもったいない」〉）
●2010年2月　普天間移設問題で鳩山首相が米・オバマ大統領に「私を信頼してほしい」と伝えたことを踏まえて、中沢・陸上自衛隊連隊長が陸自・米陸軍の共同演習の開始式で「同盟関係は『信頼してくれ』などという言葉で維持されるものではない」と発言。
●2011年5月　2006年の日米合意、2009年の協定で予定されていた普天間基地の2014年辺野古移設方針について、北澤防衛大臣が「2014年は難しい」「杓子定規なことを言っていないで」と発言し事実上断念。この時期、沖縄の県内移設反対の声と、「約束」の履行を求めるアメリカの強硬な姿勢との板挟みになり、民主党政権が迷走。
●2011年12月　政府、武器の輸出を原則として禁止する「武器輸出3原則」を緩和、「国際共同開発・生産」および「平和・人道目的」の場合の輸出を容認。
●2012年6月　原子力規制委員会設置法成立。その付則で「原子力利用の安全確保」政策の実施は、「我が国の安全保障に資することを目的として」も行うことができる旨を明記。原子力の軍事利用への懸念を生む。

●2012年9月　東京新聞の防衛省に対する取材で、イラクに派遣された自衛隊員のうち25名が自殺していることが判明。陸自は19人で、陸自全体の自殺率の10倍、空自は6人で5倍（自衛隊の自殺率は一般公務員の1.5倍といわれる）。

●2012年11月　自民党は、衆議院選挙の公約に「集団的自衛権の行使を可能にすること」と「国防軍創設」を明記。後者は憲法改正によって実現との道筋。「低所得者層の受け皿として用意されているのが『国防軍』であるようにもみえる。より危険度の高い国防軍兵士や労働者を集めるには格差があったほうがよい。イラクに派遣された米兵の多くは低所得者層だった。」（ジャーナリスト・安田純平〈東京新聞2013年3月20日朝刊「国防軍　低所得者層の受け皿か」〉）

●2013年2月　中国の軍艦が海上自衛隊の護衛艦に射撃用レーダーを照射。しかし自衛隊から首相への報告は事件発生の6日後。文民統制に不安。

●2013年3月　イラク戦争開戦から10年。この間、イラクの戦死者数は推定12万人、米軍の死者数は4,487名。なお、日本のイラク派遣費用は公式の、直接の数字のみで約761億円。ODA支援や債務削減を含めると約1兆3,000億円と推定される。

●2013年3月　政府、近接戦闘の可能性のある部署への女性自衛官の配置制限を見直す方向での検討を開始。少子化等による隊員不足などが理由。

●2013年4月　自民党、2013年度内の策定が予定される「新防衛大綱」に「国防軍の設置」「集団的自衛権の行使」「敵地攻撃能力の保有」などを含めることを提言。

●2013年10月　国連人権委員会が専門家チームに依頼して行った調査で、パキスタンなど3か国で、アメリカ・イギリスの無人飛行機によるミサイル攻撃によって、479名の市民が犠牲になっていることが判明。

●2014年2月　日本政府が武器輸出3原則をさらに緩和し、「国際紛争の当事国またはそのおそれのある国」への輸出についても輸出が可能とする方針であることが判明。

●2014年4月　アメリカが、集団的自衛権を行使可能とし、また、武器輸出を緩和するという安倍政権の方針を「支持」すると表明。

●2014年5月　15日、安倍首相が、閣議決定による憲法解釈の変更で集団的自衛権へ踏み込むという方針を正式に表明。

●2014年5月　17日、自民党・石破幹事長が、「現内閣ではやらない」としつつ、「多国籍軍」への自衛隊の参加可能性に言及。

2　日本の「平和主義」「防衛政策」に関する基礎知識

(1)　憲法の規定

「日本国民は、……諸国民との協和による成果と、わが国全土にわたつて自由のもたらす恵沢を確保し、政府の行為によつて再び戦争の惨禍が起こることのないやうにすることを決意し、……この憲法を確定する。」（前文1項）

「日本国民は、恒久の平和を念願し、人間相互の関係を支配する崇高な理想を深く自覚するのであつて、平和を愛する諸国民の公正と信義に信頼して、われらの安全と生存を保持し

ようと決意した。われらは、平和を維持し、専制と隷従、圧迫と偏狭を地上から永遠に除去
しようと努めてゐる国際社会において、名誉ある地位を占めたいと思ふ。われらは、全世界
の住民が、ひとしく恐怖と欠乏から免かれ、平和のうちに生存する権利を有することを確認
する。」（前文2項）（→「法的権利」であるか否かについて争いがある）

「われらは、いづれの国家も、自国のことのみに専念して他国を無視してはならないので
あつて、政治道徳の法則は、普遍的なものであり、この法則に従ふことは、自国の主権を維
持し、他国と対等関係に立たうとする各国の責務であると信ずる。」（前文3項）

「日本国民は、国家の名誉にかけ、全力をあげてこの崇高な理想と目的を達成することを
誓ふ。」（前文4項）

「日本国民は、正義と秩序を基調とする国際平和を誠実に希求し、国権の発動たる戦争と、
武力による威嚇又は武力の行使は、国際紛争を解決する手段としては、永久にこれを放棄す
る。」（9条1項）

「前項の目的を達するため、陸海空軍その他の戦力は、これを保持しない。国の交戦権は、
これを認めない。」（9条2項）

「Aspiring sincerely to an international peace based on justice and order, the Japanese people
forever renounce war as a sovereign right of the nation and the threat or use of force as means
of settling international disputes. ;

In order to accomplish the aim of the preceding paragraph, land, sea, and air forces as well as
other war potential, will never be maintained, The right of belligerency of the state will not be
recognized.」（Article 9）

「日本国が締結した条約及び確立された国際法規は、これを誠実に遵守することを必要と
する。」（98条2項）（→「憲法優位説」が一般的）

(2) 9条の解釈
・1項全面放棄説：すべての戦争の放棄＋一切の戦力の不保持
・2項全面放棄説：侵略戦争の放棄＋一切の戦力の不保持（→すべての戦争の放棄）
・限定放棄説：侵略戦争の放棄＋侵略のための戦力の不保持
・政府解釈：侵略戦争の放棄＋一切の戦力の不保持（→「戦力」に至らない自衛力の保持）

(3) 「国際貢献」と憲法：PKO活動への自衛隊の参加と「憲法」
・PKO（国連平和維持活動）への「自衛」隊の参加は「国権の発動たる戦争」「武力による
威嚇又は武力の行使」にはあたらないのか？
・「戦闘」が予想される状況での参加は？
・武器を携行しての参加は？
・自国の利益のための参加は？

(4) 集団的自衛権と日米安全保障条約
・集団的自衛権：自国と密接な関係にある他国が攻撃された場合に共同対処することを可能

とする国家の「権利」(→従来、その権利はあるが、その行使は「違憲」とされてきた)

・日米安全保障条約:「違憲説」、および、「片務的」であることを理由とする「合憲説」の存在

・安倍政権の方針:①日本と密接な関係がある外国への武力攻撃が発生し、②それが日本の安全に重大な影響を及ぼし、③被攻撃国の同意がある場合における集団的自衛権の行使を政府解釈の変更によって容認する方針。

・防衛省幹部の話(東京新聞2013・2・14朝刊「集団的自衛権と9条「戦争の放棄」」)

「集団的自衛権の行使を容認するには、日本がアフガン戦争のような海外の戦争に加わる覚悟と国家戦略が必要だ。議論が容認ありきになっている。」

・阪田雅裕(元内閣法制局長官・弁護士)(同)

「憲法9条の下で集団的自衛権を行使できるとすれば、平和主義を掲げた9条はあってもなくても同じことになり、法規範としての意味がなくなる。」

(5) 自民党の改憲案(日本国憲法改正草案)

「我が国は、先の大戦による荒廃や幾多の大災害を乗り越えて発展し、今や国際社会において重要な地位を占めており、平和主義の下、諸外国との友好関係を増進し、世界の平和と繁栄に貢献する。」(前文2項)

「日本国民は、国と郷土に誇りと気概を持って自ら守り、基本的人権を尊重するとともに、和を尊び、家族や社会全体が互いに助け合って国家を形成する。」(前文3項)

「日本国民は、正義と秩序を基調とする国際平和を誠実に希求し、国権の発動としての戦争を放棄し、武力による威嚇及び武力の行使は、国際紛争を解決する手段としては用いない。」(9条1項)

「前項の規定は、自衛権の発動を妨げるものではない。」(9条2項)

「我が国の平和と独立並びに国及び国民の安全を確保するため、内閣総理大臣を最高指揮官とする国防軍を保持する。」(9条の2第1項)

「国防軍は、前項の規定による任務を遂行する際は、法律の定めるところにより、国会の承認その他の統制に服する。」(9条の2第2項)

「国防軍は、第一項に規定する任務を遂行するための活動のほか、法律の定めるところにより、国際社会の平和と安全を確保するために国際的に強調して行われる活動及び公の秩序を維持し、又は国民の生命若しくは自由を守るための活動を行うことができる。」(9条の2第3項)

「前二項に定めるもののほか、国防軍の組織、統制及び機密の保持に関する事項は、法律で定める。」(9条の2第4項)

「国防軍に属する軍人その他の公務員がその職務の実施に伴う罪又は国防軍の機密に関する罪を犯した場合の裁判を行うため、法律の定めるところにより、国防軍に審判所を置く。この場合においては、被告人が裁判所に上訴する権利は、保障されなければならない。」(9条の2第5項)

「国は、主権と独立を守るため、国民と協力して、領土、領海及び領空を保全し、その資

源を確保しなければならない。」（9条の3）

　「内閣総理大臣は、わが国に対する外部からの武力行使、内乱等による社会秩序の混乱、地震等による大規模な自然災害その他の法律で定める緊急事態において、特に必要があると認めるときは、法律の定めるところにより、閣議にかけて、緊急事態の宣言を発することができる。」（98条1項）

　「緊急事態の宣言が発せられたときは、法律の定めるところにより、内閣は法律と同一の効力を有する政令を制定することができるほか、内閣総理大臣は財政上必要な支出その他の処分を行い、地方自治体の長に対して必要な指示をすることができる。」（99条1項）

　「緊急事態の宣言が発せられた場合においては、何人も、法律の定めるところにより、当該宣言に係る事態において国民の生命、身体及び財産を守るために行われる措置に関して発せられる国その他公の機関の指示に従わなければならない。この場合においても、…基本的人権に関する規定は、最大限に尊重されなければならない。」（99条3項）

◇記事一覧◇

・「空自イラク派遣『違憲』」東京2008・4・18朝刊
・「田母神空幕長　違憲判決『関係ねえ』」東京2008・11・1朝刊
・「陸自への攻撃13回22発着弾」東京2008・7・13朝刊
・「『改憲し国防軍設置』」朝日2013・4・24朝刊
・「米英無人機　市民犠牲479人」朝日2013・10・19朝刊
・「『紛争国に輸出』除外せず」毎日2014・2・22朝刊
・「米国防長官　集団的自衛権容認を支持」毎日2014・4・7朝刊
・「集団的自衛権　容認を指示」毎日2014・5・16朝刊
・「多国籍軍　将来参加に含み」朝日2014・5・18朝刊

資料3　ヒューマン・ライツの現場 B

2013年度シラバス

2013年度後期　ヒューマン・ライツの現場 B
申 恵丰・野中章弘

＜授業の目標と内容＞　人権は、人間社会の歴史において、人間の実存的な苦しみの経験の中から生まれ、1人ひとりがもっている人間としての尊厳を確保するための拠りどころとして、道徳的、法的に用いられるようになった理念である。この授業では、「ヒューマン・ライツの現場 A」と並び、ドキュメンタリー映像を通して様々な人権問題の現場を見つめることによって、人権の概念がなぜ人間社会で必要とされているかを考えていく。とりわけ、世界の人権問題に触れることを通して、それらが、自分と同じくかけがえのない人生を生きている人たちの問題だということ（人権の普遍性）を感じること、そのような意味での人間的な共感能力（人権感覚）を養うことが目標である。また、人権侵害に関わっているのが国家機関なのか、企業なのか、私人なのかという人権問題の多様な現れ方に留意し、これから法学部で法や政治を学ぶことでそれらの問題にどのようにアプローチしていけるのか、今後の勉強に向けてその糸口やヒントを探ることも、もう一つの重要な目標である。

＜授業計画＞（扱うテーマや進行については変更がありうる）
第1回（9／30）オリエンテーション／子どもの人権（ゴミ山で働く少女—フィリピン）
第2回（10／7）少女・女性の人権（1）（少女の人身売買—カンボジア、女子教育—ベトナム）
第3回（10／14）少女・女性の人権（2）ディスカッション
第4回（10／21）戦争被害者の人権救済（1）（アジアの性暴力被害者）
第5回（10／28）戦争被害者の人権救済（2）ディスカッション
第6回（11／11）基地・軍隊と武力行使（1）（沖縄・インド洋等の米軍基地と住民）
第7回（11／18）基地・軍隊と武力行使（2）（アメリカ帰還兵）
第8回（11／25）基地・軍隊と武力行使（3）ディスカッション
第9回（12／2）原子力発電と人間（1）（日本の原発燃料再処理工場と住民）
第10回（12／9）原子力発電と人間（2）ディスカッション
第11回（12／16）企業と人権—労働者の権利（1）（日本の長時間労働）
第12回（12／23）企業と人権—労働者の権利（2）ディスカッション
第13回（1／14）砂漠化と難民・テロ（1）（アフガニスタンでの灌漑事業と住民）
第14回（1／20）砂漠化と難民・テロ（2）ディスカッション
第15回（1／27）全体のまとめ

<授業方法> 各テーマについて原則2回の授業をあてる。第1回は、担当者によるイントロダクションの後、映像を視聴し、感想、意見等をコミュニケーション・ペーパーに書いて提出する。第2回の授業では、コミュニケーション・ペーパーで出された内容を担当教員が紹介し、追加資料があればそれらも読んだ後、グループ・ディスカッションを行う。授業後、次週の月曜日までに、教務課レポート提出ボックスに、A4用紙1～2枚程度の小レポートを提出する。

<成績評価方法・基準> 毎回、授業開始後すぐに出席をとる（遅延証明のある場合を除き、遅刻は欠席扱いとなる。やむをえない理由による欠席の場合は、証明書類とともに欠席理由書を提出すれば考慮する場合がある）。基本的な成績評価は、「出席」「コミュニケーション・ペーパー」「小レポート」「ディスカッション」によって総合的に行う。

　加えて、課題図書に関するレポートを課し、レポート点を成績に加点する。オリエンテーション時に示す「参考文献案内」のうち、◎をつけた文献の中から、自分が興味を持ったもの2冊を選び、それを読んで新たに学んだこと、考えたこと、問題意識を持ったこと等をA4用紙各3枚程度のレポートにまとめ、授業期間中に担当者に提出すること。

参考文献リスト

2013年度後期　ヒューマン・ライツの現場B
申 惠丰・野中章弘

　授業で触れた人権問題について深く知るため、また授業で扱いきれなかった問題について知り考えるための推薦資料である。◎を付したものは課題図書とし、うち2冊についてレポート提出を課す。

<子どもの人権―児童労働をめぐって>
　・キャロル・オフ（北村陽子訳）『チョコレートの真実』英治出版、2007年
<女性の人権>
◎・ニコラス・D・クリストフ、シェリル・ウーダン（北村陽子訳）
　『ハーフ・ザ・スカイ　彼女たちが世界の希望に変わるまで』英治出版、2010年
<戦時性暴力の現状>
　・ジョナサン・トーゴブニク『ルワンダ　ジェノサイドから生まれて』赤々舎、2010年
<戦争や人権侵害の歴史をどう語り継ぎ、継承するか>
◎・熊谷徹『ドイツは過去とどう向き合ってきたか』高文研、2007年
　・沖縄大学地域研究所編『戦争の記憶をどう継承するのか―広島・長崎・沖縄からの提

言』芙蓉書房出版、2012年

＜アパルトヘイト時代の人権侵害に向き合う取組み＞
　・阿部利洋『真実委員会という選択―紛争後社会の再生のために』岩波書店、2008年

＜日本の国内外の現実の人権問題と、法との関わり＞
　・川人博編『テキストブック現代の人権［第4版］』日本評論社、2010年
　・森英樹ほか編『3・11と憲法』日本評論社、2012年

＜日本の刑務所にはなぜ障害者や高齢者が多いんだろう？＞
　・山本譲司『累犯障害者』新潮文庫、2006年
　・浜井浩一『罪を犯した人を排除しないイタリアの挑戦』現代人文社、2013年

＜企業活動と人権―日本では＞
　・川人博『過労自殺と企業の責任』旬報社、2006年
　・樋口健二『原発被曝列島―50万人を超える原発被曝労働者』三一書房、2011年

＜国籍って何だろう＞
　・崔善愛『「自分の国」を問いつづけて』岩波ブックレット、2000年
◎・陳天璽編『忘れられた人々―日本の「無国籍」者』明石書店、2010年

＜日本の中の外国人労働者や難民＞
◎・共同通信社取材班『ニッポンに生きる―在日外国人は今』現代人文社、2011年
　・根本かおる『日本と出会った難民たち』英治出版、2013年
　・久郷ポンナレット『虹色の空―＜カンボジア虐殺＞を超えて』春秋社、2009年

＜もう徴兵制はいらない？―貧困層をターゲットにする軍事産業＞
◎・堤未果『ルポ　貧困大国アメリカ』岩波新書、2008年

＜途上国の貧困―援助ではなく、自立の支援に向けた取り組み＞
　・ジャクリーン・ノヴォグラッツ（北村陽子訳）『ブルー・セーター　引き裂かれた世界
　　をつなぐ企業家たちの物語』英治出版、2010年
　・ニコラス・P・サリバン（東方雅美ほか訳）『グラミンフォンという奇跡』英治出版、
　　2007年

あとがき

　この本を上梓し、私たちの3年間の研究と実践は一応「一区切り」を迎えることになる。ほっとする気持ちがある一方、改めてやり残したこと——たとえば、日本の大学におけるヒューマン・ライツ教育の現状把握、小学校・中学校・高校におけるヒューマン・ライツ教育の実践例の発掘、可視化教育を支える「映像作品」や「体験の場」の発見・整理等々——が多々あるのを感じ、また、今後の「ヒューマン・ライツコース」運営の道のりの険しさにたじろぐ思いも強い。

　しかし一方、私たちは、この研究を進める過程で、私たち以上にヒューマン・ライツ教育に強い思いを持ち、困難な状況の中でそれを研究・実践されている多くの先輩たちに出会うことができた。そうした方々からいただいた懇切な導きと温かい励ましに思いをいたせば、ここで歩みを止めるわけにはいかないと思う。ここには残念ながらお世話になったお一人お一人に謝意を表する紙幅は残されていないが、特に研究の初期に来日され、ともすれば「思い」だけが空回りしがちの私たちの話に耳を傾けてくださったエセックス大学ヒューマン・ライツセンター長（当時）のジョン・パッカー先生、研究会の会合にゲストとしてお招きした際、「『人権』『教育』を考える——学校と市民意識」とのテーマで貴重なお話をいただいた大阪市立大学の阿久澤麻理子先生については、ここでお名前を挙げて謝意を表したいと思う。

　また、この研究が青山学院大学総合研究所のスタッフの献身的なお仕事によって支えられてきたことも、ここに銘記しておきたい。特に、関口晃氏、渡邉奈穂美氏は研究当初から最後まで、厄介な事務処理を一手にひきうけ、見えにくい場所で私たちを支えてくださった。さらに本書の出版に際しては、有信堂高文社のご理解・ご快諾をたまわった。同社の髙橋明義氏、川野祐司氏には何度も青学へと足をお運びいただき、本づくりのプロの立場からの貴重なご助言をいただいた。

　そして最後に。

　海のものとも山のものともしれない「ヒューマン・ライツコース」に期待し、試行錯誤の授業に参加し、私たち教員に日々貴重な示唆を与えてくれている青山

学院大学法学部の同コース所属の約200名の学生諸君。私たちは授業中、時には厳しく君たちを叱責することもあるが、それでも、教員の話を真摯に受け止め、時にはコミュニケーション・ペーパーやディスカッションなどで自分の率直な思いや悩みを吐露してくれる君たちに、私たちは不思議な親愛の情を感じている。

　　2015年2月

　　　　　　　　　　　ヒューマン・ライツ教育研究会を代表して

　　　　　　　　　　　　　　　　　　　　大石　泰彦

索　引

ア　行

アーレント、ハンナ	124
アグレッシブ・ジャーナリズム	149
アジア太平洋戦争（→太平洋戦争）	94
アジアの人権	219
アジアプレス・インターナショナル	24
アパルトヘイト	41
アムネスティ・インターナショナル	112
現れの空間	124
慰安婦	42, 85, 97, 106
生き延びるための戦略	57
移住労働者権利条約	171
ウィーン世界人権会議	170
ウィーン宣言及び行動計画	174
微博（weibo）	204
上からのシティズンシップ教育	144
微信（wechat）	204
映像利用契約	9
ABC 紛争トライアングル	159
エスニック・クレンジング（民族浄化）	83
エセックス大学	207, 208, 210, 211, 220, 222, 224, 225
LLM	210, 211, 214, 215, 218, 219, 223
LGBT	113
エンパワーメント	58, 131
オーマイ・ニュース	152
沖縄戦	95, 96, 99
オルタナティブ・ジャーナリスト	151
オルタナティブ・メディア	130

カ　行

開発と人権	214-216, 218
隔離政策	98
餓死	103
可視化	2, 73
家庭内暴力（DV）	54, 119
嘉手納基地	94, 99, 100
カリキュラム・ワーキンググループ	4
ガルトゥング、ヨハン	65, 149

枯葉剤	91, 93
川喜多二郎	63
企業と人権	44
企業の社会的責任（CSR）	15, 44
基本的人権	98, 100
教育に対する権利（the right to education）	184
教育に対する人権（human right to education）	184
強制失踪条約	171
強制集団死	93-97
協働的表現	110, 111, 122
協働的フィールドワーク	122, 124, 127
グループ・ディスカッション	23
ケア・ジャーナリズム	154
KJ 法	63
刑務所	115
研修・インターンシップ	11
構造的暴力	52, 114
拷問	112
拷問等禁止条約	171
国際ジャーナリスト協会	165
国際人権規約	170
国際人権章典	170
国際人権法	207, 210, 214, 217, 219, 222, 225
国内人権機関	176, 178
国連人権理事会	208
国連特別報告者	209, 217, 224
個人通報制度	174
国家人権行動計画	187
孤独死	91, 93, 103
子どもの権利委員会	172
子どもの権利条約	134, 171
コミュニティ	117
コミュニティ形成問題	205
コミュニティ／市民メディア	124
コミュニティ・ラジオ	128
コンソーシアム	10

サ　行

サービス・ラーニング	114

差異 109
サバイバー 66
サバイバルネット・ライフ 54
差別 92
CSR →企業の社会的責任
シーガ・ショウ、エイブラハム 157
ジェノグラム（家族図）59
ジェノサイド（大量虐殺）42, 71
シェルター 54
シグロ 9
事情をわきまえた証人 57
私人間適用 136
下からのシティズンシップ教育 144
シティズンシップ教育 142
シビック・ジャーナリズム 152
自分の物語 11
司法試験 174
司法制度改革審議会意見書 133
市民ジャーナリズム（シティズン・ジャーナリズム）152
社会権 216-218
社会的逸脱 120
社会的支援 119
社会的排除 110
集会デモ法 202
自由権規約 53, 208
自由権規約委員会 172
集団極性化 111
集団自決 96, 97
障害者権利条約 171
消極的平和 159
植民地時代 106
植民地支配 103, 106
植民地主義 114
女性差別撤廃条約 171
人権 NGO 44, 207
人権教育（human rights education）175
人権教育・研修（human rights education and training）177
人権教育国際会議 182
人権教育のための国連10年 171, 179
人権行動計画 178
人権知識幹部読本 198
人権としての教育（education as a human right; human right to education）169

人権についての教育（education about human rights）169, 177, 184
人権入憲 187
人権のための教育（education for human rights）177, 184
人権文化（human rights culture）175
人権を通しての教育（education through human rights）177, 184
人種差別撤廃条約 171
侵略戦争 104, 105
スウェーデン国際開発協力庁（SIDA）181, 192
世界人権宣言 41, 169
積極的平和 159
セラピューティック・コミュニティ 58
戦後処理 114
戦時下の性暴力 84
戦争の世紀 69
戦争の歴史 104
戦争犯罪 105
総力戦 77

タ　行

第一次世界大戦 77
第二次世界大戦 76
太平洋戦争（→アジア太平洋戦争）104
助ける証人 57
多層的立憲主義 139
脱暴力 112
ダルク 117, 127
ダルク女性ハウス 117
地域人権機関 207, 208, 219
中核的人権条約 171
中国国家人権行動計画（2009-2010）204
中国人権白書 206
中国人民警察法 202
長時間労働 16
朝鮮人軍夫 96
朝鮮人被爆者 106
朝鮮人元日本兵 106
デンマーク人権研究所 43, 180
東京裁判 78
同和教育 179
ドキュメンタリー 9
特別報告者→国連特別報告者
トランスナショナル人権法源論 139

ナ 行

ナルシシズム欲求	57
難民	215
難民の保護	218
ニーズあるコミュニティ	118
日米安全保障条約	46, 94
日米地位協定	46, 100
日弁連	222
日中戦争	93, 104, 105
日本国憲法	100
ニュー・ジャーナリズム	151
人間の悪行中心の報道	149
ネットカフェ難民	103
ノルウェー人権センター	181

ハ 行

パブリック・ジャーナリズム	152
パブリックな知	115
パラシュート・ジャーナリズム	153
Bankovic 事件	209
ハンセン病	94, 95, 97, 98, 101
ハント教授、ポール	208, 209, 217, 224
ハンプソン教授、フランソワーズ	209, 220
ピース・ジャーナリズム	150, 153
被害者	120
非行少年	115
ビデオアクト	9
ヒトラー	57
ひとり、団地の一室で	6
秘密保護法	224
ヒューマン・ライツ学	18
ヒューマン・ライツ教育研究会	4
ヒューマン・ライツ教育のための世界計画	195
ヒューマン・ライツコース	3
ヒューマン・ライツ・ジャーナリズム	157
ヒューマン・ライツセンター	207, 215, 223
ヒューマン・ライツのためのジャーナリスト協会	165
表現の自由	213, 214, 224
フィールドワーク	52
フォト・ジャーナリズム	149
普天間基地	94-96, 98

マ 行

米軍基地	93, 95
ヘイトスピーチ	42, 155, 180
平和祈念公園	96
北京大学人権・人道法センター	180, 191
辺野古	94, 98, 99
ボイル教授、ケビン	209, 220
法教育推進協議会	133
法と教育学会	133
方法論的ナショナリズム	138
法律普及キャンペーン	197
ホームレス	93, 101-103
ポスト・ロースクール時代	5
ホロコースト	41, 72

マ 行

マスメディア	180
マララさん銃撃事件	6
水俣病	93
ミラー、アリス	57
民法709条	141
無縁社会	103
メディア教育	109
メディア・ダイバーシティ協会	165
メディア 4 Youth	116
メディア・リテラシー	49

ヤ 行

薬物依存症	117
ユーゴスラヴィア	83

ラ 行

らい予防法	98
ラウル・ウォレンベルク人権・人道法研究所（RWI）	180, 189, 193
リトル・バーズ——イラク・戦火の家族たち	27
琉球処分	94
ロースクール	207, 208, 210
ロドリー教授、ナイジェル	208
ロドリー議長	225

ワ 行

綿井健陽	27

著者紹介 （執筆順）

大石　泰彦（おおいし・やすひこ）……Ⅰ、Ⅱ-1（共著）、Ⅱ-2、あとがき
　青山学院大学法学部教授。
　兵庫教育大学社会系教育講座助教授（憲法、法律学）、関西大学社会学部助教授（メディ
　ア倫理・法制）、東洋大学社会学部教授（ジャーナリズム論、マスコミ法制論）などを
　経て、2006年から現職（憲法、言論法）。
　専門はメディア倫理・法制。主著：『フランスのマス・メディア法』（現代人文社、1999
　年）、『メディアの法と倫理』（嵯峨野書院、2004年）。

申　惠丰（しん・へぼん）……はしがき、Ⅱ-1（共著）、Ⅱ-3、Ⅳ-1
　青山学院大学法学部教授。現在、国際人権法学会事務局長も務める。
　青山学院大学法学部卒業。ジュネーブ国際高等研究所修士課程、東京大学法学政治学研究
　科博士課程修了、法学博士。
　専門は国際法・国際人権法。主著：『人権条約上の国家の義務』（日本評論社、1999年）、
　『人権条約の現代的展開』（信山社、2009年）、『国際人権法――国際基準のダイナミズム
　と国内法との協調』（信山社、2013年）など。

別府　三奈子（べっぷ・みなこ）……Ⅱ-4（共著）、Ⅲ-5
　日本大学大学院新聞学研究科／法学部教授。
　上智大学大学院修了（博士・新聞学）。日本と米国で約11年間、雑誌やテレビの記者や編
　集者を務め、2011年から現職。
　専門は、米国ジャーナリズム規範史。主著：『ジャーナリズムの起源』（世界思想社、2006
　年）、『アジアでどんな戦争があったのか　戦跡をたどる旅』（めこん、2006年）、『「水
　俣」の言説と表象』（小林直毅編、藤原書店、2004年）など。

坂上　香（さかがみ・かおり）……Ⅱ-4（共著）、Ⅲ-2
　ドキュメンタリー映像作家、NPO法人 out of frame 代表、一橋大学客員准教授。
　1992年、ピッツバーグ大学社会経済開発学MA取得。テレビ番組制作から、京都文教大学、
　津田塾大学での専任教員を経て現在に至る。暴力の後をいかに生きるかをテーマに数多
　くの番組や映画を制作。
　代表作：「Lifers ライファーズ　終身刑を超えて」（2004年）、「トークバック　沈黙を破る
　女たち」（2013年）。主な著書：『癒しと和解への旅』（岩波書店、1990年）、『ライファー
　ズ　罪に向きあう』（みすず書房、2012年）。

森本　麻衣子（もりもと・まいこ）……Ⅱ-5
　カリフォルニア大学バークレー校文化人類学部博士課程在籍。
　東京大学法学部卒業。アジアプレス・インターナショナルに所属したのち、2005年に渡米。
　東アジアにおける歴史と記憶、暴力とトラウマ、革命と人権の言説に関心をもち、法文
　化人類学、歴史文化人類学の視点から研究する。
　共著に『アジアのビデオジャーナリストたち』（はる書房、2000年）、訳書にレイ・ベン
　トゥーラ『横浜コトブキ・フィリピーノ』（現代書館、2007年）、共訳書にトム・ギル他
　編『東日本大震災の人類学』（人文書院、2013年）。

258　著者紹介

野中　章弘（のなか・あきひろ）……Ⅲ-1
　ジャーナリスト、プロデューサー。早稲田大学政治経済学術院／ジャーナリズム大学院教授。アジアプレス・インターナショナル代表。
　1980年代より、インドシナ難民、アフガニスタン内戦、東ティモール独立闘争、朝鮮半島問題、イラク戦争など、アジアを中心に紛争地などの取材を続ける。
　編・共・著書：『メディア・プラクティス』（せりか書房、2003年）、『論争　いま、ジャーナリスト教育』（東京大学出版会、2003年）、『ジャーナリズムの可能性』（岩波書店、2005年）など。

髙佐　智美（たかさ・ともみ）……Ⅲ-3
　青山学院大学法学部教授。
　一橋大学法学部卒業。同法学研究科修士課程修了。同法学研究科博士課程単位取得退学。博士（法学）。
　専門は憲法（主に外国人の人権、国籍概念）、国際人権法。
　単著：『アメリカにおける市民権――歴史に揺らぐ「国籍」概念』（勁草書房、2003年）、共著：『外国人法とローヤリング』（学陽書房、2005年）、『憲法四重奏』（有信堂、2002年）。

楊　林凱（よう・りんがい）……Ⅳ-2
　青山学院大学法学部准教授。
　青山学院大学大学院法学研究科満期退学。
　専門は商法、信託法。共著：新井誠編集代表『信託法実務判例研究』（有斐閣、2015年）。論文に「中国における議決権信託の理論と実務」（『青山法学論集』第51巻第1・2合併号、2009年）など。

藤田　早苗（ふじた・さなえ）……Ⅳ-3
　英国エセックス大学ヒューマン・ライツセンター　フェロー。
　名古屋大学大学院国際開発研究科修士課程修了、博士課程満期退学、エセックス大学にて国際人権法修士号、法学博士号取得。2009年から2014年まで同大学研究員と学内非常勤講師、2011年から2014年まで青山学院大学客員研究員を務める。
　専門は国際人権法。著書：*The World Bank, Asian Development Bank and Human Rights*（Edward Elgar Publishing, 2013）、主要論文：「国際人権法の定める『情報にアクセスする権利』と秘密保護法」（『法学セミナー』2014年6月号）、「世界銀行と人権の主流化」（『国際人権』19号、2008年）など。

ヒューマン・ライツ教育
──人権問題を「可視化」する大学の授業　　　　　青山学院大学総合研究所研究叢書

2015年3月30日　　初　版　第1刷発行　　　　　　　　　　　　　〔検印省略〕

編　者　ヒューマン・ライツ教育研究会
©2015　青山学院大学総合研究所
発行者　髙橋明義　　　　　　　　　　　　　　　　　　印刷・製本　亜細亜印刷

東京都文京区本郷1-8-1　　振替00160-8-141750　　　　　　発　行　所
〒113-0033　TEL (03)3813-4511
　　　　　　FAX (03)3813-4514　　　　　　　　　株式　有信堂高文社
　　http://www.yushindo.co.jp/　　　　　　　　　会社
　　ISBN 978-4-8420-0541-6　　　　　　　　　　　Printed in Japan

ヒューマン・ライツ教育——人権問題を「可視化」する大学の授業　ヒューマン・ライツ教育研究会 編　二八〇〇円

リーガル・マインド入門　西村裕三 編　二〇〇〇円

法学　松尾浩也・高橋和之 編　二六〇〇円

近代法の常識〔第三版〕　伊藤正己 著　二〇〇〇円

異文化の法律家　大木雅夫 著　二〇〇〇円

わかりやすい法学入門　山田晟 著　二〇〇〇円

現代の法と人権　髙野眞澄 著　一八〇〇円

新・人権はだれのものか　佐瀬一男・尹龍澤 編　二〇〇〇円

人権の司法的救済　阪本昌成・村上武則 編　四五〇〇円

これからの人権保障——髙野眞澄先生退職記念　松本・横田・江橋・友永 編　四八〇〇円

人が人を裁くとき——裁判員のための修復的司法入門　N・クリスティ 著　平松・寺澤 訳　二〇〇〇円

国際人権法概論〔第四版〕　水上千之・畑博行 編　三四〇〇円

新版国際関係法入門　櫻井雅夫・岩瀬真央美 著　二五〇〇円

テキスト国際環境法　臼杵知史・西井正弘 編　三三〇〇円

軍縮条約・資料集〔第三版〕　藤田久一・浅田正彦 編　四五〇〇円

★表示価格は本体価格（税別）

有信堂刊

謎解き 日本国憲法　　　　　　　　　　　阪本昌成編　　　　二三〇〇円

判例で学ぶ日本国憲法　　　　　　　　　西村裕三編　　　　二三〇〇円

日本国憲法　　　　　　　　　　　　　　名雪健二著　　　　三五〇〇円

憲法四重奏〔第二版〕　　　　　　大津・大藤・髙佐・長谷川著　　　三〇〇〇円

憲法Ⅰ―総論・統治機構論　　　　　　　大日方信春著　　　　近　刊

憲法Ⅱ―基本権論　　　　　　　　　　　大日方信春著　　　三三〇〇円

憲法1―国制クラシック〔全訂第三版〕　阪本昌成著　　　　二八〇〇円

憲法2―基本権クラシック〔第四版〕　　阪本昌成著　　　　三〇〇〇円

憲法Ⅱ〔基本的人権《現代法学》〕　　　畑　博行著　　　　二六〇〇円

リベラリズム/デモクラシー〔第二版〕　阪本昌成著　　　　二〇〇〇円

分権国家の憲法理論　　　　　　　　　　大津　浩著　　　　七〇〇〇円

公共空間における裁判権　　　　　日仏公法セミナー編　　　五八〇〇円

亡命と家族　　　　　　　　　　　　　　水鳥能伸著　　　　近　刊

憲法と人権条約　　　　　　　　　　　　建石真公子著　　　近　刊

憲法の「現在」―いまなぜ日本国憲法か　杉原泰雄著　　　　三〇〇〇円

世界の憲法集〔第四版〕　　　　　　阿部照哉／畑博行編　　三五〇〇円

★表示価格は本体価格（税別）

有信堂刊